KB234766

욕, 인간 그리고 한국인

욕, 인간 그리고 한국인

이점식 지음

이담
Books

차 례

제2장 욕하는 존재로서 인간

제1장

욕 알아보기

사람들은 왜 욕을 하는가? 욕을 하는 이유는 다양하다. 욕 나오는 세상이라서 욕을 하는 사람도 있고, 자기의 감정을 주체하지 못해 쌍욕을 하는 사람도 있으며, 아무 생각 없이 습관적으로 사용하는 사람도 있다. 아무래도 욕을 하는 이유를 혹자는 우리 사회의 지나친 계급의식과 예의범절, 오늘날의 지나친 반목과 갈등의 소산으로 보기도 하고, 사이버 가상공간의 확대에 따른 익명성이 불만과 결합되었을 때 욕설 사용을 쉽게 생산하는 구조로 사회가 변하기 때문이라고도 한다.

욕은 마음속에 쌓아두었던 불평과 불만의 표출이며, 억눌린 사람의 욕구 분출이요, 감정의 발산인 것이다. 뿐만 아니라 욕은 인간의 감정을 솔직하고 적절하게 표현할 수 있고, 감정 처리의 촉진제 역할을 하기도 하며, 때로는 인간적으로 친밀감을 갖도록 도와주는 역할도 한다. 물리적 싸움의 상황에서 상대방을 제압하고 격퇴시키기 위하여 폭력적인 언어를 만들어 방어도구로 이용함으로써, 행동적 폭력을 감소할 수도 있다. 이런 점에서 비록 욕이 부정적인 요소가 많기는 하지만 긍정적인 요소도 동시에 갖고 있다고 할 수 있다.

욕은 장소와 시간을 불분하고 존재하는 인간 사회의 문화현상이다. 그럼에도 불구하고 이제까지 욕은 공개적으로 다루려 하지 않았으며, 심지어 무시하거나 은폐시키려고만 했다. 이는 욕이 강력한 파괴성, 반사회성을 지니고 때로는 인권침해가 되는 등 욕에 대한 부정적인 인식 때문에 공개적 대상으로 오랫동안 취급되지 않았다.

욕에는 그 사회의 문화와 삶과 관습이 관련되어 있다. 따라서 욕에 대한 이해는 인간이해와 세계관의 이해 및 인간의 본성을 파악할 수 있는 좋은 수단이 된다. 욕을 통해 인간을 이해하고, 인간을 통해 욕을 이해하고자 한다.

1. 욕이란?

욕, 너는 누구니?

욕이란 도대체 무엇을 말할까? 욕 자체를 두고 되새겨 보면 애매모호함을 알 수 있다. 그래서 좀 더 명확하게 알아보고자 사전을 펼쳐 들었다.

『한국민속대관』에는 욕을 '적대자나 적의를 품은 자, 또는 증오스런 자를 패퇴시키거나, 굴복시키기 위하여 던지는 거친 말이나 어구'로, 『금성판국어대사전』은 '남의 인격을 무시하는 모욕적인 말, 또는 남을 저주하는 말'로, 『조선말사전』은 '남의 인격을 무시하고 마구 나무라거나 꾸짖는 것 또는 그런 모욕적인 말'로 규정하고 있다. 또 『국어대사전』에서는 욕을 '남을 저주하는 말, 남을 미워하는 말, 남의 명예를 더럽히는 말'로 규정하고 있으며, 『새 우리말 큰 사전』에서는 '남의 인격을 무시하는 모욕적인 말이나, 남을 저주하는 말이나, 남을 미워하는 말'이라고 규정하고 있다. 또한 『우리말 큰 사전』에서는 '남을 무시하는 모욕적인 말이나, 저주하는 말'로 규정하고 있다. 정약용은 『아언각비』 2권에서 '욕이란 부끄러움이고 굴욕이다. 우리나라의 풍속은 추악한 말로써 꾸짖는 것을 이름 하여 욕이라고 한다(辱者. 恥也屈也. 東俗以醜話吡罵. 名之曰辱)'고 욕을 정의하고 있다. 이처럼 사전적 의미로 본다면 욕은 '남의 인격을 무시하고, 저주하며, 모욕하기 위해 사용하는 저속하며, 미워하는 말'로서 부정적인 의미로 규정되고 있다.

학문적인 입장에서는 주로 국문학, 언어학, 민속학, 사회학에서 욕이 다루어지고 있다. '욕은 남의 인격을 무시하고 저주하며 모욕하기 위해 사용하는 저속하고 악의적인 말, 자기 마음의 분노와 불쾌감, 억울함 등 나쁜 감정을 표현하고 스트레스를 풀며 카타르시스를 느끼기 위해 혼자 하는 저속하고 나쁜 말, 친근감을 표시하거나 재미를 추구하는 말이라 할지라도 비속어를 사용하는 말'[1]로 정의되기도 하고, '욕(설)은 대체적으로 비속어나 금기어나 은어나 음담 등으로 이루어져, 추잡하고 비루하며, 비속한 느낌을 주어, 남의 인격을 모멸하거나, 저주하거나, 미워하거나, 힐책하는 감정을 자아내게 하는 관용어적 표현'[2]으로 정의되기도 한다.

또 '욕이란 감정을 발설하는 방법 중의 하나로 모욕, 기만, 좌절, 방해를 받거나, 하고 싶지 않은 일을 강압에 의해 해야 할 때 느끼는 분노의 감정을 언어공격이라는 수단으로 표출하는 것',[3] '존아어와 대립 관계에 있는 어휘로 전제하고 좁은 범위에서는 보통어 중 어감이 좋지 않거나 점잖지 못한 말로, 넓은 의미에서는 은어, 금기어, 방언, 외래어, 신어, 고어 중에서 어감이 비속한 말'[4]로 정의되기도 한다.

또 Fust는 '공격적 감정이 한 화자에게 최소한 하나의 부정적이고 감정적인 의미를 갖는 낱말을 통해 다른 한 사람에 대한 부정적 평가를 하게 작용한다면 욕설은 존재하며, 부정적-감정적 의미의 낱말들이 욕설어이다'라고 정의하고 있다. 이처럼 욕은 학문적인 관점에서도 역시 '비속어나 상소리로서 감정·정서를 나타내며, 인격을 모독하거나, 저주하거나, 미워하거나, 힐책하는 표현'으로 대부분 부정적인 의미로 규정되고 있다.

그러나 욕에 대한 긍정적인 측면을 주장하는 이들도 있다. 욕이 카타르시스, 감정표출, 자기정화의 긍정적인 면을 가지고 있음[5]을 주장하기도 하며, 모든 일상 및 고급 언어의 뿌리이며, 명랑하고 공격적이며 활기가 넘치는 면이 있음을 강조하기도 한다. 또한 욕이 친근, 사랑, 우정, 장난 등으로 남녀노소를 가리지 않고 시공간적으로 쓰임이 광범위하고 감정을 풀어 주며, 일정한 어휘가 없고 그때그때의 감정 표현에 따라서 얼마든지 창의성을 발휘할 수도 있다.[6] 이뿐만 아니라 감정의 자기정화 및 긴장해소 등의 긍정적인 의미를 지니고 있다.[7] 이처럼 욕은 부정적인 기능이 많기는 하지만, '욕 봤네'처럼 수고의 의미나 '욕에 정들고', '욕이 반 사랑'처럼 욕 중에는 정감이 듬뿍 담긴 긍정적인 의미도 갖고 있음을 부인하기 어렵다.

이런 맥락에서 욕설은 그 본래적 속성상 명확한 한계를 짓기가 어렵다.[8] 같은 말도 어느 때나 어느 장소, 어느 상황에서는 욕설일 수도 있고, 반대로 아닐 수도 있다. 이처럼 쓰는 사람은 무엇인지 알고 있으나 한마디로 정의하기 어려운 말로 다의성, 애매성을 띠고 있다. 욕은 비속어, 상말 등과 혼합되어 사용되기도 하며, 상황에 따라 의미가 달라지기 때문에 욕을 한마디로 명확하게 뭐라고 정의하기는 쉽지 않다.

지금까지 의견들을 종합하여 굳이 욕을 말하자면 욕은 '남을 무시하고 저주하는 모욕적인 저속한 표현뿐만 아니라 분노나 증오, 혐오, 억울함, 비난, 비방, 조소, 야유, 조롱, 차별, 자학 등 좋지 않은 감정을 다양하게 발산하기도 하며, 때로는 친근감을 느끼게 하고, 해학과 풍자를 통하여 웃음을 자아내며, 잘못된 것을 꾸짖기도 하는 비규범적 표현'이라고 정의할 수 있다.

어디까지가 욕일까?

　욕을 흔히 상말·상소리(쌍말·쌍소리) 또는 육두문자·육담이라고도 한다. 이는 '품격이 낮은 점잖지 못한 상스러운 말'이라는 뜻으로 일찍이 봉건사회에서 양반이나 귀족이 아닌 일반 평민들이 사용해 왔던 속된 말[9]을 가리킨다. 그러나 상말(쌍말)이라는 고유어보다도 욕(설)이라는 한자어가 오히려 일반적으로 사용되었고, 상말(상소리)은 종래 욕설을 가리키는 말이기보다는 속담을 뜻을 많이 내포하고 있다. 육담은 비속어나 금기어나 은어나 음담을 핵심 요소로 한 관용어적 표현들이 많다.[10]

　욕(상말, 상소리)은 속된 감정, 정서적 뜻, 빛깔을 나타내는 말로 속어(비속어)와 연결되기도 하고, 사람들 사이에 인격을 모독하여 주로 욕지거리로 하는 비격식적인 단어나 말로서 욕설과 연결되기도 한다.[11] 이들 모두는 상스럽고, 비문화적이며 비도적적인 말이다. 따라서 욕은 낮은 말, 낮춤말, 속된 말, 어감이 좋지 않거나 점잖지 못한 낱말이나 표현을 모두 포괄한다고 할 수 있다. 욕설은 공격적인 언어 표현으로 상대방을 모욕하고 깎아내려 상대방을 굴복시키려는 의도를 지닌 행위로 언어 형식은 단어 이외에 수식 구성이나 접속 구성을 지닌 표현들이다.[12] 한국어에는 매우 많은 욕설 단어가 존재하고 수식 구성이나 접속 구성으로 무수한 욕설 표현이 산출되는데, 이들이 모두 공격성이라는 기능적 관점에서 설명되며 욕설의 범주 안에 넣을 수 있다. 한편 어떤 이들은 욕설을 토속적인 정서가 진득한 우리 고유의 맛깔스런 벌거숭이 말맛, 원초적인 삶의 맛이라 하여 욕설을 긍정적인 범주에 포함[13]하기도 한다.

　이처럼 비속어, 유행어, 은어, 욕설의 개념에 대해서는 서로 다른 많은 견해가 존재하고, 따라서 그 구분이 쉽지 않은 것이 사실이다. 비어, 속어, 유행어, 금기어, 은어, 욕설 등의 용어가 각각 배타적인 의미 범주를 지닌다고 보기보다 어떤 특성을 가리키는 것으로 이해하는 것이 좋을 듯하다. 각각의 용어를 이러한 특성으로 나타내자면 은어는 사용 목적인 은비성이라는 특성에 의해, 비속어는 저속성이라는 특성에 의해, 유행어는 일시성이라는 특성으로 특징지을 수 있다. 그리고 비속어와 욕설은 대상 공격성이라는 특성에 의해 범주지을 수도 있다. 그러나 앞에서도 언급하였듯이 이들 범주는 명확한 것이 아니고 욕하는 자, 욕을 듣는 자, 주위 상황에 따라 변하므로 명확한 범주를 나누기는 힘들다. 그럼에도 불구하고 욕의 범주를 도식화하면 다음 그림과 같다.

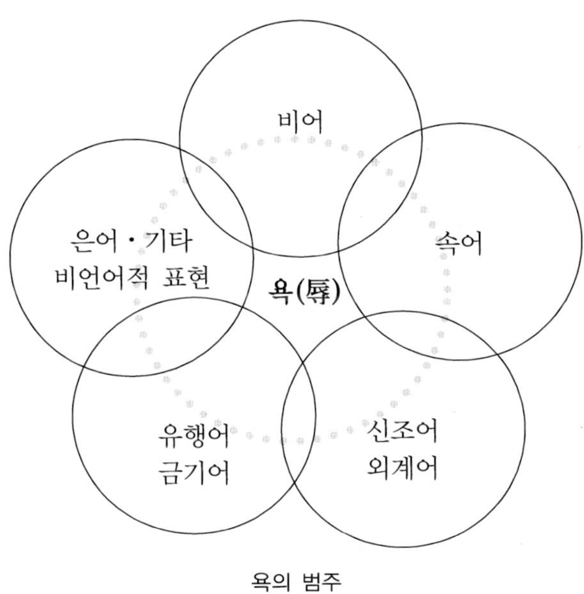

욕의 범주

특징적으로는 욕이 여러 언어적 표현뿐만 아니라 의미상 욕설에 가까운 비언어적 표현까지 포함하고 있다.

욕의 범주에 포함될 어휘나 문장의 어감으로는 낮추어, 얕잡아, 깔보아, 저주하며, 비속하게, 속되게, 놀리어, 농으로, 조롱하여, 빈정거려, 비웃어, 비꼬아, 비아냥스럽게, 모욕하여, 희롱하여, 야유하여, 말장난으로, 하찮게, 천하게, 홀하게, 빗대어, 변하여, 특정인이, 지방에서, 특정 시대에, 차별적으로, 참신하게, 상스럽게, 사납게, 기분 나쁘게, 폭발적으로 등으로 요약할 수 있다.

이는 영어의 curse와 cursing, cuss(악담, 저주), dirty word, filthy language(음탕한 말), expletive(화가 나거나 아파서 내뱉는 욕설), naughty word(외설적인 말, 불쾌한 욕설), oath(맹세, 욕설), obscenity(외설), profanity(불경스런 욕설), swearword(지옥에나 떨어져라), vulgarity, malediction, damn(더러운 말, 저주, 악담, 경멸, 욕설), insult(모욕을 느끼는 욕설), abuse(욕설)로서 대부분의 의미가 저주, 악담, 천한 말, 입에 담기 더러운 말, 욕설, 맹비난의 의미가 포함되어 있다.[14]

이처럼 한국어나 영어에서나 마찬가지로 어느 나라, 어느 언어에서든지 어감이 좋지 않고, 불쾌한 감정을 표현하며 악담과 저주, 멸시, 친근감의 표시로서의 언어가 존재하고 있으며, 욕에 가까운 언어들이 발달되어 있음을 알 수 있다. 따라서 욕을 명확하게 구분할 수는 없지만 이러한 어감을 가진 언어들을 포함한 넓은 의미의 언어 사용 및 행동을 포함한다.

욕, 너는 어떤 성격을 가지고 있니?

개인적으로 보면 욕은 억눌린 사람의 욕구 분출이요, 감정의 발산이다. 그래서 대부분의 욕은 공격적이고 모욕적인 표현들이 많으며 상대방에게 향하여 전달된다. 하지만 항상 상대방에게로 향하는 것은 아니다. 자기한탄, 자기모멸, 자학의 수단으로서 욕이 사용되기도 한다. 그렇다고 또 욕이 저속한 모멸감과 수치심만을 자극하는 것은 아니다. 때로는 욕이 약자들의 불평과 불만을 표출하는 수단이며 동시에 감정의 정화이며, 되새김이 될 수 있다.[15] 다시 말해 욕은 욕구 불만 같은 것을 발산하는 하나의 수단으로 기능하고 있어 생활의 촉진제 구실을 하기도 하는데, 화가 났을 때 욕설 같은 비속어를 쓰는 것은 순간적으로 감정 처리에 도움이 될 수도 있다.

욕이 애칭, 감탄, 자기비하, 농담에서 악담과 저주, 그리고 느낌이나 생각을 간결하고 날카롭게 표현하거나, 질책으로까지 기능하고 있다는 것은 일상 언어로서 욕이 갖는 복잡성과 다의성을 잘 보여주고 있다. 욕에는 말하는 자의 자기 지시적인 말과 다른 사람의 지시적인 말이 중첩되어 있기도 한다. 또한 욕은 웃음과 폭력 그리고 응징과 훈계가 혼합되기도 하여 매우 복잡한 의미로 얽힌 언어 사용이 된다. 이것은 욕이 갖는 독특한 점이라 할 수 있다.

일상적 삶 속에서 심한 욕은 욕을 하는 자가 유리한 위치에 서서 상대자를 몰아세워 대항 의지를 무력화시키거나, 더 나아가서는 완전 상실케 하는 것을 목적으로 한다. 그렇기 때문에 상대방의 아픈 곳을 찌르고, 상대방의 약점과 결점을 될 수 있는 대로 과장하여 폭로하기도 하며, 그의 죽음을 예고하는 저주의 표현까지 써서 의기소

침케 한다. 몸싸움으로 번지기 전에 격한 감정을 쏟아내는 장면을 상상해보면 욕의 성격을 쉽게 떠올릴 수 있다.

이뿐만 아니라 욕은 자기 확인이나 위장에 사용되기도 한다. 욕을 의식적으로 많이 사용하는 사람의 심리기재는 자신의 존재 가치를 확인하려는 의도가 무의식중에 깔려 있다. 보편적인 경우 이런 사람의 의식의 한쪽에는 세상에 대한 짙은 회의가 깔려 있으며 이것은 외부적으로 타인이 눈치를 못 채도록 철저히 위장되어 있는 경우가 많다. 위장하는 방법에는 여러 가지가 있겠지만 보통은 화통한 성격으로 지극히 사교적인 모습으로 보이고 있다. 우리 주위에 욕을 재미있게 잘하는 사람들이나, 욕쟁이 할머니를 연상해보면 이들 욕의 성격을 알 수 있다.

사회적으로 욕은 사회심리적인 요인이나 상황과 장면이 관련되는 특징이 있으며, 똑같은 언어가 어떤 상황과 사회에서는 욕이 되는 경우도 있으며, 다른 상황과 사회에서는 욕이 되지 않는 경우가 있어 욕을 명확하게 규정짓기에 한계가 있다. 하지만 욕은 언어의 표현 효과를 극대화시키는 역할을 한다. 대부분의 욕들이 짧게 구성되어 있다. 음운적으로는 톤이 높고, 의미상으로 쉽게 전달되는 면이 있다. 따라서 인간의 감정을 적나라하게 드러냄으로써 자신의 의중과 감정을 빠르고 인간적으로 전달할 수 있게 한다. 또 욕 생성의 일차적 원인이 정상적인 대화가 너무 따분하게 느껴져서 정상적인 말로는 만족감을 느끼지 못하고 유머러스하게 말을 한다거나 예의범절에 반항하고자 하는 심리가 반영되기도 한다. 또한 신기한 것으로서 타인을 놀래게 하고자 하는 욕구, 사실적 표현을 해서 구체성을 강하게 하고자 하는 욕구, 대화를 쉽고 정답게 하고자 하는 욕구와도 관련 된다.[16] 적나라한 인간의 감정을 솔직하게 표현하는 데는 보통의 말로는 한계가 있게 마련이다. 생동감 넘치는 새로운 낱말이나 표현이 사용되어야 하는데, 이 경우에 욕이 적절한 표현의 출구가 된다. 더불어 상대방에게 직설적이고 효과적이며, 공격성과 파괴성을 높이기 위해서 욕은 길게 꾸며지는 것보다는 짧게 꾸며지는 속성을 가지고 있다. 또한 욕이 될 수 있는 소재로는 사회에서 비천하고 야비하다고 여겨지는 말로 이루어지고, 욕의 구성이나 표현도 그 사회에서 회피하고 기피되는 것이 대부분이다.

욕은 사회를 구성하는 각종 집단의 영역에 따라 욕의 사용 양상이 달리 드러나기 때문에 욕의 올바른 이해는 그 사회적 성격을 모르고는 성립될 수 없다. 따라서 욕은 사회 심리적 요인과 관련을 가지고 이해되어야 한다. 사람의 성격을 명확하게 규정하기 힘들듯 욕 또한 명확한 성격을 규정짓기는 힘들다. 하지만 우리는 '저 사람의 성격은 어떠하다'라고 말할 수 있듯이 욕 또한 복잡성과 다의성을 내포하고 있지만 욕하는 상황에 따라서 농담으로 하는지, 기분이 나빠서 하는지, 불만이 있어서 하는지 등 욕의 성격을 감각적으로 구분해 낼 수 있다.

욕은 언제부터 생겨났을까?

욕은 어떻게 해서 생겨나게 되었을까? 정확하게 욕의 어원을 파악하기는 어렵지만 한자어와 영어에서 욕의 어원을 인터넷에서 확보한 자료로 살펴보면 다음과 같다.

한자어에서 욕의 어원[17]을 살펴보면, 옛날 농경생활 시대로 거슬러 올라간다. 농사(農事)일은 인간 생활에서 가장 중요한 노동 중의 하나였으며, 숲을 개간하고 땅을 갈아 밭을 만드는 일에서 농사가 시작되었다. 이는 곧 욕(辱)을 보는 일이기도 했다. 사람들이 노동을 천시하면서 그만 '욕(상소리)하다'의 '욕'으로 쓰이는 수난을 당하게 되었다. 남부 지방에서는 지금도 '욕(辱) 보았다'라는 말이 결코 상소리로서 욕이 아니라, '애를 썼다'는 뜻의 격려나 칭찬으로 쓰고 있다. 즉, '어려운 일을 했다', '수고했다', '욕을 보았다'의 의미를 포함하고 있다. 그래서 지금도 욕은 "① '욕설'의 준말 ② 명예스럽지 못한 일 ③ 수고"의 의미가 포함되어 있다. 한자어의 유래에서와 같이 땅을 갈아엎는 수고로운 의미에서 점차 명예롭지 못한 일, 남을 무시하고 저주하는 모욕적인 저속한 표현 등으로 의미의 변화가 생겨나게 되었다. 이로써 옛날에는 욕이 '굴욕'이나 '수치'의 뜻이 포함되어 있었음[18]을 유추해 볼 수 있다.

영어에서 욕의 어원[19]을 사전에서 살펴보면, 욕의 표현은 curse 또는 swear이다. "① 저주, 악담, 욕설, ② 천벌, 벌, ③ 재해, 화(禍), 불행, ④ 불행[재해]의 씨: 저주받은 것, 저주의 대상, ⑤ [종교]파문, ⑥ 주술" 등의 의미가 있다. 영어권에서 욕의 어원은 원시시대로 거슬러 올라간다. 이때 욕은 사전적 어미에서와 같이 주로 저주로 사용되었다. 이 시대의 욕은 상대방의 감정을 자극하는 차원을 넘어 질병이나 죽음을 기원하는 주술적 성격을 띠고 있다. 따라서 이 시대 욕설은 개인을 집단으로부터 퇴출하고자 할 때 사용하며, 지금보다도 욕이 훨씬 강도가 강하였다고 할 수 있다.

이처럼 욕은 한자권에서는 수고, 격려나 칭찬에서 점차 명예롭지 못하거나 저속한 표현으로의 의미 변화가 있었으며, 영어권에서는 질병이나 죽음을 바라거나 개인을 집단으로부터 퇴출하고자 하는 주술적 의미에서 강도가 약해져서 개인의 감정문제로 약화되어 왔음을 알 수 있다. 언어도 생물체처럼 살아 있는 것처럼 세월이 흐름에 따라 변화한다. 욕 또한 의미가 고정되어 있지 않고 시대에 따라, 장소에 따라, 사람에 따라 변화하고 성장 발달하게 된다.

2. 욕은 어떻게 유래되었을까?

한국 욕의 유래는 여러 가지가 있지만 그중에서 한국사회에서 가장 많이 사용되는 성, 여성, 형벌과 동물 관련 욕을 중심으로 살펴보고자 한다.

성과 관련된 욕은 어떻게 유래되었을까?

욕 중에는 성과 관련된 욕이 유독 많다. 이는 성이 인간의 가장 기본 욕구 중의 하나임에도 불구하고, 드러내놓고 이야기할 수 없는 것으로 금기시해 왔는데 이를 드러내고 표현함으로써 상대방에게 수치심을 유발하는 쌍욕으로 작용할 수 있기 때문이다. 이러한 의미에서 프로이트는 섹스기관이 배설기관과 같이 취급됨으로써 성적 욕설이 수치심을 불러일으킨다[20]고 하였다.

가장 흔히 사용되는 성욕으로는 '씹'이 있다. 이는 성숙한 여자의 '성기 또는 성교'의 속된 말이다. '씨와 입'의 합성어[21]로 '씨(정자)를 먹는 입'이라는 뜻으로 사용되기도 하는데, 본디 씹은 '씨를 먹어 생명을 배태하는 신성한 곳'이라는 뜻에서 유래한 말이다. '씨발'도 자주 사용된다. 이는 '씹＋하다, 성교하다', 혹은 '여성의 성기'를 속되게 표현한 것이다. 씹함은 가하는 입장에선 정복의 의미를, 당하는 입장에서는 굴욕의 의미가 포함되어 있다. '굴욕을 당하거나 널 굴욕시키겠다'라는 의미를 포함하고 있다. 변형이 생겨 '씹새끼', '씹놈', '씹도 모르는 놈' 등 다양하게 변용되고 널리 사용되고 있다.

또 다른 의견으로 '씹'은 여자 어른의 성기라는 사전적인 뜻 외에 성교를 나타내는 뜻도 함께 포함하고 있는데, 왜 성교를 나타내는 말로 '씹'이 사용되었을까? 이는 농경국가로서 남성을 중심으로 씨족이 살아왔던 남성 중심 사회에서 '좆'을 제쳐두고 '씹'이 성교를 나타내는 말로 사용한 점은 우리 민족이 성행위에 대해 다분히 마조히즘(masochism: 이성으로부터 육체적 또는 정신적으로 학대를 받고 고통을 받음으로써 성적 만족을 느끼는 병적인 심리상태로서 사디즘(sadism)과 대응됨)적 사고를 잠재의식을 가지고 있다고 보아도 될 것이다. 이것은 농경국가였기 때문에 특히 다산의 바람이 포함되어 있다고 본다. 즉, 우리 민족의 성행위에 대한 잠재의식은 들이미는 것이 아니라 받아들인다는 수동적 의미로서 또한 '좆'을 삽입함으로써 모태 귀속본능의 욕구를 충족시킨다는 의미도 될 것이다. 이것은 굴을 뛰쳐나가는 호랑이보다 남아서 사람으로 환생하는 곰을 주인공으로 두고 있는 우리나라의 개국설화인 단군신화[22]에서도 맥을 같이한다고 볼 수 있다.

한국 욕은 대부분 성(sex)과 연결되어 있다. 그리하여 욕은 성을 즐기게 되었으며, 성기와 온갖 성행위가 욕지거리였으며, 음담과 패설이 난무했다. 종래 우리 사회에서는 성이 금기의 대상이었으며, 욕은 성을 부정하다고 생각하고, 더럽다고 믿었기 때문이다. 여성의 월경·성행위 심지어 산고까지도 부정시했다. 사실 성이란 인간의 본능이요, 일상이기에 이를 금기시하는 것은 불가능한 것이다. 우리의 경우처럼 은유적 표현으로서 성[23]을 암시하는 투로 둘러대야 하고, 심지어 부정하고 더럽다 하여 욕의 대상이 된다는 것은 오래전부터 이어져 내려오는 그릇된 관행이라고 하겠다. 그래서 '씹 좆 빼면 욕 안 되고, 주먹 빼면 싸움 안 된다'는 말은 이를 잘 나타내고 있다.

한국인은 유독 성을 감추고 드러내지 않으려고 하였다. 이러한 의식을 반영하여 성교한다는 의미의 은어적 욕설 속담이 헤아릴 수 없이 많이 쓰이게 되었다. 100여 가지 정도로 성교를 은유적으로 표현하였다.

- 가죽 배 탄다.
- 가죽방아 찧는다.
- 가죽방아 품 판다.
- 가죽침 맞는다.
- 감창소리가 낸다.
- 감투거리한다.
- 개소주 내린다.
- 거드모리
  (옷을 걷어 제치고 다급하게 하는 성교)
- 곁을 줬다.
- 계집질 한다.
- 고기방망이 꼽는다.
- 구들방아 찧는다.
- 구들장 농사짓는다.
- 구멍을 판다.
- 궁둥이 둘러 댄다.
- 그짓 했다.
- 깃발 꽂았다.
- 꽃잠 잔다.
- 난질한다.
- 낮거리하다.
- 냄비 닦아 준다.
- 넘어선 안 될 선을 넘었다.
- 눈이 맞았다.
- 도라지 캔다.
- 동침한다.
- 동품 한다.
- 디딜방아에 겉보리 찧는다.
- 따먹었다.
- 떡을 쳤다.
- 떡치기 한다.
- 똘똘이 목욕 시킨다.
- 만리장성을 쌓았다.
- 말뚝동서 구멍동서다.
- 맛을 보았다.
- 맷돌 간다.
- 맷돌거리 한다.

- 몸 걸레질 한다.
- 몸 도장 찍었다.
- 몸 좀 풀었다.
- 몸을 더럽혔다.
- 몸을 뺏겼다.
- 몸을 주었다.
- 몸을 팔았다.
- 몸을 허락했다.
- 물 나는 아궁이 불 때 준다.
- 물방아 찧는다.
- 물총질 한다.
- 밑구멍 농사짓는다.
- 밑구멍 동냥질한다.
- 밑구멍으로 숨 쉰다.
- 밑엣 품 판다.
- 바람났다.
- 박았다.
- 발바닥을 뒤집는다.
- 밤 뱃놀이 한다.
- 밤농사 짓는다.
- 밤일 한다.
- 밭을 팔다.
- 배가 맞았다.
- 배를 맞춘다.
- 밴대질한다(여자끼리).
- 부적절한 관계를 맺었다.
- 불어먹었다.
- 붙어먹었다.
- 비역질 한다(남자끼리).
- 빗장거리 한다.
- 뽕 가게 했다.
- 뽕 따러 간다.
- 살 송곳 꿴다.
- 살꽃을 바쳤다.
- 살보시한다.
- 살을 섞었다.
- 삼팔선을 넘었다.
- 새벽치기 한다.

- 새호루기
  (새처럼 얼른 하는 성교)
- 색을 쓴다.
- 샘물을 판다.
- 샛밥 먹는다.
- 샛서방질 한다.
- 서방질 한다.
- 속도위반 했다.
- 속살을 섞었다.
- 송곳을 판다.
- 수청 든다.
- 숫벼락 맞았다.
- 씹한다.
- 아는 집 들어가듯 한다.
- 아랫녘 공사 한다.
- 안다리 걸다.
- 오입질 한다.
- 옷고름 풀었다.
- 위험선을 넘었다.
- 육 공양한다.
- 육 보시한다.
- 육침 맞는다.
- 자빠 넘어뜨리다.
- 자식 농사짓는다.
- 정을 통했다.
- 정조를 받쳤다.
- 조개 까먹었다.
- 좆 빤다.
- 창녀 노릇 한다.
- 총각 딱지 뗐다.
- 치마끈 풀었다.
- 코 풀었다.
- 한 이불 덮었다.
- 호미거리 한다.
- 호박에 대심 박다.
- 홀레 붙었다.
- 홍콩 보냈다.
- 화냥질한다.
- 흘레 한다.

여성과 관련된 욕은 어떻게 유래되었을까?

　여성과 관련된 욕설[24]도 많이 사용된다. 그중 '화냥년', '계집년', '양갈보', '미친년', '주리틀년' 등이 있다. 이들은 모두 입에 담기 꺼려지는 쌍욕인데 특히 '화냥년'의 경우는 더욱 그렇다.

　'화냥년'은 사전에 '서방질을 하는 계집'이라고 풀이되어 있다. 남편이 있음에도 불구하고 외간 남자와 사사로이 정을 통하는 여자라는 뜻이다. 사전적인 의미는 이러하나 실제로는 남편이 있거나 없거나 또는 애인이 있거나 없거나 간에, 여러 남자와 관계를 하는 음탕한 여자라는 의미로 쓰이고 있다.[25] 그런데 이 '화냥년'이라는 단어는 순수한 의미의 우리말이 아닐 뿐더러 아주 오래전부터 쓰여 온 단어도 아니다.

　'화냥년'의 '화냥'은 '음탕한 계집'이라는 의미의 만주어 '하얀(hayan)'이 변한 말이라고 한다. 그리고 이 '하얀'에 우리말 '년'이 결합된 단어가 '하얀년', 즉 '화냥년'이다. 그리고 이 말은 만주족이 세운 청나라에 나라를 유린당하던 그 시대부터 쓰인 것으로 추정된다. 지금으로부터 360년 전 병자호란 때 되놈의 말발굽이 온 조선을 짓밟았으며 조선의 왕은 속수무책으로 삼전도에 나와 항복을 하는 쓰라린 수모를 겪었다. 이때 청나라로 끌려간 여인들이 운 좋게 되돌아왔으나 이들에게 '하얀(음탕한 계집)'이라고 비아냥거리고 놀려대고 '년'까지 붙여 더욱 비참하게 만들었다. '하얀년'은 입에서 입으로 옮겨지면서 '환양년'을 거쳐 '화냥년'으로 정착하였다. 이외에도 환향년(還鄕: 고향으로 돌아온 여자)설과 환양(豢養)은 중국어에서 '짐승을 기르다'는 뜻으로 쓰이다가 후에 '이용하다'는 뜻으로 쓰인 단어인데 이것을 받아들여 기생의 별칭으로 썼다는 설, '환야(幻爺)'는 산 이름인데 아버지의 뜻을 저버린 산이라고 해서 '환야산'이라고 하며, '환야산'의 '환야'가 우리말 '후레아들'의 후레로 이어졌고, 또 '후레아들'을 낳은 어머니를 '환야'라고 한 것에서 '화냥'이라는 말이 나왔다는 설이다. 또 '화랑(花郎)' 설로 '화랑도'의 '화랑'이 변하여 '화냥'이 되었다는 설과 '화랑(花娘)' 설로 기생 이름인 '화랑'이 변하여 '화냥'이 되었다는 설이다. 이처럼 구전 위주의 욕은 정확한 어원과 유래를 찾기 힘들다고 할 수 있다. 한국 욕설 속담에는 남성 비하적인 욕이 있지만, 여성 비하적인 육담들이 월등히 많다. 이는 오랫동안 남성위주 사회와 권력을 모두 남성들이 소유함으로써 나타난 현상이라고 할 수 있다.

<table>
<tr><td>읽을거리</td><td>남성비하적 육담</td></tr>
</table>

- 남자 놈이 부엌에 드나들면 불알이 떨어진다
  (사내대장부는 밖의 큰일을 도모해야지 집안일을 하거나 간섭을 하면 졸장부가 되어 못쓰는 것이다)
- 사내놈들 정이란 들물 같아서 갈래로 흐르지만 계집 정은 폭포 같아서 외곬으로 흐른다
  (남자들 정은 마치 들의 냇물 같아서 갈라지는 경우가 많지만 여자 마음은 외줄기 폭포 같아서 시종 변함이 없다)
- 계집 마다하는 사내놈 있을라구
  (여자 싫다는 남자 놈 없다)
- 불알만 찼다고 다 남자냐
  (모양만 갖추었다고 남자가 아니라 사내구실을 제대로 해야만 남자 대접도 받는 것이다)
- 불알 두 쪽 찬 게 무슨 큰 벼슬이라고
  (남자로 태어 난 게 무슨 대단한 일이냐고 비아냥대는 말)
- 계집 고운 것, 바다 물 고운 건 믿을 수 없다
  (여자가 예쁘면 바람나기 쉽고, 바다 고운 것은 장차 큰물이 일 징조라서 믿기 어렵다는 의미).
- 달걀하고 여자는 굴리면 깨지기 마련이다
  (여자는 밖으로 나돌다 보면 바람이 들어 못 쓰게 되는 법이다).
- 물과 불과 악처는 3대 재앙이다
  (악한 아내는 재앙이나 한가지이다).
- 바가지하고 계집은 내돌리면 깨진다
  (여자가 쓸데없이 밖으로 나돌아 다니게 내버려 두면 바람이 들어 못쓰게 된다).

읽을거리 | **여성비하적 육담**

- 여자는 빼는 맛이다
  (여자는 비록 상대방이 마음에 들어도 아닌 양 새침을 떨고 속내를 감추는 맛이 있어야 남자들이 더 좋아하는 법이다).
- 여자는 혓바닥 빼고 질투 빼면 남는 게 없다
  (대개 여자들은 말들이 많고 질투심이 많대서 생긴 말).
- 여자 셋이 모이면 접시가 깨진다
  (여자들이 모이면 수다를 떨다가 필경은 일까지 저지르고 만대서 나온 말).
- 여자와 겨울 날씨는 믿을 수 없다
  (변덕이 심해서 믿을 수 없는 것이 여자 마음이다).
- 여자와 뱀 굴은 속을 모른다
  (땅속으로 뚫린 뱀 굴이 어디까지인지 알 수 없듯 변덕 심한 여자 마음 역시 알 도리가 없는 것이다).
- 여자 팔자는 뒤웅박 팔자다
  (주인 따라 쓰임새가 달라지는 뒤웅박처럼 남편이 어떤 사람이냐에 따라 달라지는 것이 여자 팔자이다)
- 사내 등골 빼먹는 년
  (남자를 꾀어 돈과 재산을 우려먹는 계집)

이외에도 '주리틀년'에서 주리란 조리가 편의상 바뀐 음인데 조리는 화냥년에 대한 공개형 집단 사형이었다. 유부녀나 과부가 남편 아닌 다른 남자와 간음하다가 적발되면 가족은 관에 고발하여 처벌을 의뢰하는 것이 아니라 마을 사람들에게 언제 어디에서 조리돌리겠다고 사발통문을 돌린다. 조리돌리는 장소는 공개적인 장소이며 당사자의 머리를 자르거나 코를 베거나 매질하여 공개 망신을 준 다음 추방하게 된다. 조리는 당사자인 여자에게는 인간파문 선언이다. 이는 집안의 수치요 불명예이며 남자의 관운도 막혔다. 따라서 '주리틀년'이란 공개적으로 인간파문을 당해야 한다는 협박조의 욕이다.[26]

'찢어진 년', '패인 년'이란 욕설에는 가부장제하 여성의 역사가 실려 있다. 여성은 그것도 가부장제 사회의 여성은 원천적으로 '찢어진 존재', '금간 존재', '상처 난 존재'이었다.[27]

형벌과 관련된 욕은 어떻게 유래되었을까?

　우리말 욕설은 육두문자가 많은 부분을 차지하지만 '우라질' 등과 같은 형벌에 관련되어 만들어진 아주 특별한 욕들도 있다. 이 욕은 본래 '오라질'에서 변한 것이다. 그리고 '오라질'은 '오라를 질'이 줄어든 말이다. '오라를 지우다'는 표현이 있기에 '오라를 지다'는 표현도 가능하며, 이것으로부터 '오라를 질'이라는 표현이 나올 수 있다. '오라를 질'의 '오라'는 예전에 도둑이나 죄인을 묶을 때 쓰는 '붉고 굵은 줄'이다. 그 줄이 붉어서 '홍줄'이라고도 했으며, 죄인을 잡아 묶는 데 쓰였기에 '포승', '포박'이라고도 했다. 그래서 '오라질'은 포승줄에 묶여 끌려가는 죄인으로 생각할 수 있다. '오라를 질' 정도이면 그 죄가 아주 악질이었을 것이다. 그렇기 때문에 그 죄는 물론 그 죄인은 비난의 대상이 된다. 이에 '오라를 질 놈(년)'은 심한 욕설이 되는 것이다. 그리고 '오라질'은 '우라질'로 바뀌어 쓰이기도 한다. 우리 국어에서 양성모음 '오'가 음성모음 '우'로 바뀌는 것은 상황이나 심리를 좀 더 극대화해서 표현하려는 의도가 깔려 있다. 그래서 '오라질'보다 '우라질'이 훨씬 어감상 심리를 극대화시켜준다고 할 수 있다. 또한 '오(우)라질'이 항상 '놈', '년', '것' 등과 어울려 쓰이는 것뿐만 아니라 단독으로 쓰여 '울화가 터지는 심리적 상태'를 나타내기도 한다.[28] "무슨 세상이 이 모양이야. 에잇, 우라질!"이라는 표현 속에 잘 나타나 있다. 이는 곧 어떤 대상이나 상황을 심하게 비난하거나 또는 그것 때문에 생긴 자신의 불쾌감을 풀어내는 욕이라고 할 수 있다.

　이처럼 한국인들은 끔찍한 형벌을 상대방에게 안김으로써 자신의 분풀이와 저주를 안기기도 하였으며, 미워하는 대상이나 못마땅한 일에 대하여 비난하거나 불평할 때 형벌을 욕으로 사용하기도 하였다. 세월이 흘러 이러한 형벌은 사라지고, 그 어휘는 남아서 욕의 의미는 점차 줄어들고 있다. 이러한 욕들이 때로는 욕보다 감탄사로 쓰이기도 한다.

동물과 관련된 욕은 어떻게 유래되었을까?

동물에 관련된 욕들도 많이 사용된다. '개새끼', '여우 같은 년', '돼지 불알 까는 소리 하고 자빠졌네'와 같이 동물 관련 욕들도 흔히 볼 수 있다. 하지만 단연 많이 쓰이고 있는 것이 '개××'로 시작하는 욕설들이다.

개는 동서양에서 인간과 가장 친근한 동물 중에 하나이다. 그럼에도 불구하고 유독 한국인들은 개와 관련된 욕을 많이 하는 이유는 무엇일까? 이에 대낮 여부를 가리지 않고, 아무 곳에서나 교미하며, 부모와 자식, 형제, 자매를 구분하지 못하는 모습이 유독 빈번하게 목격되고 면전에서 자행되는 모습이 못마땅하였다.[29] 유교사회에서 배척받는 행동들을 개가 유독 많이 보여 왔다. 때문에 개가 동물욕으로 가장 많이 사용되는 이유 중의 하나이다. 그래서 개를 천박하게 여기고, 상대방을 비하할 때 많이 쓰이는 욕으로 사용하였다. '개새끼, 개 같은 놈', '개잡년, 개잡놈', '개망나니', '개뼉다구', '개만도 못한 놈', '오죽하면 개랴'처럼 상대 비하적인 의미가 많이 포함된다.

'개새끼'라는 욕은 말 그대로 '개＋새끼'의 의미로 해석할 수 있다. 개는 우리 조상들에게 짝짓기를 남발하고, 똥을 먹는 등 하찮은 동물로 여겨왔다. 그러므로 '개새끼'라는 뜻에는 어미가 몸을 관리 못하고 외간 남자와 놀아나 나온 자식이나 개 같은 부모에서 나온 자식이라는 의미가 포함되어 있다. 또 하나는 '가이+새끼'의 변형형 태로 보고 있다. 가이는 옛 고어로 가짜라는 의미를 가지고 있다. 그러므로 가이 새끼는 가짜 새끼, 애비가 다른 자식을 의미한다는 것이다. 결국 '개새끼'라는 욕은 상대방은 물론 그를 낳아준 부모까지도 욕되게 하는 말로 쓰이고 있다. 상대방에 대한 적대와 모욕 등의 의미가 포함[30]되어 있으며, 지켜야 할 예절을 지키지 않고 개처럼 관계하여 낳은 자식이니 보나마나 집안이 엉망이고 부모가 제멋대로이며 당사자 역시 성격이나 언행이 형편없다는 표현이다. 이처럼 개와 관련된 욕은 가족으로 상대방의 약점을 자극하기도 한다. 특히 부모에 관련이 되어 있기 때문에 개와 관련된 욕은 곧 나의 욕보다 더 큰 욕을 의미함으로써 상대방의 감정을 극도로 자극하는 욕이기도 하다. 그래서 가장 흔히 그리고 널리 쓰이는 욕이기도 하다.

이 밖에도 '미련한 곰탱이', '능구렁이 같은 놈', '돼지 같은 놈', '생쥐 같은 놈', '금수만도 못한', '멍텅구리 같은 놈', '놓아기른 망아지 새끼', '똬리 튼 뱀 같은 년', '양의 탈을 쓴 놈', '닭대가리', '노가리 까지 마라', '게거품을 물었다', '능구렁이 같은 놈이다', '밴댕이 소갈머리다' 등 동물에 비유하는 욕설은 주로 개인의 성격이나 외모에서 단점을 찾아내어 그것을 특징지을 수 있는 동물로 표현하는 것이다.[31] 이는 자신이 세상에서 고귀하고 존엄한 생명체인 인간이고 상대방은 인간에게 복종하거나 애완용 또는 식용으로 쓰이는 동물에 비유하여 상대방의 인격을 깎아내리기 위해 사용함을 알 수 있다. 결코 바람직한 욕이라고 할 수 없으니 삼가고 조심해야 할 욕들이다.

3. 어떤 욕들이 있을까?

욕은 대중 속에 살아 있는 생생한 구어로서 문어를 통해 배울 수 없는 사회의 다양한 측면을 내포하고 있다. 욕을 통해 그 시대의 희로애락을 알 수 있으며, 욕에 반영된 사회상과 문화 풍속도를 이해할 수 있다.[32] 그런 의미에서 욕은 인간 삶의 표현이다. 욕에는 인간의 본능이 잘 표현되어 있으므로 가식이 없고 꾸밈이 없는 것이 특징이다. 이처럼 인간의 본능이 잘 녹아 있는 욕은 인간 감정의 다양성만큼이나 종류도 천차만별이고, 헤아리기 어려우며 계속해서 생성되고 사멸되는 속성을 가지고 있어 명확하게 분류하기 힘들다.

이러한 욕의 특성에도 불구하고 많은 이들은 각자의 목적에 따라 욕을 다양하게 구분하였다. 성, 동물, 기타로 구분[33]하기도 하였고, 비속어와 결합, 사람의 형상과 행동, 여성 차별, 신체 부위, 성, 외국어, 한자어, 동물, 사회계층, 음운변이의 자유로움, 시사성 반영, 방언으로 이루어진 욕으로 구분[34]하기도 하였다. 또 성, 병별·직분, 동·식물, 사물·현상, 해학적 풍자, 잘못된 성정을 탓하는 돌출 상황에 대응, 그 외 말맛 좋은 욕설로 구분[35]하기도 하며, 성, 증오, 용모, 특수계층, 유흥, 시사, 학교생활, 불결에 관한 것으로 자세하게 분류[36]하기도 하였다.

또한 김열규는 욕을 쌍욕, 저주욕, 악담욕, 방귀욕, 채찍욕, 비아냥거림의 욕, 조롱욕, 조소욕, 농담욕, 감탄사욕, 익살욕으로 구분[37]하였다. 이 책에서는 욕에 내재된 인간의 본성에 근거하여 욕의 부정적 측면뿐만 아니라 욕의 긍정적 측면을 함께 제시한 김열규의 구분에 주목하여 욕을 의미에 따라 4가지 유형으로 새롭게 구분하고, 그 특징을 살펴보고자 한다.

저주와 악담의 쌍욕이래요

저주와 악담의 쌍욕은 공격적이며 파괴적인 인간 본능이 직설적이고 여과 없이 그대로 표출되는 가장 흔히 사용되는 욕이다. 또한 분노, 억울함, 서러움의 감정을 있는 그대로 거칠고 반항적으로 쏟아내며, 상대방에 대한 증오와 적개심을 저주로 드러내어 악담하는 것이 특징이다. 그래서 욕을 듣는 이보다 욕하는 자의 입이 더 더러워지기 십상인 욕이다.

"똥개 밑으로 빠진 놈!", "개를 붙어서 나온 놈!", "개 같은 놈", "불여시 같은 년", "구렁이 같은 놈"과 같이 동물에 빗대어 욕하기도 하며, "가랑이를 찢어 죽일 년", "아작아작 씹어 먹어도 시원찮을 놈", "머리통을 박살 낼", "눈깔을 빼버릴라", "간을 내서 씹어 먹어도 시원찮을 놈", "지랄하고 자빠졌네", "눈깔을 빼버릴라", "박살을 낼 놈", "벼락 맞을 놈", "염병할" 등과 같이 상대방 신체에 심한 훼손과 몹쓸 질병으로 위협적인 욕을 하기도 한다. 또한 "벼락을 맞아 뒤져라", "송장으로 무덤 차지도 못 할!", "단칼에 쳐 죽일 놈", "귀신 몰래 죽을 놈", "뒈져라"처럼 죽음을 노리고 악담하기도 하며, "아가리 닥쳐", "씨부린다", "처먹어라"처럼 공격 충동이 드러나 반사회적이고 비인간적인 성격을 띠기도 한다.

이런 쌍욕은 대부분 성과 관련을 맺고 있다. '씹'이나 '좆'이 욕

중에서 가장 많으며, 성을 소재로 한 욕이 유독 많다. '존나', '졸라'
는 요즘 청소년들로부터 가장 많이 사용되는 욕 중에 하나이다. "네
미 붙을 놈아", "더러운 짓", "짐승만도 못한 짓", "대롱에 ○을 박
을 놈", "○구멍 같은 년", "붙어먹었다", "좆같은 놈", "개 씹으로
나온 놈"처럼 성에 관련된 욕은 대부분 더럽고 추악하며 부정하다는
생각이 잠재되어 있다. 그렇기 때문에 상대방에게 수치심과 혐오감
을 주게 된다. 이처럼 성을 주제로 한 욕이 많은 이유는 성이 억눌리
고 마음껏 드러내 놓고 풀 수 없는 것이기 때문이기도 하다.

한편 "제기랄, 운수치고는", "제미랄, 재수 옴 붙었네", "염병할,
비가 오다니", "우라질, 날씨 하곤!", "아이, 바보 같은 놈(자신에게)"
처럼 제미랄(제기랄), 염병할, 우라질 등은 감탄사로 둔갑한 욕들이
다. 자신도 모르게 나오는 욕이며, 상황이 잘못되어 자신에게 불리
함을 스스로 정당화하면서 사용하는 욕이다. 이 욕들은 대부분 듣는
사람을 면박할 의도는 갖고 있지 않고 자신의 실수나 무능함에 대해
자신을 공격한다.

이와 같이 저주와 악담의 쌍욕은 공격적이며 파괴적이다. 밖으로
는 타인을 공격하고 안으로는 자신을 공격하여 자학하기도 한다. 감
정의 억눌림은 좌절을 맛보거나, 실망에 빠지거나, 마음에 차지 않
아 야속하게 여겨 즐거워하지 아니하거나, 우울증과 뒤엉킨다. 그래
서 쌍욕은 감정의 억눌림이기보다는 분출이다. 대체로 쌍욕은 어수
선하고, 난장판 같은 혼란한 분위기를 수반한다. 욕을 하는 사람이
나 듣는 사람, 심지어 주위 사람들까지도 긴장을 하게 되고, 기분이
나빠지며, 파괴, 혼란 같은 느낌이 지배적이다. 이성적이며 합리적인
것이 아니라 감정적이고, 즉흥적이며, 불길처럼 번지는 것이 쌍욕의

특징이다. 쌍욕이 동반된 감정의 고조는 곧 폭력의 전조이다. 상대
방에 대한 기선의 제압이며, 싸움에서의 승리를 보장하기 위해 더
표독스러운 욕을 내뿜게 된다. 쌍욕을 잘하는 이들은 언제나 싸움을
가까이하고 있으며, 인간관계가 도전적이고 호전적이다. 그래서 쌍
욕은 욕 중에서도 가장 저질이다. 결코 입에 담지 말아야 한다. 언제
나 삼가고 또 조심할 욕이다.

<table>
<tr><td>읽을거리</td><td>저주와 악담의 쌍욕들</td></tr>
</table>

저주와 악담의 쌍욕의 예로는 수없이 많다. 대표적인 예들을 살펴보면 다음과
같다.

- 가랑이를 찢어 죽일 년
  (바람난 남편과 상대 여자에게 해대는 악담).
- 간을 내어 씹어 먹어도 시원치 않다
  (너무 분해서 어떤 잔인한 방법으로 풀어도 한이 남을 정도의 악담).
- 개 망종 섬나라 종자들
  (지난날 우리 민족에게 온갖 악행을 저질러 온 일본인들에 대한 악담).
- 거지발싸개 같은 놈
  (더럽고 추악한 놈).
- 구와증으로 입이나 삐뚤어져라
  (수시로 말을 바꾸거나 거짓말을 자주하는 자에게 해대는 악담).
- 급살을 맞아 뒈져 싼 놈!
  (벼락같은 재앙을 만나 죽어도 싼 개망나니).
- 길송장이나 되어라
  (객사나 해라, 객지에서 돌보는 이도 없이 비참하게 죽어버려라).
- 나가 뒈져서 객귀나 돼라
  (꼴 보기 싫으니까 나가 죽어서 객지 귀신이나 되라).
- 눈도 못 감고 뒈질 놈!
  (상종을 못할 인간 말자).
- 단 칼에 목을 쳐 죽일 놈
  (천하에 막돼먹은 못된 놈).
- 뒈져 싼 놈이다
  (이미 죽은 이에게 동정은커녕 되레 잘 죽었다고 저주로 퍼붓는 악담).
- 뒈져 제삿밥도 못 얻어먹을 놈!
  (부모도 조상도 모르는 돌 상놈).
- 박아 죽일 년!
  (제 남편과 관계한 여자의 가랑이에 말뚝을 박아 죽일 년).
- 뼈다귈 갈아 마셔도 시원치 않다
  (당장 죽여 없애도 한이 남는다).

- 살점을 뜯어먹고 씹어 먹어도 시원치 않다
  (원한이 뼈에 사무쳐서 퍼붓는 저주).
- 염병 앓다가 피똥이나 싸고 뒈져라!
  (한 맺힌 상대에게 해대는 저주의 악담).
- 인두겁을 벗겨서 산적을 꿸 놈
  (가죽을 벗겨 죽여도 시원찮을 놈).
- 접시 물에 코 박고 뒈져도 싼 놈
  (죽어도 망측하게 죽어 마땅한 자).
- 좆 까고 댓진(담뱃대 속의 진액) 바를 놈 같으니
  (못돼먹은 놈인지라 가장 예민한 성기 귀두에 댓진을 발라 펄펄 뛰는 고통을 줘야만 버릇이 고쳐지겠다는 악담).
- 좆 떼서 개나 줘라
  (개 흘레하듯 밤낮 오입질을 일삼는 바람둥이에게 해대는 악담).
- 찢어 죽일 년(놈)
  (잔인하게 죽어도 한이 남을 자).
- 찢어서 젓을 담가 먹어도 시원찮다
  (원한 맺힌 자에게 퍼부어 대는 악담).
- 혀 빼물고 뒈질 놈
  (죽어도 흉악한 모양으로 죽어 마땅한 놈).
- 똥물에 튀겨 죽일 놈
  (더러운 악담욕).
- 똥 벼락에 맞고 뒈져라
  (더럽게 죽어 마땅하다고 내치는 말).

비아냥거림과 조소의 방귀욕이래요

비아냥거림과 조소의 방귀욕은 쌍욕의 직설적이고 공격적이며 파괴적인 것에 비해 감정의 강도는 조금은 줄었지만 여전히 노여움과 분노의 공격적 감정을 포함하고 있다. 그러나 쌍욕에 비해 비아냥거림과 조롱의 비판의식과 저항의식이 가미되었다. 방귀욕은 욕을 하는 사람의 처지 여하에 따라 성격을 달리할 수 있다. 처지가 나은 쪽 또는 높은 쪽에서 아래를 향해 내리하면 깔봄이나 능멸이 된다. 역으로 아래에서 위로 향하면 비아냥거림이 다소간의 저항의식을 수반하게 된다.[38] 또한 자신을 향하면 자조, 한탄, 자기 비하의 방어적 성격이 동반된다.

　"흥, 제 눈깔 찌르기지 뭐", "그래, 니 잘났다", "저 놈, 귀신이나 잡아가지", "뛰어봤자 벼룩이지", "발가락 때만도 못한 놈"처럼 상대방에 대한 공격성이 쌍욕에 비해 덜하지만 여전히 밑바탕에 증오, 미움, 분노의 마음이 자리 잡고 있으며, 추가적으로 조소와 조롱의 의미가 포함되어 있다.

　"젠장맞을, 가난뱅이라 가진 거라곤 불알 두 쪽 달랑 차고 나왔으니"는 자신의 처지에 대한 신세 한탄과 자기 비하, 자기 책망이 잘 나타난다.[39] "이 팔자 더러운 년! 차라리 콱 뒈졌으면!"처럼 최악의 불행에 대한 상정(想定) 과정에서 체념이 형성되고 체념에서 욕이 수반된다. 물질적으로 충족되지 않는 쓸쓸한 심적 상태나 입신출세가 막히고 사랑하는 연인으로부터 거절당했을 때 좌절에 빠진 심적 상태에서 '차라리'로 대변되는 상정 속에 가치를 부여한다.[40] 이는 곧 자책의 욕이나 한탄의 욕과 연결하기도 한다.

　"이 년의 팔자! 남편 복 지지리도 없다"는 갑자기 남편의 죽음을 당한 부인이 스스로 신세를 한탄하면서, "개 같은 놈의 세상이다", "개 같은 세상 다시는 돌아오지 마라", "개만도 못하게 살았다", "주정뱅이 영감에 미친 딸년에", "여우 같은 계집이 있나 토끼 같은 새끼가 있나 죽어 묻힐 무덤이 있나"처럼 힘겹고 눈물겨운 인생살이, 한세상 모질게도 살았다고 한탄하면서 내뱉을 수 있는 욕이다. "돈 복 없으면 인복이라도 있어야지 무슨 년의 팔자가 있는 건 박복뿐이네"처럼 팔자도 더럽다고 한숨짓는 여인네의 푸념의 욕이며, "앞길이 구만 리 같은 생때같던(몸이 튼튼하여 통 병이 없는) 놈이"처럼 장래가 총망 되던 자식이 별안간 참변을 당했을 때 탄식조로 뇌는 욕이며,

"살았는지 뒈졌는지", "자식이 원수다"처럼 생사를 모르는 가까운 사람에 대한 원망이나 자식들로 인해 평생 고생살이를 못 벗어나고 있다고 푸념하면서 내뱉는 욕이다.

"드러난 상놈이 울 막고 살랴?", "이판사판 공사판이다", "이판사판이다"처럼 세상이 다 아는 일인데 굳이 숨길 필요가 없으므로 욕을 하려면 하고 말려면 말라든가, 일이 엉망으로 틀어졌을 때, 체념조 또는 항변조의 욕이다. "자빠져도 코가 깨진다"처럼 재수가 없으려니까 별일을 다 당한다고 투덜대는 욕이다.

"망할 놈의 세상하고는", "세상 되어 가는 꼴 하고는", "돈 뺏은 놈은 벌 받아 죽고 나라 뺏은 놈은 임금 된다"에서는 힘없는 서민들의 세상에 대한 한탄이라고 할 수 있다. 여기에는 힘이 없는 자신의 무능함을 절감하고 좌절하며 한편으로는 세상에 대한 원망과 불신, 비판과 저항의식이 반영되어 있다. 이들 욕은 자연적 감정 발산인 동시에 자기 스스로를 추슬러 나가는 감정의 배출과 정화의 연속 과정이라고 할 수 있다.

비아냥거림과 조소의 방귀욕은 직접적인 쌍욕을 할 수 없는 힘없는 서민들이 자신의 억울한 감정들을 배출할 수 있는 통풍구로 활용되는 욕이다. 면전에서 욕을 하기보다는 자기 혼자 내뱉어지는 경우가 많으며, 마음속에 쌓인 찌꺼기를 배출함으로써 자신을 정화한다. 또한 분노와 저주의 공격적인 강도를 한 단계 줄이고 자신의 감정을 처리할 수 있다. 하지만 여전히 욕을 듣는 상대방에게 모멸감과 분노를 안겨주기 때문에 상황에 따라 조심하게 사용할 욕이다.

애칭과 유희의 익살욕이래요

　욕이지만 전혀 욕 같지 않은 욕이다. 인간이 일상적 언어로는 자신의 감정을 솔직하게 표현하기 어려운 경우가 많다. 또한 규범적이고 규칙적이며 반복적인 일상어를 사용하다보면 지루함과 따분함을 가져오게 된다. 이러한 일상 언어에 양념역할을 하는 것이 애칭과 유희의 익살욕이다. 팽팽한 긴장감에서 스트레스를 해소하고, 절묘하고 탁월한 표현으로 웃음을 선사하며, 자연스럽고 정감 넘치는 특징을 가지고 있다.

　"야, 이 문둥아, 니 잘 있었나"와 "야, 이 새끼야, 잘 있었나", "문디 자슥"은 오랜만에 만난 친구에 대한 반가움을 나타내거나 서로가 친근한 관계임을 과시하는 애칭욕으로서 친구끼리 예사로 허물없이 주고받는 욕이라고 할 수 있다. 자신의 마음을 편안하게 드러낼 수 있는 깊은 관계임을 보여줌으로써 욕이 인간관계를 원만하게 하는 긍정적인 면이 있음을 보여준다.

　"네 놈이 거리 노중이냐, 보리 망중이냐, 칠월 백중이냐, 네가 무슨 중이냐?", "다 굽은 좆, 제 발등에 오줌 누기는", "귀신 씨나락 까먹는 소리", "오줌에 씻겨 나와 똥물에 헹군 놈", "똥구녁으로 호박씨 깐다", "가죽피리 분다", "개미한테 좆 물린 격이다", "제 발등에 오줌 싼다", "해가 똥구멍 찌르겠다", "흰 말 불알 같다", "똥물에 빨아서 오줌에 튀길 놈"처럼 익살스럽고 독기 없이 그저 유머러스한 웃음을 선사하는 욕이다. 친밀한 인간관계를 전제로 하며 또한 전적으로 농담과 익살, 기지의 말투에도 의존하는 경우가 많다. 과장법, 역설법, 비유법 등의 수사법을 많이 사용한다. 의도치 않은 당돌함,

기상천외의 즉흥성이 생명력이며, 웃음과 친밀감을 제공해 준다. "기똥차다", "날씨 한 번 찢어지게 좋다", "똑 소리 나는 놈", "죽여 준다", "꿍짝이 맞는 놈"처럼 기쁨과 칭찬으로도 사용되는 욕이다.

"빠세빠세빠빠세 롤라롤라야, 빠라밤밤밤 빠라바라빠라밤!(웃차사 개그 유행어)"처럼 대중매체를 통한 유행어나, "넘 록함, Иa항ⓉㅔⒹIJㅓ(욕함 나한테 디져)"처럼 청소년들이 가상공간이나 휴대폰 문자메시지를 보내면서 즐겨 사용하는 외계어도 있다. "숭구리 당당"처럼 아무 뜻이나 의미가 없는 말장난에 가까운 욕도 있으며, "웃기는 짬뽕이다", "지랄 방구 쌈 싸먹네", "거미줄에 방귀 동이듯 한다", "거미줄로 좆 동이듯 한다", "논둑 족제비 까치 잡듯 한다", "새 뒤집어 날아가는 소리 하고 자빠졌다", "귀신 젯밥 먹는 소리 한다", "송아지 나무에 올라가는 소리 하고 있다", "얼음판에 소 탄 것 같다", "오줌발에 씻겨 나온 놈", "오줌에 절였다가 똥물에 튀겨죽일 놈", "왕거미 똥구멍에서 거미줄 나오듯", "새끼를 꼰다", "요강 뚜껑으로 물 떠먹는 것 같다", "찬밥 먹고 된똥 싸는 소리하고 있다", "혓바늘 선 데 통고추 붙이는 소리하고 있다"처럼 기상천외한 비유법을 사용한 욕도 있다.

애칭과 유희의 익살욕에는 기발한 생각이 녹아 있으며, 쌍욕과 같은 독기가 없고, 그저 말장난으로 웃기는 것들이 많다. 기쁘거나 좋은 일이 있을 때조차 욕이 사용되기도 한다. 특히 청소년에게서 많이 나타나는 욕들이며, 일상의 규범적인 언어에서 오는 지루함을 새롭게 바꾸는 일종의 언어 창조활동이며, 유희활동이라고 할 수 있다. 전통적으로 한국인들이 탈춤, 꼭두각시놀음, 판소리 등에서 즐겨하는 수법이기도 하다.[41] 이 욕은 단순히 웃기는 것뿐만이 아니라 고소하고 익살스러우면서도 쓴 소리가 담겨 있는 경우가 많다. 비록 언어 파괴의 부정적 의미를 가지지만, 기지와 재치, 유머를 발휘하다는 면에서 긍정적인 가치가 있다.

꾸지람과 차별의 채찍욕이래요

우리가 되도록 삼가야 하는 게 욕이다. 그러나 삼가야 한다고 해서 따지고 캐고 살피지 말라는 것은 아니다. 욕먹지 않기 위해서라도 욕을 알아야 한다.[42] 이런 의미에서 욕 중에서도 채찍욕은 하지 말아야 하는 욕이기보다는 먹지 말아야 할 욕이다. 욕할 만하면 해야 하고, 욕먹어 싼 경우가 있는 것이다. 욕할 건 해야 하는 만큼 욕들을 짓은 되도록 삼가야 된다. 이처럼 채찍욕은 들어먹지 않기 위해 조심하게 되며 잘못된 것에 일침을 가하는 긍정적인 면이 있다. 또한 성미가 고약한 자, 팔푼이 같은 자, 염치없고 뻔뻔스러운 자, 모진 자, 아는 척하는 자, 한심스러운 자, 수다스러운 자, 인색한 자, 음흉한 자, 나대는 자, 게으른 자, 더러운 자, 염치없는 자, 허풍을 떠는 자, 아첨하는 자 등을 모두 욕 가마니로 삼아 등한시하고 금기시하여 차별하는 것에 포함되지 않게 노력함으로써 자기 집단에서 추구하는 사상을 자연스레 따르게 되는 규범적 역할을 채찍욕이 수행하게 된다.

"개 가죽을 쓴 놈", "개도 안 뜯어먹을 놈", "개불상놈", "개차반", "미련한 곰탱이"처럼 사람 축에 들지 않는 망나니 같거나 아무짝에도 쓸모없이 무능하거나 성미가 고약한 자에게 욕감태기를 안겼다. "겉물에 씻겨 나온 놈", "오줌발에 씻겨 나온 놈"처럼 행동거지가 덜 떨어진 팔푼이 같은 자, "낯가죽이 땅 가죽 같은 놈", "낯짝에 철판을 깐 놈", "경상도 문둥이 좆 잘라 먹듯"처럼 염치없고 뻔뻔스러운 자에도, "내숭떠는 년", "독사같이 모진 년!"처럼 겉으론 얌전해도 속내는 엉큼하거나 독사처럼 모진 여자에게도 역시 욕설을 퍼 부었다. "쥐뿔도 모르는 놈", "쥐 좆도 모르는 놈", "물개 앞에서 좆 자랑한다", "똥차 앞에서 방귀 뀐다", "공자 앞에서 문자 쓴다", "개 좆도 모르면서 보신탕 먹는 놈"처럼 아무것도 모르면서 아는 척하는 자도 욕가마리(욕을 먹어 마땅한 사람)가 되기 쉬웠다. "얼간(제대로 아니하고 대충 맞춘 간) 망둥이 같은 놈!", "바람 먹고 구름 똥 싸는 놈"처럼 한심스런 자나, "물에 빠져 죽어도 입만 동동 물에 뜰 놈"처럼 몹시 수다스러운 자, "감기 고뿔도 남 안 주는 놈", "문둥이 콧구멍에서 마늘씨를 빼먹을 놈", "때 닦은 물로 못자리 거름 할 놈", "노랭이 중에도 상 노랭이", "찔러도 피 한 방울 안 나올 놈", "인정머리라고는 손톱만치도 없는 놈", "인정이라곤 띠알머리(형제자매 사이의 정)도 없는 놈", "공 씹하고 비녀 빼 갈 놈", "똥 누면 분칠해서 말려 둘 놈(흰 개똥을 찾는 사람이 있으면 팔아먹으려고 똥에 분칠을 해서 말려두는 지독한 노랭이)"처럼 인색한 자들도 욕바가지를 안겼다. 또 "뒷구멍으로 호박씨 까는 놈", "똥구멍으로 호박씨 까는 놈", "말은 부처 같고 마음은 뱀 같은 놈", "같이 판 우물 혼자 처먹는 놈", "건구역질 나는 놈"처럼 겉과 속이 생판 다르거나 제 잇속만 챙기는 음흉한 자나 "과부 집 머슴 행세 하는 놈"처럼 주제도 모르고 나대는 자나, "돼지같이 처먹기만 하는 놈", "굼벵이 같은 놈", "고손자(손자의 손자) 좆 패는 꼴을 본다"처럼 게으른 자, "오줌에 씻어 똥물에 튀길 놈", "모가지를 빼서 똥 장군 마개로나 쓸 놈"처럼 더러운 자, "염치는커녕 똥치도 없는 놈 같으니라고”처럼 염치없는 자, “꼴값 떨고 지랄한다”처럼 허풍을 떠는 자에게도 어김없이 욕꾸러기를 안겼다. 이외에도 “방정맞은 놈”, “능청맞은 놈”, “앙큼한 놈”, “요망한 년”, “방자한 놈”, “배우지 못한 놈” 등을 응징하거나, 옛날 마을 어르신들께서 못된 짓을 하는 이를 보고 “오만방자하기가 후레자식 같으니라고……”, “천하에 못돼 먹은 놈”, “어른도 몰라보는 놈”, “버릇없는 놈”, “싹둥머리가 없는 놈”처럼 일침을 가하는 교육적이며, 처벌성 강한 욕도 있다.

　“사람의 도리로서 쥐 도둑 놈들에게 능욕을 당할 수 없다”처럼 전쟁에서 패배하여 왜구에게 대항하며, 죽음을 초월한 사회적 규범을 지켜내려는 의지를 반영한 욕도 있다. 또한 “달면 삼키고 쓰면 뱉는 놈”, “날벼락을 맞을 놈”, “간에 붙었다 쓸개에 붙었다 할 놈”, “똥 닦개 노릇하는 놈”, “똥 깨나 뀌는 놈”처럼 아첨을 일삼고 그릇된 권력과 부정한 행위에 대한 비판으로도 욕이 사용된다. 욕해야 할 때 적절한 욕을 해야 하는 당위성을 부여하기도 하며, 역설적이지만 욕이 있음으로 행동을 조심하고 삼가게 된다. 훈계, 교훈, 경계심 등과 연결되며, 사회성이며 윤리성을 드높이고 결국에는 인간성을 닦게 유도[43]할 수 있기에 속담과 격언, 금언과 비슷한 기능을 수행하기도 한다.

　“앉아서 오줌 깔기는 것들이란”, “여자와 바가지는 나돌면 깨진다”, “불여시 같은 년”, “요망한 년”, “남자 셋이 모이면 집 한 채가 생기고 여자 셋이 모이면 접시가 깨진다”, “똬리 틀고 앉은 뱀 같은 년!”, “여자가 고집 세면 팔자가 세다”, “여자는 강짜 빼면 세 근도 안 된다”, “여자는 혓바닥 빼고 질투 빼면 남는 게 없다”, “여자는 빼는 맛이다", "여자 팔자는 뒤웅박 팔자다", "남자 머리가 좋은 건 대가리가 둘인 탓이요, 여자가 말이 많은 건 입이 둘인 까닭이다"같이 여성 차별적인 욕, "르스케 놈", "때놈같이", "쪽빠리 같은 놈"처럼 다른 나라 사람을 업신여기는 욕, "조센진", "엽전이 그렇지 뭐"처럼 한국인의 열등성을 스스로 비하하는 욕, "병신 꼴값하고 있네", "지랄하고 자빠졌다", "절름발이"와 같이 신체적 정신적 결함에 대한 표현으로써 현재의 정상적 모습을 '병신', '장애' 등으로 표현함으로써 나, 우리와 상대의 차이점을 부각하여 상대를 배격하고 배척하는 차별욕이라고 할 수 있으며, 비정상적인 것에 대한 깔봄, 능멸이다. '때놈', '쪽빠리'같이 타 집단에 대한 조소와 비아냥거림은 자기 집단에 대한 결속력과 공감대를 형성하기도 한다. 이처럼 가족에 대한 것이 유독 욕이 되는 것은 가족(자기집단)의 결속력이 강한 한국적 특징이라 하겠다.

욕은 특성상 주로 입을 통해서 전해진다. 따라서 욕은 그 사회의 시대적 상황을 직접적으로 반영하고 있으며, 그 사회에서 금기시하고 터부시하는 것[44]을 욕을 통해 쉽게 알 수 있다. 욕은 사회에서 터부시되는 집단이나 사물과 욕을 먹는 대상을 동질화하는 과정이다. 따라서 그러한 집단에 속하지 않기 위해, 욕 얻어먹지 않기 위해 행동을 조심하게 된다. 대표적인 예가 형벌에 관한 욕의 예이다. "젠장 맞을 놈", "경을 칠 놈", "육실할 놈", "주리를 틀 놈", "치도곤 맞을 놈" 등은 요즘 젊은이들이 거의 사용하지 않는 형벌에 관한 욕들이지만, 이 형벌에 관한 욕은 그 당시 터부시하는 것을 배척하고 구분함으로써 그러한 욕을 들어먹지 않기 위해 행동을 조심하였다. 하지 말아야 할 행동이나 규범, 가치에 욕을 안김으로써 역설적이게도 윤리적 면을 강조하고 있다.

이는 한국인이 오랜 농경문화에 기반을 둔 공동체 생활로 쌓아온 문화의 일부라고 할 수 있다. 작은 촌락 위주의 공동체의 생리는 그 속에 같이 사는 사람끼리 서로 동정하고, 실패하거나 어렵거나 불행한 사람을 서로 돕는 데 노력을 아끼지 않았다. 따라서 공동체의 삶이 요구하는 융화될 수 있는 평균 인간을 지향하고 그 평균 인간을 이상적인 인간상으로 하였다.[45] 따라서 아주 유별나게 튀는 자, 유별나게 염치없고 뻔뻔스러운 자, 유별나게 아는 척 하는 자, 유별나게 인색한 자, 유별나게 게으른 자는 공동체에 어울리지 않기 때문에 싫어하고 배척하게 되었다.

지금까지 욕을 저주, 악담을 비롯하여 비아냥거림과 조소, 애칭과 유희, 꾸지람과 차별욕으로 분류하였다. 공격적이고 방어적인 특징, 성적 욕구 표출, 차별과 구분, 꾸짖음의 질책, 불의(不意)의 당돌함과 기상천외의 즉흥성이 듣는 이를 웃게 하는 익살과 풍자, 신세타령 내지 팔자 한탄의 자기비하, 새로운 것을 향한 끊임없는 창조적인 유희, 다정함을 과시하는 애칭까지 욕의 다양한 특징을 살펴보았다. 욕이 쌍소리로 폄하되기만 할 언어가 아니라 욕은 쓰기 나름이라고 말할 수 있다. 일방적으로 흉측한 소리, 더러운 소리 또는 사나운 소리라고만 단정 지워질 수는 없는 이유이다.

4. 욕의 여러 얼굴들

욕은 다양하고 복잡한 속성을 가지고 있다. 사람들의 얼굴 표정이 감정에 따라 변하듯 욕도 표현 이면에는 여러 의미를 포함하고 있다. 또한 사람의 얼굴표정으로는 정확한 감정을 읽어 내기 힘들 듯, 욕 자체만으로는 이면에 욕구를 읽어 내기 힘들다. 욕을 좀 더 이해하기 위해 일반적인 욕의 특징과 한국욕의 특정을 살펴보고자 한다.

욕, 너는 어떤 얼굴을 가지고 있니?

욕은 상대방에 대한 공격적 성격이 강하다. 싸움에 앞서 상대방을 제압하기 위해 내뱉는 쌍욕이 대표적이다. 저주와 악담의 쌍욕은 대표적인 공격성을 나타내는 욕이라고 할 수 있다. 많은 욕설이 상대방을 향하고 상대방의 감정을 상하게 한다. 그렇다고 욕이 꼭 상대방을 향하는 것만은 아니다. 때로는 자기한탄, 자기모멸, 자학을 위해서도 욕이 사용된다.[46] 한편으론 욕에 자기 방어적인 성격도 드러난다.

또한 욕은 부정적인 면을 지니고 있지만 진솔한 감정을 표현할 수 있는 특징이 있다. 욕에 가장 많이 사용되는 수사법으로는 도치법인데 이는 정상적인 어순을 뒤집음으로써 감정의 고조상태를 여실히 드러내고, 상대방에게 전달하고자 하는 내용을 되도록 빨리 전달하려는 욕하는 자의 의도 때문이다. 생략법이 많이 사용되는 이유도 욕을 할 때 욕하는 자의 억제하기 힘든 감정 탓도 있지만 욕의 내용을 인상 깊게 빨리 전달하는 데 적절하기 때문이다.[47] 다양한 욕설은 인간 내면의 감정을 솔직하고 직접적이며 짧은 언어로 표현할 수 있다. 그런 까닭에 욕설은 감정 전달이 용이한 말을 골라 쓰게 된다. 그래서 욕설에는 한자어보다 고유어가 많다. 희로애락의 감정적 표현은 외래어나 한자어보다 우리의 감정이 잘 녹아 있는 고유어가 감정을 더 솔직하고 진솔하게 표현할 수 있기 때문이다. 정겨운 사투리가 우리에게 더욱 푸근하고 친근감 있게 다가오는 것도 같은 맥락이라고 할 수 있다.

또 욕은 상황에 따라 욕이 되기도 하고 욕이 되지 않기도 한다. 그래서 욕을 정확하게 구분하기 힘든 경우가 많다. 저속한 표현은 맞는데 듣는 이로 하여금 욕설로 받아들이게도 하고 친밀감으로 받아들이기도 하며, 또 제3자의 입장에서는 또 다르게 받아들이기도 한다. 다시 말해 대화의 상황과 장면에 따라 욕이기도 하고 욕이지 않는 경우도 있다. "잘한다 잘해", "잘 났어 정말"처럼 하나하나의 사전적 의미로는 욕설이라 할 수 없다. 하지만 대화 내용에 따라 불쾌하기도 하고, 비난, 문책성의 의미를 담기도 하며, 빈정거리거나 비아냥거림으로써 욕이 되기도 한다. 또한 욕은 다양하게 결합되어 사용되기도 하고 응용과 변용, 변이가 이루어지고 있다. 하지만 일반적으로 일상의 표현이 품위 없고 비천한 말과 결합될 때 욕이 되기 쉽다. "말이 참 많구나" 하는 것을 "입이 참 걸구나", "주둥아리 놀리고 있네"라고 하면 욕이 되는 것이다.

욕은 상대방을 극단적으로 낮추는 특징이 있다. 그래서 '개새끼'처럼 상대방을 동물에 비유하기도 하고, '백정 같은 놈'처럼 하찮게 여기는 직업으로 비하하기도 하며, '씨발놈'처럼 금기시하고 드러내 놓기 힘들며 낮게 보는 성적인 존재로 비유하기도 한다. 또 상대방 신체를 '눈깔', '주둥이'처럼 낮추어 부르기도 하며, '그것 왔나'처럼 사람을 객체화나 사물화시켜 낮추기도 한다. 이외에도 외모, 지능, 능력, 인격 등을 낮추어 욕으로써 사용하는 경우가 많다.

욕설도 일반 언어처럼 각 사회의 문화나 사회적 배경을 반영하기도 하며, 시대상황의 변화에 따라 새롭게 생성되거나 변화된다. 사람들의 생활양식이 바뀜에 따라 어느 한 시대에 통용되던 욕이 다음 세대에서는 욕이 가지고 있던 부정적·공격적인 의미가 사라지고 중성적 혹은 긍정적인 말로 전환되거나 반대로 그 시대의 중성 혹은 긍정적인 말이 다음 시대에 이르러 오히려 욕의 의미로 변화되는 것을 볼 수 있다. 일본어 대칭대명사 중 근세에 최하위 대우표현으로 사용되고 있는 'そなた(네놈)', 'そち(그쪽, 거기)', 'うぬ(네놈, 이놈)', 'おのれ(이놈)', 'きさま(너, 네놈)' 등의 사례를 뽑아, 욕으로의 발전 과정을 살펴본 결과, 'うぬ'는 근세 전기와 후기 모두 걸쳐서 욕으로 사용되었으며, 'おのれ'는 근세전기에 욕으로 사용되었다. 또 상대방을 가리키는 'きさま(너, 자네)'가 예전에는 높임말이었으나 현재는 네놈처럼 욕으로 사용되고 있다.[48] 이처럼 말과 욕은 세월을 거치며 변해왔고, 지금도 변하고 있다.

많은 말들이 사라지고 그 말들은 새로운 말에 의해 대체 된다. 욕설이 한 나라의 문화적, 사회적 배경을 반영하는 경우가 많으며, 속성상 사회 각 집단이 자신들의 생각을 자신들만의 독특한 언어로 서로 소통하기 위해 만드는 특징이 있다.[49] 특히 미국에서는 섹스, 마약, 폭력이 욕에 관한 내용의 주종을 이루고 있는 반면, 한국 사회에서는 마약에 관련된 욕이 거의 전무하다. 이는 미국만큼 마약 문제가 이슈화되지 않고 있으며, 관심이 적기 때문에 욕으로 반영되지 않고 있음을 보여주는 것으로 사회에 따라 사용되는 욕설도 다름을 보여주고 있다. 뿐만 아니라 시대환경은 종종 그 특정한 시대 환경에 걸맞은 욕들이 나타나서 유행하게 되며, 그 특정한 시대가 끝났을 때 그 시대에 유행하던 욕들 역시 소멸하거나 거의 사용되지 않는다. 이처럼 욕도 오랫동안 널리 사용되는 욕이 있는가 하면 시대 상황에 맞게 유행을 타는 욕들도 있다. 요즘 사이버상에서 외계어가 짧은 시간에 많이 만들어지고 변형되어 통용되지만 금방 사라져 버리는 특성들이 이를 잘 반영한다고 할 수 있다.

마지막으로 욕은 언어의 경제적인 면에서 효과적인 측면이 있다. 즉, 욕 한마디에는 많은 의미를 포함할 수 있다는 의미와 함께 자신의 감정을 직접적이며 솔직하게 나타내는 데 짧은 욕 한마디로 충분할 때도 있다. 학생이 교사에게 '존나 짜증나'라는 반응을 보였을 때는 여러 가지 의미를 포함할 수 있다는 것이다. 교사의 행동이 싫다거나 미울 수도 있으며, 지금 하는 수업이 재미가 없다거나, 또는 동료 학생들과 문제가 많다거나 집에서 좋지 않은 일이 있을 수 있는 등 많은 의미를 포함할 수 있다. 또 때로는 자신의 복잡한 심정이나 감정을 짧은 욕 한마디로 명확하게 표현할 수도 있는 것이 바로 욕이다.

욕은 일반적으로 공격적인 성향을 잘 드러내고 있다. 대부분의 욕들이 몸싸움의 전초전으로 쌍욕을 많이 하는 데서 찾아볼 수 있다. 또 욕은 감정을 솔직하고 직선적이며 간결하게 표현하는 경제적인 특징도 있으며, 욕 같지 않은 욕이나 기상천외한 욕, 친밀감을 주는 욕, 구수한 사투리의 욕, 은어 등과 명확하게 구분하기 힘든 특징도 있다. 대부분의 욕들은 상대방을 향한 비하의 성격이 있으며 그래서 저속한 표현을 많이 쓰는 것도 특징적이라 하겠다. 물론 욕도 일반 언어처럼 생성과 소멸을 반복하며, 특히나 최근에는 사이버 공간상에서 더욱 활발하게 많은 욕설들이 생성과 변형, 변용을 거치며 짧게 유행되었다 사라지는 것을 볼 수 있다. 이처럼 욕은 일반적인 언어의 특징을 가지면서도 욕으로서의 특징을 가진다고 할 수 있다.

한국 욕, 너는 어떤 얼굴이니?

한국 욕도 일반적인 욕의 특징과 맥을 같이한다. 그러면서도 한국 욕의 가장 큰 특징은 성과 관련된 욕들이 유난히 많다는 것이다. '씹~', '좆~'이 가장 많이 입에 오르는 욕이다. 싸울 때나 뜻대로 되지 않을 때를 가리지 않고 사용되고 있다. 물론 서양에서도 'bitch, hooker, whore, floozy, tramp(암캐, 매춘부, 창녀)', 'fag(동성애자)', 'Fuck you, roger, roll(씹할 놈)' 등과 같이 성과 관련된 욕[50]이 사용되고 있기는 하지만 한국인들처럼 다양하게 사용되지 않고 있다. 이는 한국인들이 성에 대해 감추고 드러내놓지 않는 사고방식 때문일 것이다. 이 또한 유교문화의 오랜 전통의 영향으로 인한 것이다. 이처럼 성기나 성행위와 관련된 것을 욕으로 삼는다는 것은 한국인의 가치관과 윤리관이 성을 혐오하고 배척하며 금기하는 의식이 강하기 때문이라 할 수 있다. 성이 욕의 대상이 되고 상대방에게 수치심을 안길 수 있는 것은 그만큼 성에 대한 폐쇄적 사고방식이 내제되어 있기 때문이다. 그래서 성과 관련된 욕이 유난이 많이 사용되는 이유이기도 하다.

또한 한국 욕에는 저주의 욕도 많이 사용되고 있다. "벼락 맞아 뒈질 놈", "우라질 놈", "아가리 째 죽일 놈", "제미 씹 할 놈", "대갈빡을 갈아 마실 놈"이 그러한 예이다. 이는 유교사회의 체면의식과 서열의식,[51] 계급의식 등과 관련이 있다. 유교사회에서 강조하는 충과 효는 결국 가정과 사회와 국가를 유지하는 근본 틀이다. 따라서 부모를 향해서는 효를, 웃어른을 위해서는 존경을, 임금을 위해서는 충성을 다 받쳐야 하며, 이를 어기고 실행에 옮기지 않는 것을 큰 죄악으로 여기고 천시하며, 멸시하는 풍조가 결국 욕으로 전이된 것이다.

또 한국 욕은 상대방을 폄하하는 욕을 많이 사용한다. 대부분 "바보", "머저리", "얼간이", "돌대가리", "멍텅구리", "반푼", "푼수", "개망나니", "거지 같은 놈", "쌍놈", "좆같은 놈", "발가락 때만도 못한 놈", "개새끼", "환장한 놈", "천하에 못돼 먹은 놈"처럼 동일시되는 것들은 천시하거나 멸시하거나 또는 바보처럼 무능력하게 보는 것들이다. 우둔한 자나 정신이상자는 정상적 생활 능력이 부족하기 때문에 이런 자와 동일시함으로써 욕을 한다. 또한 '백정, 중놈, 상놈' 등 천민이나 하층계급을 욕으로 삼는 것도 한국적 특징이라고 볼 수 있다.[52] '-돌이', '-순이'를 붙여서 하는 욕들은 대부분 지칭대상에 대한 멸시, 비하, 모욕을 나타내는 부정적 의미로 쓰는 것이 많다. 그것은 '-돌이', '-순이'를 붙여서 하는 욕들이 대부분 지칭 대상이 주로 사회적 신분이 낮은 하류 계급에 속한다는 사실에 기인한다. 재산, 학력, 직업 정도가 한국 사회에서 사회적 지위를 결정짓는 주요 기준이라는 것을 알 수 있다. 그래서 구두닦이(딱돌이), 식모(식순

이), 술집 접대(빠순이) 등이 같은 의미에서 부정적인 의미를 많이 포함하고 있다.[53]

이처럼 한국 욕설에 성적인 표현이 많은 것은 한국 사회가 남자에게는 관용적이고 여자의 품행에 대해서는 지나치게 엄격함을 요구하는 남성우위, 남존여비의 전통적인 사고방식이 반영되어 있음을 알 수 있다. 또 사회적 약자에 대한 욕과 천한 직업이나 신분을 빗대어 욕으로 사용하는 것, 억눌린 계급의식을 벗어나고자 저주의 욕을 많이 사용하는 것, 하찮고 천한 것에 비유하는 욕을 많이 사용하는 것은 상향의식과 열등의식이 한국 욕에 반영되어 있다고 할 수 있다.

욕하는 존재로서 인간　　제2장

고대로부터 철학적 인간학에 이르기까지 계속되어 온 물음은 인간의 존재 본질에 관한 물음, 즉 '인간이란 무엇인가?', '인간은 어떤 존재인가?'라는 것이었다. 이러한 물음에 대하여 많은 학자들은 '이성적 존재(Homo Sapiens)', '도구적 존재(Homo Faber)', '경제적 존재(Homo Economicus)', '정치적 존재(Homo Politicus)', '종교적 존재(Homo Religlosus)', '예술적 존재(Homo Artex)', '미학적 존재(Homo Aestheticus)', '게임하는 존재(Homo Ludus)' 등으로 인간의 본성을 복잡하고 다양하게 정의하였다. 또 다른 맥락에서 바라본다면 인간을 언제나 욕하고자 하는 본성을 지닌 '욕하는 존재(Homo Abuse)'로 새롭게 규정할 수 있다. 이 책에서는 이에 근거하여 인간의 본질 및 본성을 살펴보고자 한다. 다시 말하면 보편적인 인간의 본질 중에서 욕하는 존재인 인간과 관련된 특성으로 사회적 존재, 성적 존재, 배설적 존재, 공격적 존재, 방어적 존재, 언어적 존재를 중심으로 살펴봄으로써 결국 인간은 '욕하는 존재(Homo Abuse)'임을 알 수 있다.

1. 사회적 존재

사회적 존재로서의 인간

인간 본성에 관한 규정 중 가장 널리 알려져 있고 오래된 것이 '사회적 존재'라는 규정이다. 일찍이 아리스토텔레스도 인간을 '공동체를 이루고 살려는 본성을 지닌 존재'로 보았다. 그래서 '정치적 동물(Zoon politicon)'로 규정했으며, '사회적 인간(Homo Sociologicus)'이라는 명칭은 우리에게 익숙해져 있다. 이것은 인간이 본질적으로 다른 사람들과 더불어 산다는 것을 뜻한다. 다시 말하면 인간은 먼저 개인으로서 존재하고 그다음으로 타인들과 함께 사회적 공동체를 만드는 것이 아니라, 본질적으로 다른 인간들과 공동체적 생활을 한다는 것이다.[54]

19세기 독일의 철학자 포이어바흐(Feuerbach)는 "인간을 그 본질에 있어서 도덕적인 존재라고 하든지 혹은 이성적 존재라고 하든지 간에 그것은 고립된 개인을 의미하는 것은 아니라는 것이다. 인간의 본질은 인간을 연결하는 공동체 안에 있는 것이다"라고 하였다. 여기서 포이어바흐가 말한 인간의 본질을 변하지 않는 그 '무엇'이 아니라 인간화의 과정으로 해석한다면 인간화는 오직 사회 속에서만 가능하다는 결론에 이를 수 있다. 또 현대 철학자인 쉴러(M. Sheler)도 이런 뜻에서 "모든 개인에게 있어서 의식의 본질적인 부분에 이미 사회라는 것이 내면화되어 있다. 인간은 사회의 일부일 뿐만 아니라,

역으로 사회는 관련 영역으로서 인간의 본질적인 부분이다. 나는 우리의 일부분일 뿐만 아니라 우리 또한 나의 필연적인 구성요소이다”라고 주장한다. 이는 사회와 개인은 분리할 수 없는 불가분의 관계에 있다는 것을 말해 준다. 그리고 이러한 불가분의 관계가 바로 본질적인 인간의 존재 방식이라는 것이다.

부버(Buber)도 “나와 너와의 관계가 다른 인간의 성숙을 위해서는 다른 인간들과의 정서적인 접속이 필요하다”고 하였다. 어린이뿐만 아니라 어른들도 다른 인간들과의 정서적인 접촉과 이를 통한 정서적인 안정을 필요로 한다. 인간은 인간들과의 유대관계에서만 안정을 누리며, 나는 언제나 그와 정신적으로 연결된 너를 필요로 하는 것이다. 이 또한 인간이 근본적으로 사회적인 존재임을 말해준다.

사르트르(Sartre)도 인간이 사회적 ‘상황 속에 있다’는 사실을 강조한다. 인간은 역사적 존재로서 사회적 존재라는 사실을 강조한다. 이는 인간이 생물학적 유전이나 DNA 구조에 의해 일차적으로 조건 지워진다는 것을 부정하지는 않으며, 한편으로 인간은 본능과 욕망에 의해서 행동하기도 한다. 그러나 중요한 것은 생물학적 규정이 인격 형성을 필연적으로 결정하지 않는다는 사실이다. 또 인간의 욕망과 본능이 사회적인 과정을 통해 충족되고 억제된다는 사실을 강조하고 있다. 따라서 인간화의 문제도 개인적 자원의 문제일 뿐만 아니라 동시에 사회와 연결된 구조적 차원의 문제이기도 하다. 왜냐하면 인간됨의 문제는 사회 구조와 연결된 개인의 문제이기 때문이다. 개인의 자유로운 결단이 결코 무의미한 것은 아니지만 그것은 언제나 사회적인 구조와의 관련 아래서만 의미가 있기 때문이다.

이와 같은 입장의 사회적 존재로서 인간의 본성은 자연적으로 주

어져 있는 것이거나 태어나면서부터 가지고 있는 것이 아니고 역사
적으로 이룩된 것이라는 관점이다. 그래서 한편으로 인간을 역사적
존재라고 하기도 한다. 인간이 그의 본성을 역사적으로 이룩한다는
것은 곧 인간이 다른 인간들과 더불어 사회 안에서 생활하면서 그
사회가 지닌 문화적 유산들을 습득하고 사회화된다는 것을 의미한
다. 인간이라고 하는 존재는 사회 안에서만 혹은 적어도 사회와 더
불어서만 생각될 수 있다. 사회를 떠난 인간은 상상으로는 가능하지
만 현실적으로는 존재할 수 없다. 인간에게 있어서 자연 그대로는
곧 동물을 의미하며, 인간이 참으로 인간들 사이에 있어서만 인간이
다. 이는 곧 인간성 혹은 인간의 본성은 문화의 역사적인 전통을 지
닌 사회 안에서 그 사회로 말미암아 이룩된 것으로 보는 것이다.[55]
이러한 예는 모글리 현상에서 보듯 인간이 결정적 시기에 애착을 동
반한 심리적 정서적 유대감의 상실은 곧 인간으로서의 모습을 상실
하여 인간으로서 기본 능력을 갖지 못하고 동물 수준에 머무를 수밖
에 없음을 보여준다. 사회적 존재로서의 인간을 바라보는 관점은 인
간에 관한 결정론이나 생득설을 철저히 반대한다. 인간에겐 불변의
본성이 없다는 것이다. 인간은 고정 불변의 본성을 가지고 태어난
존재가 아니라 여러 사람들과 어울리는 삶을 통해서 비로소 인간이
된다는 것이다.

종합해보면 인간은 본질적으로 사회적인 존재이다. 인간이라고
하는 존재는 사회 안에서만 생각할 수 있는 그런 존재이다. 사회를
떠난 인간은 인간다움이 존재할 수 없다. 따라서 사회를 떠나 살 수
있는 존재가 있다면 그것은 동물일지는 몰라도 결코 인간일 수는 없
다. 사회적 존재로서의 인간은 인간됨의 문제가 개인에서만 그치지

않고 주변 사람과의 관계가 되며 사회의 문제이기도 하다. 인간됨의
문제는 각 개인의 결단 문제인 동시에 사회구조와 사회적 환경 속에
서 이해될 문제이다. 인간의 본성이 태어날 때부터 자연적으로 주어
진 것이 아니고 사회적이나 역사적으로 형성된 것이다. 즉, 인간이
그의 본성을 역사적으로 형성한다는 것은 다른 인간들과 더불어 사
회 안에서 생활하면서 축척한 문화적 유산들을 습득하고 사회화된
다는 것을 의미한다.

사회적 존재로서 인간과 욕

사회적 존재인 인간이 왜 욕을 할까? 사회적 존재로서 인간의 관
점에서 욕을 바라보면 욕이란 전적으로 개인의 문제만이 아님을 알
수 있다. 인간은 혼자 살아갈 수 없고 항상 다른 사람과 더불어 살아
가는 존재이며 그 사회가 지닌 문화적 유산, 생활양식을 받아들이며
살아야 하는 존재이기에 욕 또한 문화의 하나이므로 욕이 개인의 문
제가 아님을 알 수 있다.

한편으로는 다른 사람과의 교류 과정에서 오해와 다툼이 발생됨
으로써 필연적으로 욕을 할 수밖에 없는 존재이기도 하다. 흔히 사
람은 감정의 동물이라고 한다. 그래서 사람은 시시때때로 희로애락
을 나타낸다. 이는 혼자서 하는 것이 아니다. 그 사람에게는 사랑의
대상도 있고 미움의 대상도 있다. 사랑의 대상에게 사랑의 표시를
하듯이 미움의 대상에게는 미움을 표시한다. 이때 미움을 표시하는
말 중에 가장 단순한 표현이 '싫다'와 '밉다'이다. 욕은 이 '싫다'와
'밉다'로 표현되는 말에서부터 시작된다.[56] 상대방에게 자신의 욕구

불만과 같은 부정적 감정을 솔직하고 거침없이 전달하는 방법 중의 하나가 욕을 사용하는 것이다. 상대방과의 원만하지 못한 사회화 과정에서 저주와 악담의 쌍욕과 비아냥거림과 조소의 방귀욕을 사용하기도 하고, 원만한 인간관계를 맺고 싶은 하는 욕구에서 애칭과 유희의 익살욕을 사용하기도 하며, 또한 다른 사람의 인간관계에 대한 꾸지람과 차별의 채찍욕은 모두 사회적 존재로서 인간이 욕하는 존재임을 말해주고 있다.

그래서 욕은 남을 객체로 삼을 때 욕의 본성이 극대화된다. 가볍게는 비아냥거림, 놀려먹기, 업신여김에서부터 흠집 내기, 인신공격과 저주까지를 포함한다. 같은 흠집 내기 욕이라도 쓰는 사람과 듣는 사람의 관계 및 상황에 따라 꾸짖음 내지는 채찍질의 욕으로 전용될 수 있다. 질책하고 질타하는 욕은 대체로 윗사람이 아랫사람에게 사용하는 것이다. 반대로 신분이나 나이 면에서 처지가 낮거나 못한 사람이 악을 쓰면서 대거리하는 욕도 있다. 이것은 반항심의 표현이거나 아니면 억눌린 자 또는 당하는 자의 항변으로 보인다.[57]

욕이 사회적 기능을 담당하는 것은 인간이 사회적 존재이기 때문이다. 잘못된 것에 대한 꾸지람과 훈계, 도덕적 기능을 담당할 수 있음은 혼자 살 수 있는 인간이 아니라 사회를 구성하고 살 수밖에 없는 존재이기 때문이다. 이런 관점에서 욕은 우리가 되도록 삼가야 한다. 하지만 삼가야 한다고 해서 따지고 캐고 살피지 말라는 법은 없다. 욕이 악하다 해도 어떤 사람이 어떤 짓을 하다가는 욕을 먹게 되는지는 알아야 한다. 욕먹지 않기 위해서도 알아야 한다. 욕은 하지 말아야 하는 것이기보다는 먹지 말아야 할 그 무엇이라고 할 수 있다.[58] 다시 말해 "욕은 되도록 하지 말아야 한다"의 의미도 있지만 "욕은 되도록 먹지 말아야 한다"는 것은 더 의미가 있다. "욕할 만하면 해야지", "욕먹어 싸지"처럼 때로는 욕이 옳은 말로 들릴 때가 있다.[59]

사람 사는 곳이라면 욕설이 있게 마련[60]인데, 그 언어의 사회적 역사적 배경에 따라서 욕설도 그 질이 달라진다. 욕에 '왜놈, 쪽발이, 짱깨, 떼놈, 양키' 등 다른 민족에 대한 욕설이 있다. 이 욕은 이 욕이 지칭하는 민족과 우리가 긴밀한 관계를 가지는 가운데 이해가 얽힌 결과 생겨난 것이다. 결국 욕이 지칭하는 민족과 우리와의 접촉이 있었다는 사회 역사적 반증이다. 우리와 전혀 접촉이 없는 아프리카나 남아메리카의 어느 족속에 대한 욕설이 우리말 속에는 있을 리 없다. 간혹 있다고 하더라도 우리와 접촉이 없는 민족에 대한 욕설은 그 혐구도가 낮으며 감정적이기보다 관념적이다.[61] 이처럼 욕 속에도 공적이고 사회적인 인간관계들이 잘 반영되어 있다.

욕은 특성상 어떤 기록으로 전해져 내려오기보다는 주로 입을 통한 구전에 의해서 전해지는 것이 특징이라 할 수 있다. 따라서 욕은 특히 그 사회의 시대적 상황을 많이 반영하고 있는 언어 가운데 하나이다. 욕은 시대를 반영하고, 사회적 분위기 등을 반영함으로써 욕에는 시대의 생활상이 잘 나타나 있다고 할 수 있다.[62] 결국 욕하는 존재로서 인간은 그 사회의 사유 형태와 문화, 사상이 욕에 그대로 반영되어 있다는 점에서 사회적 존재임을 알 수 있다.

비록 욕이 사회적 기능을 담당하여 사회를 유지하는 역할을 담당하기도 하지만 아무래도 부정적 요인이 많다. 욕은 듣는 이에게 상처를 남기며, 폭력을 동반하기 쉽다. 뿐만 아니라 언어를 거칠게 만들고 불안을 조장하게 된다. 따라서 서로 더불어 사는 사회에서 상대방의 인권을 침해하는 욕, 공격적인 욕, 차별적이고 냉소적인 욕은 조심하고 또 삼가야 한다.

사회적 존재로서 한국인과 욕

사회적 존재로서의 한국인들은 나름대로 독특한 사회성을 지녔다고 할 수 있다. 한국 사회는 개인 혹은 개인을 중심으로 한 작은 집단, 가족 집단을 강조하며 살아왔다. 이는 곧 서열의식, 집단의식, 동제의식, 내향의식의 한국적인 특징들이 고착화되고, 교육은 자신이 훌륭한 지위, 좋은 직업을 얻기 위한 것으로, 정치는 개인의 출세와 권력을 쟁취하려는 수단으로 전락하였다. 이러한 사회적 풍토는 문화의 반영인 욕에도 잘 드러난다. 특정 지위(놈, 년, 새끼 등), 출신(시골뜨기, 촌놈 등), 직업(그림쟁이, 부엌데기, 장사치, 백정 놈)을 천시하거나 낮추어 보며, 본성(악마, 악당), 인격(배신자, 협잡꾼), 정신(등신, 멍청이, 멍텅구리, 미치광이, 바보, 병신), 일반특성(게으름뱅이, 겁쟁이, 한량), 투기행위(노름꾼), 언어행위(잔소리꾼, 뻥쟁이, 거짓말쟁이), 소비형태(구두쇠, 수전노), 용모(코쟁이, 깜둥이, 곱사), 체구(뚱뚱보, 말라깽이), 장애[63](외팔이, 꼽추, 외눈팔이)처럼 개인적인 것을 인칭화하여 욕감태기로 삼는다. 이는 오랫동안 사회적 구성원들이 쌓아온 문화적 차이에 의한 욕 문화의 차이를 가져올 수 있다.

한국 사회에서는 정상적인 신체에 가치를 두고 지극히 남과 다름의 동조 사회로서 남과 같지 않은 그 무엇을 가진 사람은 매우 살기 어려운 환경에 처하게 된다. 한쪽 발이 없거나 한쪽 손이 없다는 것은 정상적인 사회관계에서 탈락되어 소외당하거나 동정을 받거나 하여 마음을 써주어야 하기에 일상생활에서 가급적 신체장애를 기피하려는 성향이 자연스럽게 발생하게 된다. 장애인에 대한 배려가 적고, 배척시하는 경향의 사고방식은 결국 한국 사회에서 장애가 다양한 욕으로 전용되는 빌미가 되었다. 한국 사회에서는 이들이 욕이 될 수 있지만 다른 사회에서는 욕의 소재로 사용되지 않는 것 또한 그 사회에서 용인되고 금기시하는 것들이 욕이 될 수 있음을 보여주고 있다.

또 한국인들은 '남들이 나를 어떻게 볼까?'를 유독 의식하는 체면의식이 강하다. 그래서 분에 넘치고 주제를 넘고 형편이 모자라도 남이 하면 무리해서 따라 함으로써 겉치레를 하려 한다. 실속이나 실리에 약한 이유이다. 또한 직위와 덕망이 높을수록 교양과 위엄을 요구하는 사회적 풍토를 가지고 있다. 많이 배운 사람이나 직위가 높은 사람들의 욕 한마디는 더욱 비난을 받을 수 있어 대 놓고 욕을 할 수 없는 분위기이다. 그래서 안으로 삭이고 곱씹을 수밖에 없었다. 또한 한국인들은 혈연, 학연, 지연을 위주로 한 사회적 관계를 중시한다. 나와 핏줄을 같이하거나 같은 학교를 나온 동창, 같은 마을사람들에게는 끈끈한 인간관계를 맺지만 이를 벗어난 인간관계에는 소홀히 대하는 편이다.

"야 이놈의 새끼야, 누구한테 지랄하고 있어", "덕석 말이 할 놈", "저 호로 새끼", "좋은 술 쳐 먹고 저지랄 하나", "이년아 친정 니 애미가 그리 가르쳐주디", "싸가지 없는 놈, 찬물도 위아래가 있는 것도 모르나", "대갈빡에 똥밖에 안 든 놈" 등과 같이 훈계와 교훈, 도덕과 윤리 의식을 강조하는 욕이 한국 욕에 유달리 많음은 한국 사회가 오랜 유교사회 속에서 해야 할 것에 대한 강요와 엄격한 금기의 사회적 반영이라고 할 수 있다. 공동체가 지켜야 할 마땅한 규범, 가치가 허물어지는 것을 한국 욕은 한사코 못 보아 넘긴다. 욕은 역설적인 윤리요 기강이라고도 할 수 있다.[64]

　요약하면 사회적 존재로서 한국인에게 있어서 욕에는 한국 사회의 정(情)의 문화, 서열의식, 체면의식 등이 잘 반영되어 있다. 남에게 분노와 감정을 표현하기도 하지만 한편으로 욕을 듣지 않으려고 노력하는 사회적 장치로 작용하기도 한다.

2. 성적 존재

성적 존재로서의 인간

성은 인간의 가장 기본적이면서도 가장 강력한 욕구이다. 성적 존재로서 인간의 본능에 대하여 20세기 위대한 정신분석학자인 프로이트는 본능 혹은 충동(Trieb) 이론을 제기하였다. 우리가 미처 깨닫지 못하는 어떤 동기 유발 요인의 존재를 가정함에 있어서 '의지'를 무의식적인 본능적 힘, 에너지의 작용으로 설명하고 있다. 충동은 정신적 장치 내에 존재하는 유일한 동기 유발적 힘이며, 외부로 방출되는 에너지를 만들어 낸다. 그중에서도 프로이트는 성적 충동을 가장 중요한 것으로 여겼다.

인간의 행동 가운데 상당수의 원인을 성적 생각과 욕망(종종 억압되어 무의식으로 편입되는)으로 거슬러 올라가 찾아낸다. 성적 욕구야말로 인간의 성격에서도 중요한 역할을 하며, 또한 성적 에너지(리비도)는 예술과 같은 다른 행동으로 승화될 수도 있다고 보았다. 성적 에너지를 삶의 충동 혹은 본능(에로스)으로 보았으며, 사디즘, 공격성, 자기파괴성 등을 죽음의 본능(타나토스)으로 분류하기도 하였다.[65] 또한 유아기와 유년기 초반의 경험이 성인의 성격에 대단히 중요하게 강조되었는데, 성욕의 개념을 우리 육체의 연관 부분에서 느껴지는 모든 쾌감까지 포함하는 것으로 확장시켰다.

사회생물학자 윌슨(Wilson)은 사회생물학적 관점에서 다양한 종의 동물들과 비교하여 인간의 성을 관찰한 결과 인간만이 가지는 성적 특성들을 밝혀내었다. 그는 인간은 성적 상대의 교체가 대부분 남성 위주로 이루어지는 온건한 일부다처제형임을 강조하였다. 인류 사회의 약 4분의 3이 아내를 여럿 취하는 것을 허용하고 있으며, 그런 사회는 대체로 법과 관습을 통해 그런 행위를 장려하고 있다고 하였다. 반면 일처다부제를 허용하는 사회는 전체 사회의 1퍼센트 이하이며, 그 나머지인 일부일처제 사회들은 대개 법적인 의미에서만 거기에 속할 뿐이며, 사실상 첩이나 다른 혼인 외적인 수단들을 통해 일부다처제를 용인하고 있다고 하였다. 따라서 여성들은 대체로 남자들에 의해 한정된 자원, 가치 있는 소유물로 취급되기 때문에 상승혼, 즉 사회적 지위가 높아지는 혼인 풍습의 수혜자가 된다고 하였다.[66] 다양한 사회에서 남성들은 주로 추구하고 획득하는 속성을 가진 반면 여성들은 보호되고 교환되며, 아들들은 난봉꾼이 되고 딸들은 유린당할 위험에 도사리고 있으며, 성이 매매될 때 대개 구매자는 남성이 되고, 매춘부는 당연히 사회의 멸시 대상이 되기 쉬운 구조를 가지고 있다.

사회생물학적 관점에서 다이아몬드(Diamond)도 성적인 존재로서 인간을 다른 동물들과 비교하면서 다음과 같이 기술하고 있다.[67] 첫째, 대부분의 인간 사회에서 남성과 여성은 오랫동안 짝을 이루어 결혼 생활을 하며, 사회의 다른 구성원들은 이것을 서로에 대한 의무로 결합된 두 사람의 계약으로 간주한다. 짝을 이룬 두 사람은 반복적으로 성관계를 가지며, 각 배우자는 오직 혹은 주로 자신의 짝과 성관계를 가진다. 둘째, 결혼은 단순히 두 사람이 성적으로 결합하는 것을 넘어서 둘 사이에 태어난 아이들을 함께 기르는 관계이다. 특히 남성은 여성과 마찬가지로 제 아이를 돌보고 보살핀다. 셋째, 남성과 여성이 짝을 이루고 무리 속에서 다른 구성원들과 함께 살아가고 경제적으로 협동하며 공동의 영역을 함께 이용한다. 넷째, 인간의 배란은 공공연히 드러나는 것이 아니라 눈에 띄지 않는 채로 일어난다. 다시 말해서 임신이 가능한 짧은 기간을 여성뿐만 아니라 짝도 알 수 없다. 따라서 여성은 가임기뿐만 아니라 생식 주기 전체에 걸쳐서 성관계를 가질 수 있다. 다시 말해 인간의 경우 생식보다는 즐거움을 위해 성을 생활화한다고 할 수 있다.

이처럼 인간의 사회 조직에서 성적 결합의 가장 뚜렷한 특징은 그것이 성행위를 초월한다는 점이다.[68] 즉, 성행위라는 육체적 쾌락을 통해 이루어지는 성의 궁극적 기능인 유전적 다양화가 생식 과정 그 자체보다 훨씬 더 중요하다는 것이다. 인간의 성적 활동은 번식에만 있는 것이 아니라 다양한 기능과 복잡한 인과 사슬이 얽혀 있음이 성적 존재로서 인간의 특징이라고 할 수 있다.

성적 존재로서 인간과 욕

성을 표현하는 욕이든지, 아니면 성을 금기시하는 욕이든지 간에 욕에 성적인 표현이 많은 이유는 결국 인간은 성적인 존재임을 의미한다.[69] 욕 가운데 가장 많이 응용과 변형이 되고, 기본이 되며, 널리 사용되는 것이 '좆(남자의 성기)'과 '씹(여자의 성기, 성교)'이라 할 수 있다. 그만큼 욕은 성을 소재로 많이 사용[70]하고 있으며 욕은 남녀의 성기와 그들 사이의 성행위의 모든 것을 즐겨 소재로 삼는다.

성기나 성교에 관한 욕은 여러 나라에서 공통적으로 나타나며 아주 다양하게 발전되어 그 종류도 다양하다. 배우자가 자신이 아닌 다른 상대와 성교를 하게 된다면 자신은 매우 불리한 입장에 처하게 된다. 생존과 유전자의 보호에 위협이 되는 것이다. 따라서 이를 어긴 이들은 응징하고 다시는 그런 일이 발생하지 않도록 하기 위해서 문란한 성교를 나타내는 말은 가장 모욕적인 말이 될 수 있었다. 더불어 성교와 관련된 성기까지 저속한 표현이 되었던 것이다. 근친상간에 관한 욕도 열성유전자의 결합으로 유전병이 생길 확률이 높다는 이유 때문에 금지되었다. 근친상간을 하게 되면 다른 부족과 동맹관계를 맺을 기회가 줄어들게 되어 노동력의 제한을 받고, 부족의 위협을 받게 된다. 이러한 이유들 때문에 금기시되었으며, 곧 욕으로 전용되었던 것이다.

성에 관한 욕거리가 못 될 것은 아무것도 없다. 성과 성행위는 온통 욕으로 얼룩져 있고 웃음거리로 뒤범벅이다. 왜 그래야 했을까? 성은 자유이자 억압이고 쾌락이자 죄악이었기 때문이다. 탐닉하지 않을 수 없는 성에 대해서 사람들은 피해 의식마저 느끼고 혐오감이 작용해서 사람들은 성을 욕지거리의 앞장에 세웠을 것이다.[71] '좆 빨아라!', '옛 먹어라', '좆대가리 같은 놈', '○ 구멍 같은 년' 등은 남녀의 성기를 비하하면서 욕하는 자의 리비도의 분출이며, 성을 천대하고 몰아붙이는 역작용으로 억압된 성충동이 터트려지거나 달래질 수 있다.[72]

Neill도 서머 힐 학교의 4~7세까지 어린이들에게는 똥이니 오줌이니 하는 말이 기쁨을 주는데, 이들 중 대부분이 아기 때 엄격한 청결교육을 받음으로써 억압이 작용하여 신체의 기능에 대한 콤플렉스를 가지게 되었다[73]고 하였다. 마찬가지로 성에 관한 억압과 금기는 마음속에 또 다른 응어리를 만들고 마음껏 발산할 수 없는 에너지로 남게 된다. 그래서 남에게는 공격의 수단이 되고 자신에게는 성적 에너지의 발산 기회를 갖게 되는 것이 바로 성적 욕을 통해서이다.

음담이나 육담에는 성적인 쾌락과 함께 익살스런 즐거움까지 얻을 수 있는 기능이 있다.[74] 인간은 드러내 놓고 누릴 수 없는 성적 쾌락을 본능적으로 누리지 않고 살 수 없는 존재이다. 성과 관련된 내용이 많은 사람들의 관심을 끌고, 사석에서 널리 회자되며, 웃고 즐길 수 있음은 결국 인간의 본능인 성적 욕구가 누구에게나 잠재되어 있기 때문이라고 할 수 있다. 이처럼 성이 인간의 본능과 관련 높기에 욕으로 다양하게 전용되어 사용되고 있는 것이다.

성적 존재로서 한국인과 욕

전 세계적으로 성에 관한 욕설이 많이 있으나[75] 특히 한국어에 성에 대한 욕설이 많이 존재하는 것은 오랫동안 한국 사회에 뿌리를 내려왔던 유교사상과도 관련이 있다. 유교에서는 성을 긍정적으로 보지 않고 오히려 성적 욕망을 통제할 것을 강요한다. 성은 생식을 위한 것이며 결코 쾌락을 위한 것이 아니라는 것이 유교의 원칙적 입장이었기 때문이다. 전통적으로 한국 사회에서 성은 공개적으로 말할 만한 것으로 취급받지 못하여, 직접적인 감정의 표현인 욕설에 반작용적으로 성이 나타났다[76]고 할 수 있다.

조선조 이후 성은 윤리화되고 가족제도의 테두리에 묶이게 됨으로써 가계유지 내지 혈통유지의 수단으로서의 성이 강조되었다. 여성들에게는 정절이나 순결의 성윤리가 강조되고 성을 즐긴다거나 그것을 드러내놓고 표현한다거나 하는 일은 부도덕한 것으로 금기시되었다고 할 수 있다.[77] 한국 사회에 성과 관련된 욕이 유독 많은 것은 성에 대한 억압의 반발이라고 할 수 있다. 오랫동안 한국 사회에서 성은 드러내 놓을 성질이 아니었다.[78] 그래서 남자의 성기를 '고추', '물건', '가운데 다리', '거시기', '연장'처럼 표현하기도 하고, 여자의 성기를 '냄비', '조개', '밑구멍', '조가비' 등으로 다양하게 은유적으로 표현해 왔다. 또한 성교를 '절구질', '방아 찧기', '가죽 방아', '떡치기'처럼 직접 표현하지 않고 오히려 숨기고, 감추려고만 하였다. 이에 성은 한국인의 무의식 속에 자리 잡고 욕으로 표출됨으로써 한국 욕에 특히 성적인 욕이 많은 이유라고 할 수 있다. 성이 한국 사회보다 더 개방적인 서구 사회와 일본에서는 성과 관련된 욕이 적으며, 성이 욕으로 다양하게 사용되지 못하고 있다. 이에 비해 한국 사회에서는 인간의 본능인 성을 억압함으로써 한국인의 무의식에 잠재되어 있으며, 성이 더럽고, 부끄러우며, 드러냄으로써 상대방에게 수치심을 줄 수 있는 것이 되는 것이다.

또한 한국인은 성을 부정시했는데, 심지어 여성의 월경, 남녀의 성행위를 부정시하다 보니 아기 낳는 것조차 부정시하였다.[79] 마을 굿 날짜를 잡았다가도 마을 안에 초상이 나거나 아기가 태어나면 날짜를 뒤로 물렸으며, 굿을 주관하는 당사자 부부는 당연히 다른 방에서 따로따로 잠을 잤으며, "더러운 짓!", "짐승만도 못한 짓!", "개 같으니라고"처럼 성은 추잡함을 극대화하고 짐승스런 것의 극단으로서 욕을 바가지로 뒤집어썼다.[80] 성행위를 '붙었다'느니 '붙어먹었다', '배를 맞추다'느니 할 때는 경멸감이나 혐오감이 포함되어 있으며, 수치감을 자극하기도 한다. 성이며 성기는 이같이 더러운 것이라서 심한 수치심과 창피함의 대상으로 핍박을 당해 왔다. 아이 없는 옛 부녀자들이 남근석에 접촉하는 풍습이나, 남성의 성기모양을 본 뜬 물건(비녀, 맷돌)은 사회적으로 또는 성적으로 억압 받던 여성들의 욕구 표출 대상으로 이용되기도 하였다.

또한 한국의 욕에는 유별나게 여성에 관련한 것들이 많은데, 여성은 전통 사회에서 욕과 더불어 멀리하고 금기시할 대상으로 여겼다. '요망한, 요상한, 간사한, 간특한, 간악한, 발칙한, 추잡한, 방정맞은, 재수 없는, 부정 타는, 시끄러운, 잡스런, 출랑대는' 등처럼 여성 전용의 욕 형용사[81]와 '여자와 명태는 두들겨라. 여자와 바가지는 나돌면 깨진다' 등처럼 여성 비하 속담들은 이를 잘 대변해 주고 있다. 이처럼 성과 관련된 내용이 욕의 소재로 많다는 것은 결국 인간의 성적 본능이 욕에 투영되어 있기 때문이라고 할 수 있다.

한국인 역시 인간으로서 성적인 존재임을 보여주고 있다. 아리랑, 판소리, 시조 등과 같은 예술작품에도 자주 성적인 내용들이 드러나고 있다. 한국인의 정서를 가장 잘 표현하고 있는 노래인 아리랑의 여러 지방의 대부분 가사들은 사랑문제와 성문제를 노래하고 있는데서 살펴볼 수 있다.[82] 또 <변강쇠가>는 현전하는 판소리 중 성의 표현이 가장 강한 작품이라고 할 수 있다.[83] 판소리가 유발하는 웃음은 재미난 표현인데, 바로 그것은 성을 매개로 하는 경우가 많고, 희극미 연출의 방법으로 성적 표현을 즐겨 사용하고 있다. 『근화악부』에 송강 정철이 기생 진옥과 주고받은 시조에도 인간의 원초적 성적 본능이 잘 나타나 있다. 육담의 묘미와 문학적 카타르시스가 담긴 시조에도 간접적인 은유와 비유를 통해 사람들의 애간장을 녹이는 성적 표현이 많다.

이 밖에도 성과 관련된 한국인들의 삶과 흔적을 찾아볼 수 있는 여러 가지 자료들이 있다. 아주 아득한 옛날에도 성에 관련된 걸쭉한 이야기들이 있었는지는 알 수 없으나 조선조에는 성에 관련된 문헌들이 많이 나타난다. 강희맹(姜希孟)의 『촌담해이(村談解頤)』, 송세림(宋世琳)의 『어면순(禦眠楯)』, 성여학(成汝學)의 『속어면순(續禦眠楯)』, 홍만종(洪萬宗)의 『명엽지해(蓂葉志諧)』, 열청재(閱淸齋)의 『어수록(禦睡錄)』, 저자미상인(著者未詳人)의 『파수록(罷睡錄)』을 각각 엮어 놨는데, 이런 것들을 통해서 조선조 초기부터 널리 성에 관련된 이야기들이 회자되고 있었음을 알 수 있다. 옛날에도 인간의 가장 기본적인 본능으로서 성적 욕구(평상시에는 절제하고 감추어서 나타나지 않으나 강렬한 충동력을 가진 것)를 이야기로 꾸며서 감추어진 본능을 은연중에 나타내고 향유하며 만끽하고 즐겨 하였음을 알 수 있다.

한국인은 자주 성적인 것을 동물에 비유하여 표현하기도 하였다. 작은 몸집에도 불구하고 한 배에 낳은 새끼 수가 많고, 임신 기간도 17~20일로 매우 짧고 출산 뒤에도 몇 시간만 지나면 다시 발정하여 교미하고 바로 임신한다고 해서 다산의 상징으로 여겨지는 쥐가 특히 성적인 이야기에 자주 등장하는 동물이다. "쥐 좆도 모른다", "쥐뿔도 모른다", "쥐 좆만 하다"라는 등의 욕설에 많이 등장하고 있다. 이 밖에도 아무데서나 성행위를 보임으로써 천박하다고 생각하는 개, 본능적으로 구멍을 찾아가는 속성으로 인한 남성의 성기를 상징하는 게, 모양이 남성 성기를 닮은 숭어, 암컷을 향한 끈질긴 승부 근성과 여러 암컷을 차지하기 위한 수컷의 습성 때문에 정력을 상징하는 토끼는 자주 한국인의 육담 속에 등장한다. 성적인 표현을 직접적으로 나타낼 수 없는 사회적 분위기 속에 비유적으로 드러내는 성적인 욕구를 풀어내는 데 동물을 활용하였던 것이다.

이러한 성적인 이야기에 동물이 등장하는 것은 그저 그렇고 그런 음탕한 이야기로만 이해할 것이 아니라 보편적인 사람들의 마음속에 자리 잡고 있는 성에 대한 환상, 호기심과 두려움, 즐거움과 욕망 등이 다층적으로 표현되어 있다. 입 밖으로 당당히 말하는 게 금기시되는 것을 동물이라는 은유를 통해 부담스럽지 않으면서도 유쾌하고 재치 있게 풀어내었다[84]고 유추할 수 있다.

이처럼 한국인들이 성에 관한 언급이 그만큼 많았다는 것은 억눌린 사회적 분위기의 표출이라고 볼 수 있으며, 인간으로서 감출 수 없는 본능으로서의 성을 잘 보여준다고 할 수 있다.

3. 배설적 존재

배설적 존재로서의 인간

인간은 근본적으로 말하는 행위를 즐기는 동물이다. 말하는 행위란 내적인 것을 밖으로 배출하여 표현하는 하나의 양식으로, 잠재되어 볼 수 없는(들을 수 없는) 사실을 겉으로 드러나 볼 수 있는(들을 수 있는) 사실로 옮겨 놓는 것을 의미한다. 이것은 무자각적 자아로부터 자각적 자아로 옮겨 가는 것으로 인간은 말하는 행위의 배설을 통해 자신의 존재를 확인하고 형태가 없던 존재를 형태가 있게 하는 것이다. 인간은 언제나 감정과 마음의 찌꺼기를 쏟아냄으로로써 자신을 새롭게 창조해 가는 존재이다.

억울한 것을 배설하고 자기를 정화하려는 욕망은 프로이트의 초기 이론인 안정성 원리(Constancy Principle)로도 설명할 수 있다. 우리의 육체는 자동적으로 필요한 영양분을 요구하여 건강의 안정성을 찾으려는 본능을 가지고 있다. 목이 마르면 물을 요구하게 되고, 배가 고프면 영양분이 들어 있는 음식물을 요구한다. 정신도 마찬가지이다. 어느 곳에서 정신적 상처를 받으면 이를 정화하려는 자동적인 무의식이 작동한다. "종로에서 뺨 맞고 한강에서 눈 흘긴다"는 우리 속담이 있는데 그렇게 해서라도 감정을 배설하거나 정화하지 않으면 우리는 심한 괴로움을 겪게 된다.

인간만이 언어를 통해 자신의 감정을 표출하는 존재이다. 특별히 욕은 인간이 언어를 통해 감정을 해소하고자 한다는 점에서 인간의 근본 욕구인 배설의 욕구와 관련된다고 할 수 있다. 특히 성과 관련된 욕은 인간의 성적 욕구의 발산이라고 할 수 있다. 옛날부터 성은 부정시되고 금기시되었다. 그러나 성은 인간의 본능이기에 표출될 수밖에 없고 이러한 성적인 욕구가 성적인 욕으로 표현된다고 볼 수 있다. 욕에는 응어리진 본능을 배설하고 자기를 스스로 정화하려는 인간의 본성이 투영되어 있다. 인간은 마음속 응어리를 간직하고 쌓기만 할 수 없는 존재이기 때문이다.

생리적 배설과 언어적 배설은 서로 연관성이 높으며, 배변의 기쁨과 같이 언어적 배변 또한 인간의 가장 기본적인 욕구 중의 하나이다. 언어적 배설이 인간의 근본 욕구인 것을 우리는 『삼국유사』 2권 경문대왕의 '우리 임금의 귀는 당나귀의 귀'에서 엿볼 수 있다. 가슴 깊이 감추어 둔 비밀의 말을 토해 버림으로써 마음의 병까지 씻을 수 있었던 이발사를 통해 '말하는 행위'는 상대방에게 어떤 의사를 전달하는 것을 넘어 자기 자신의 심적 정화작용까지 가능하게 한다는 것을 알 수 있다.

말이란 보통 생각하는 것처럼 인간이 남에게 무엇인가 전달하기 위해서 반드시 생겨난 것은 아니다. 왜 말하는가? 이 물음에 대한 대답은 여러 가지가 있을 수 있다. 가장 보편적인 대답은 '전달하기 위해서……'라고 할 수 있다. 그러나 가장 근원적인 대답은 의미가 있기 때문이다. '전달의 요구'도 의미의 전제 없이는 성립되지 않는다. 다음에 제기되는 물음은 '누구에게 말하는가'이다. 이 물음에 대해서도 대답은 여러 가지 있을 수 있다. 보편적인 대답은 '남'으로 요약될 수 있지만 가장 근원적인 대답은 '자기 자신'이어야 할 것이다. 말하는 제1차적인 대상은 바로 자기 자신이기 때문이다. 그러나 이것은 대화의 가능성을 전적으로 거부하는 것이 아니라 오히려 그와의 반대다. 자기 자신에게 말함으로써 남에게 말할 수 있게 되는 것이다. 자기 자신에게 말하지 않고서는 결코 남에게 말할 수 없는 것이 말의 상황이다. 말의 근원적인 상황은 남이 아니라 나로부터 시작하기 때문이다.[85]

따라서 의사 전달이 주는 쾌감과 '말하는 행위'가 주는 쾌감과는 일단 구별할 필요가 있다. 일상회화에서는 이것이 유기적으로 얽혀서 서로 잘 구별되지 않으나, 그렇다고 의사 전달의 쾌감과 말하는 행위의 쾌감이 질에 있어서 동등한 것은 아니다. 말의 근원적인 상황인, 즉 후자 '말하는 행위'가 주는 쾌감에서 찾아진다. 이 역시 인간이 배설적 존재임을 드러내는 것이라 할 수 있다.

배설적 존재로서 인간과 욕

인간은 누구나 하고 싶은 말을 마음껏 하고 살고 싶으나, 체면과 눈치 때문에 또 사회적 지위 때문에 하고 싶은 말을 마음껏 하며 살수 없다. 이러한 과정 속에서 마음에 응어리가 지고 심하게는 병으로 발전하게 된다. 그래서 우리 속담에 '욕먹으면 오래 산다'고 하지 않았던가? 욕을 먹는다는 것은 그만큼 자신의 행동을 멋대로 하고 말을 함부로 생각나는 대로 쏟아내기 때문에 자신의 감정을 마음속에 쌓아두지 않고 바로바로 배설해버리기 때문에 욕먹는 사람이 건강하게 살 수 있다는 뜻이 아니겠는가?

상황과 시기에 알맞은 욕은 자신의 감정을 짧고 강렬하게 발산하는 좋은 도구이다.[86] 욕이 감정을 발산하는 기능을 가지고 있기 때문이다. 사람들은 자기 대신에 다른 사람이 욕을 적절하게 사용하였을 경우 대리 만족을 통하여 후련해하기도 한다.

욕은 기본적으로 상대방을 비하하고 공격하며 깊은 상처를 주는 역기능이 많은 것은 사실이다. 이에 욕은 폭력행위이며 심각한 결과를 초래하기도 한다. 하지만 욕은 분노의 감정을 물리적인 행동으로 옮기지 않고 말로써 발산한다는 점에서 극한 결과를 사전에 방지하고, 집단 내에 강한 애정과 친근감의 표시, 기분전환, 재미추구, 긴장감 해소 등의 생동적인 역할을 하기도 한다.[87]

욕은 본능적이고 자연 발생적인 것이다.[88] 스스로 감정을 표출하고도 수습하기 힘들 뿐만 아니라 뒤늦게 곱씹어 보아도 이해할 수 없이 엉뚱한 게 인간의 감정이다. 희로애락애오욕(喜怒哀樂愛惡欲)의 일곱 가지 감정은 인간의 의식적인 통제 바깥에 있다. 이러한 주체할 수 없는 인간의 감정을 표출하는 형식이 욕이다. 모든 동물들이 그렇지만 특히 사람은 자주 화를 낸다. 동물 중에서 사람이 가장 감정이 풍부하기 때문일 것이다. 화를 해소시키지 못하면 스트레스가 쌓이고, 스트레스가 쌓이면 만병의 원인이 된다. 개인의 환경과 교양에 따라 스트레스를 해소시키는 방법이 다르기 마련이지만 대부분의 사람들은 화가 났을 때 욕을 함으로써 스트레스를 해소한다.[89] 욕은 감정의 발산인 동시에 감정의 달램이고 삭임 기능을 지니기에 감정이면서도 그 이상이다. 인간은 감정을 내쏟기 위해서도 욕하지만 감정을 스스로 달래기 위해서도 욕을 한다.[90]

욕은 억눌리고 핍박 속의 사회적, 현실적, 환경 속에서 나온 자기 한탄, 자기 책망의 속성을 대변한 것이다. 그렇기 때문에 욕이 자기에 대한 한탄과 실망, 비판을 완화시켜 주는 역할을 하기도 한다. 자신의 능력과 처지에서 극복할 수 없는 큰 장벽, 즉 권력이나 계급, 가난을 전제한 신분사회의 구속에 대한 민중의 한이나 설움에 대한 심리적 해소의 역할을 담당해 왔다.[91]

인간이 성장함에 따라 사회생활도 복잡해지고 감정도 점점 복잡 미묘하게 다양성을 띠게 되고, 그렇게 되면 '싫다'와 '밉다'로 단조롭게 표현되던 미움의 감정은 훨씬 다양한 표현으로 변화하게 될 것이다. 대화 속에 '화가 나서, 울화가 나서, 화가 치밀어서, 분통이 터져서, 분을 못 참아서, 괘씸해서, 얄미워서' 등의 표현을 자주 쓴다. 그럴 때 거기에 수반되는 감정을 풀어야 하는데 그 감정을 푸는 방법은 폭력, 파괴 등과 같은 다양한 방법이 있겠지만 욕을 함으로써 푸는 경우가 많다. 그러니까 욕이란 말로써 '분풀이' 또는 '화풀이'를 하는 것이 되는 셈이다.[92]

욕은 원초적인 욕망이 쌓인 것을 풀어내는 정화작용의 하나로 우리는 욕을 통해서 마음에 있는 앙금을 풀어낼 수도 있다. 욕에 사용되는 내용은 죽음과 비하, 저주, 그리고 남녀 간의 성과 관련된 것이 주류를 이루고 있으며 육체적, 정신적으로 불편한 것을 빗댄 것들이 많다. 욕은 분노에 대한 배설이고 억압에 대한 강렬한 저항의 표현이다. 그러기에 욕은 감각적이고 원초적으로 표출된다. 그리고 강한 표현을 위한 강렬한 욕일수록 거센소리와 된소리를 사용하게 되고 그 시대의 가장 비하된 대상을 찾게 된다.[93]

욕은 인간이 언어를 통해서 행동하는 자기 정화로 본다. 즉, 이성에 통제된 욕구를 언어를 통하여 감정과 함께 배출시킴으로써 쌓여 있던 불만을 씻는다는 것이다.[94] 욕은 바람직하지 못한 언어로서 사용하기를 꺼려왔다.[95] 그러나 현재까지 사라지지 않고 존재하는 이유의 하나는 자기정화라고 볼 수 있다. 즉, 인간 자체 내의 심리적 보상으로서의 긴장해소 작용이다. 욕은 인간의 표현 본능의 한 가지로서 어떤 상태의 조건에 대한 반응이고 배설이다. 인간은 욕을 통해 욕구를 배설함으로써 새로운 욕구를 찾고, 다시 자기를 정화하는 존재인 것이다.

하지만 욕으로 배설적 욕구만을 충족하려다 보면 욕을 듣는 이의 입장에서는 부정적 요소만이 부각될 뿐이다. 욕하는 이의 입장에서는 자기 정화, 스트레스 해소, 카타르시스의 긍정적인 면이 있을지 몰라도 듣는 이에게는 수치심, 모욕감, 울분을 유발하고, 충격을 주며 평정심을 잃게 만든다. 따라서 언제나 욕은 시간과 장소, 대상을 가려서 해야 할 것이다.

배설적 존재로서 한국인과 욕

한국인은 근대 유교 양반사회에서 감정을 나타내는 것을 상스럽게 취급하였다. 특히 기쁨과 노여움, 슬픔과 즐거움의 여러 감정에서 화내고 욕해 대는 걸 가장 상스럽게 여겼다. 당연히 한국의 직장과 가정에서 화내고 욕하는 사람을 도덕적으로 덜 된 사람, 교양이 없는 사람, 상스런 사람으로 취급하고 그의 인격을 깎아 내렸다. 그렇다 보니 남이 보는 시각을 중요시하고 체면을 중요시하게 됨으로써 형식이 과하게 많아지게 되었다. 당연히 인간의 기본적인 욕구를 제한함으로써 자연스럽게 욕이 유발되는 사회였으며, 지금도 유달리 욕을 많이 사용하고 있다.

한국인은 유독 화내는 것이 악한 마음에서 나오는 것이며, 죄를 짓는 것이라 생각하였다. 그래서 한국인들은 어떻게 해서라도 화를 내지 않고 감정을 참아 내려고 애를 쓴다. 불쑥 화를 내고 나서는 괴로워한다. 인격 수양이 덜된 것 같은 자신이 싫고 밉다. 이런 악순환이 반복되면서 자괴감이 깊어지고 죄책감에 시달린다. 그래서 더욱 화를 꾹꾹 참고, 심지어 화가 나도 웃으려고 애쓴다. 화가 나도 밖으로 표출하지 못하고 참고 또 견딘다. '화를 내지 말라', '욕하지 말라', '싸우지 말라'가 마치 율법처럼 되어 감정의 자유로움을 구속하고 감정의 흐름을 억누르게 된다.

따라서 이런 문화 속에서는 인간의 자연스런 유기체적 감정 흐름은 차단된다. 시원스레 흘러 내려야 하는 분노의 감정은 더 이상 배출되지 못하고 마음속에 고여 있어서 시간이 갈수록 웅덩이에 고인 물 마냥 썩어 들어간다. 곧 몸, 마음, 혼이 병들어 간다. 많은 사람들이 분노와 화의 감정을 이겨내려고 하지만 인간 본능의 에너지를 차단시키는 것이 쉬운 일이 아니다.

그러므로 한국인의 입장에서 욕은 억눌린 자의 솔직한 감정의 배출이고 표현이다.[96] 동시에 억누른 자에 대한 저항이요 맞섬이다. 억압자의 지배체제의 허위윤리에 대한 맞섬이기도 하다. 이처럼 욕은 마음속에 고여 있는 감정의 배출을 통해 원활한 흐름을 추구한다. 이는 곧 건강한 정신의 회복이며 감정 정화의 수단인 것이다. 재치가 넘치고, 재미가 있으며, 인정 있는 욕설들을 결코 저속하다거나 입에 담기 어렵다는 욕설로 폄하해버릴 수는 없다. 때때로 욕설은 정치적 폭압과 불의에 대한 것을 웃음 짓게 하여 시원함을 선사한다.

"염병하고 자빠졌네", "잘 뒈졌다. 속이 시원하네", "아나 쳐 묵어라", "저 웬수를 어찌할까", "저 지랄하는 걸 보고 있어야 하니 참 세상 좋아졌다", "저놈한테는 싸가지라고는 약에도 쓸라 해도 없다", "벌건 대낮에 이것이 무슨 일이다냐", "저녁 내내 저 귀신 씨나락 까는 소릴 듣고 있을랑께 복장이 터져 죽겄다", "오매 이 인간아~"에서처럼 한국인들은 다양한 욕을 통해 인간의 감정을 솔직하게 발설함으로써 자신의 감정을 다스리고 또 추슬러 나갈 수 있는 원동력을 갖게 되는 것이다.

인간은 다양한 방법을 통해 자신의 감정을 표출한다. 특별히 욕은 인간이 언어를 통해 감정을 해소하고자 한다는 점에서 인간의 근본 욕구인 배설의 욕구와 관련된다고 할 수 있다. 마음속 응어리를 배설함으로써 심리적 카타르시스를 경험[97]하게 된다. 다시 말해 욕하는 자의 입장에서는 욕이 찌꺼기를 배출해 마음을 개운하게 하는 정화작용을 하기도 한다.[98] 이처럼 인간은 언제나 감정과 마음의 찌꺼기를 쏟아냄으로써 자신을 새롭게 창조해 가는 존재이기도 하다.

특히 성과 관련된 욕은 인간의 성적 욕구의 발산이라고 할 수 있다. 옛날부터 성은 부정시되고 금기시되었다. 그러나 성은 인간의 본능이기에 표출될 수밖에 없고 이러한 성적인 욕구가 성적인 욕으로 표현된다고 볼 수 있다. 욕에는 응어리진 본능을 배설하고 자기를 스스로 정화하려는 인간의 본성이 투영되어 있다. 인간은 마음속 응어리를 간직하고 쌓기만 할 수 없는 존재이기 때문이다. 그래서 욕은 자주 남녀의 성과 성기 그리고 성행위에 달라붙게 된다.[99] 욕에서 성이 더러운 것으로 의식되어 있다는 점에서 똥, 오줌, 침 등이 성과 한 묶음이 될 수 있다. "똥이나 먹어라!", "오줌에 저릴라!",

“침을 뱉을 놈” 등이 이에 속하거니와 배설의 쾌감과 욕하는 행위의 쾌감 사이에 관련이 있다. 그런 뜻에서 욕은 언어에 의한 배설 행위요 배변 행위이다. 인간은 생리적으로 배설을 해야만 하는 존재이다. 배설 후에는 반드시 욕구가 생겨나며, 새로운 것으로 채워가게 된다. 욕도 마찬가지로 배설로만 끝나는 것이 아니다. 후련함과 통쾌함을 얻으며 자신을 새롭게 정화하게 된다.

이처럼 한국인에게서 배설적 욕은 오랜 계급 사회에서 억눌린 본능을 표출하고, 자신을 새롭게 정화하고자 하는 욕구의 반영이라고 할 수 있다.

4. 공격적 존재

공격적 존재로서의 인간

프로이트는 자기 보존적 본능과 성적 본능을 합한 삶의 본능을 에로스(Eros)라 했고, 공격적인 본능들로 구성되는 죽음의 본능을 타나토스(Thanatos)라 했다. 삶의 본능에서 성격발달에 가장 큰 영향력을 발휘하는 것이 성 본능이고 이것에 내재하는 정신적 에너지를 리비도(libido: 모든 행위의 숨은 동기를 이루는 근본적인 잠재의식 속의 욕망으로 곧 성욕 및 경쟁에너지의 본체)라 간주하였다. 삶의 본능은 생명을 유지·발전시키고, 자신과 타인을 사랑하며, 한 종족의 번창을 가져오게 한다. 죽음의 본능은 파괴의 본능이라고도 불렸으며, 이것은 생물체가 무생물로 환원하려는 본능[100]이라고 하였다. 그래서 인간 자신을 사멸하고, 살아 있는 동안 자신을 파괴하며, 처벌하며, 타인이나 환경을 파괴시키려고 서로 싸우며 공격하는 행동을 하는 양면성을 가지고 있다고 하였다. 이런 삶과 공격적인 본능들은 서로 중화를 이루기도 하고, 대체되기도 하면서 균형을 이루면서 살아간다고 하였다. 음식을 씹어 먹는 것은 다른 것을 죽이고, 나를 살리는 것이며, 전쟁 또한 남을 죽이고 나를 살리는 것이라 하여 인간이 공격적이며 파괴적인 존재임을 강조하였다.

영국의 역사학자 토머스 칼라일(Thomas Carlyle)은 인류의 역사가 시작된 이래 500~1,000명 이상의 사상자를 낸 전쟁만도 25만 건이나 되고, 고대 국가는 전쟁으로 세워지고, 전쟁으로 유지되고, 전쟁으로 패망했다고 하였다. BC 1496년부터 AD 1861년까지 3357년 동안 전쟁이 없었던 시기는 고작 227년뿐이고, 3130년 동안 전쟁이 있었다고 주장하였다. 이처럼 인간은 역사적으로도 끊임없는 공격적, 파괴적 성향을 드러내었다고 하였다.

인간의 전쟁과 같은 호전적 정책의 배후에는 대체로 어떤 힘이 작용한다. 대개 친족과 동료들에 대한 개인의 비합리적으로 과장된 충성심이나 자민족 중심주의의 힘이 전쟁에 영향을 미친다. 일반적으로 원시인들은 세계를 두 가지 가시적인 영역으로 나눈다. 집, 마을, 친족, 유순한 동물, 무당 등 가까운 세계와 이웃 마을, 동맹 부족, 적, 야생 동물, 유령 등 그보다 멀리 있는 세계로 나눈다. 이 초보적인 지형학은 공격하고 살해할 수 있는 적과 그럴 수 없는 동료를 더 쉽게 구별할 수 있게 해 준다.101) 이런 자신과 가까운 세계와 자신과 멀리 있는 세계의 단순한 대비는 적을 끔찍한 존재로, 나아가 인간 이하의 존재로 격하시킴으로써 자신과 가까운 세계 이외의 것에 대해서는 인간의 공격성이 더욱 파괴적으로 변하는 것이다.

사회생물학적 관점의 맥코비(Maccoby)와 잭클린(Jacklin)은 『The Psychology of Sex Differences』에서 소년들이 소녀들보다 모험심이 더 강하고 평균적으로 신체적인 공격성이 더 강하다는 형질이 유전적인 것일 수도 있다고 결론지었다. 또 윌슨(Wilson)은 생후 2년에서 2년 반 사이 사회성 놀이를 시작할 때부터 소년들의 말과 행동은 소녀들에 비해 더 공격성을 보인다고 하였다. 소년들은 적대적인 환상들을 더 많이 품고, 모의전투, 공공연한 위협, 신체 공격을 더 자주 행하는데, 이러한 것들은 먼저 다른 소년들에게 향하고 우월한 지위를 획득하려는 시도에 이용된다고 하였다.102) 로렌츠(Lorenz)도 『공격성에 관하여(On Aggression)』에서 동물행동 연구를 통해 얻은 새로운 자료들을 이용하여, 인간은 공격 행동을 유발하는 보편적인 본능을 동물과 공유하고 있으며, 이러한 본능은 오직 경쟁적인 스포츠를 통해서만 해소돼야 한다고 주장하였으며, 에리히 프롬(Erich Fromm)도 『인간 파괴성의 분석(The Anatomy of Human Destructiveness)』에서 인간은 인간 고유의 죽음 본능에 굴복하기 쉽기 때문에 동물이 지닌 공격성을 초월한 병리학적인 형태의 공격성을 드러내곤 한다면서 더욱 비관적인 관점을 표명하기도 했다.

한편 윌슨은 인간은 결국 생존을 위해 생활 근거지의 방어와 정복, 집단 내에서 서열, 짝을 차지하기 위한 성적인 경쟁 투쟁, 먹이를 향한 공격성, 포식자에 대항하는 방어형 역공, 사회 규범을 강화하는 데 쓰이는 도덕적이고 훈육적인 공격성은 인간이 생존을 위한 필수적인 공격적 충동이라고 하였다. 뿐만 아니라 같은 종의 구성원 사이에 일어나는 공격 행동들은 대부분 환경의 과밀화에 의해서라고 하였으며, 동물들은 생활사의 어떤 시기에 희소하거나 희소해지기 쉬운 필수품들-대개 먹이나 보금자리-에 대한 지배권을 획득하기 위한 수단으로 공격성을 사용한다고 하였다. 주변의 개체 밀도가 점차 높아질수록 위협과 공격은 강화되고 더 빈번해지며 결과적으로 그런 공격적인 행동은 개체군의 구성원들을 공간적으로 흩어 놓고, 사망률을 증가시키고, 출생률을 낮추는 결과를 가져온다고 하였다.103)

사실 파괴본능, 즉 공격성은 역사 이래 지금까지 계속되어져 온 인간 생활의 일부라고 할 수 있다. 공격성(aggression)은 한 유기체가 다른 유기체에게 해를 입히거나 파괴하려는 명백한 의도가 담긴 행동이라고 할 수 있다. 비슷한 의미로 폭력을 들 수 있는데, 이는 사람 사이에서 발생하는 공격성을 의미하기도 한다. 생물학이나 의학, 심리학 영역에서는 공격성이라는 용어를 자주 사용하는 반면, 사회학이나 법학에서는 폭력이라는 단어를 많이 사용하는데 이는 사람 사이에서 나타나는 폭력은 동물의 공격성처럼 단순하지 않고 다양한 사회적 측면이 고려되어야 함을 나타내기도 한다.[104]

인간은 복잡한 감정을 스스로 다스리기도 하며 다른 사람과의 관계 속에서 감정을 폭발시키기도 한다. 살아가면서 인간은 항상 좋은 인간관계를 맺기란 힘들며, 좋지 않은 인간관계는 분노의 원인이 된다. 적대적 정서에서 극도의 분노 상태가 되었을 때 해소 방안으로 공격 행위를 선택하게 된다. 언어 공격은 분노의 정서로 하여금 한층 더 실제적인 공격을 불러일으킨다. 인간이라면 누구나 정도의 차이는 있지만 공격적이고 잔인한 성향을 가지고 있다. 그 공격적이고 잔인한 성향은 타인으로부터 상처를 받았을 때 더욱 강해진다. 상처와 스트레스가 스스로 절제할 수 있는 최고 수위를 넘어서면 자신의 공격적이고 잔인한 성향이 표현된다.

인간을 비롯한 동물들은 자신의 세력권을 지키고 사회적 서열 속에서 자신들의 위치를 확립하는 데 공격성을 사용한다고 하였다. 그리고 한 집단의 구성원들은 종종 경쟁 집단에 대한 직접적인 공격을 목적으로 협동하기 때문에 이타주의와 적개심은 동전의 양면과도 같다.[105]

한편, "거북아 거북아/머리(모가지)를 내어라/내어놓지 않으면/구워서 먹으리" 『삼국유사』에 실린 「가락국기」의 첫머리 이야기에도 인간의 공격적 충동이 잘 드러나고 있다. 이것은 원시 사회 이래 인간의 원시적 충동, 공격적 충동의 발현을 잘 보여 주고 있다. 짐승을 사냥하는 것, 죽이는 것, 불태우는 것, 먹어치우는 것은 인간 공격적 성향을 잘 보여준다고 할 수 있다.

EBS다큐프라임(2011.10.3. 방영)에서는 욕과 공격성의 관련된 흥미 있는 실험을 제시하였다. 욕을 할 때와 하지 않을 때 중에서 욕을 할 때 차가운 얼음물에 더 오래 담그고 있었다는 것이다. 연구진은 욕설을 되풀이할 때마다 심장박동이 증가하여 공격성이 커지면서 고통을 느끼는 감각이 무뎌지게 됐다는 결론을 내렸다. 또 욕이 뇌 기능과 관련이 있다는 연구결과를 보여 주었는데, 사람이 욕설을 들었을 때의 뇌 반응을 관찰한 결과 편도체 근처의 뇌(변연계)가 즉시 부풀어 올랐으며, 원숭이 뇌의 같은 부분을 자극했을 때 그 역시 극도로 난폭한 행동을 보였다는 것이다. 결국 욕과 폭력적인 감정은 대뇌의 변연계와 측두엽의 편도체의 방전현상으로 같은 곳에서 일어난다는 것이다. 폭력적 행동 시 분비되는 호르몬 역시 공격적인 욕을 할 때의 호르몬과 유사함을 과학적 관점에서 보여주었다.

공격적 존재로서 인간과 욕

공격적 표현이 언어로 나타나는 전형적인 것이 바로 욕이다. 욕을 통해 일부러 남의 자존심 등을 건드려 굴욕감을 느끼게 하거나 화를 유도할 뿐만 아니라 이를 통해 재미있어 하고 시원해하면서 대리 만족을 얻는다.[106]

욕은 '미워하기, 저주하기, 명예훼손하기, 무시하기, 모욕하기' 등과 같이 상당히 다양하다. 이들 언어 행위들을 종합해 보면, 모두가 상대방을 공격하는 기능을 지닌다는 공통점을 찾을 수 있다. 욕설의 이러한 행위적 특징은 바로 언어의 공격성을 말해 준다고 본다. 즉, 욕설은 공격성을 지닌 언어 표현인 것이다. 기존의 모든 정의에서 다루어지고 있듯이 공격성은 욕설의 핵심 본질로 파악하며, '욕설은 좌절 원인을 제공한 상대에 대한 대처 반응이며, 상대방의 신분, 인성, 행동 성향, 신체 특징, 동작, 성상 등을 비하, 비난함으로써 상대방의 존중의 욕구를 모독하는 공격적인 언어 표현'[107]으로 이해한다. 물리적, 신체적 공격은 직접적으로 인간의 몸을 공격하지만, 언어적인 공격은 인간의 내부, 즉 욕구를 공격한다.

갈퉁(Galtung)은 폭력을 '인간의 기본적인 욕구를 모독하는 것'으로 파악[108]하였는데, 언어적인 공격 행위도 이러한 특성을 지닌다. 매슬로우(Maslow)는 모든 사람에게는 근본적인 욕구가 있으며 이들 욕구는 생리적 욕구, 안전의 욕구, 사회적 욕구, 존중 욕구, 자아실현 욕구 등으로 위계화되어 있다고 보았다. 욕설들은 이러한 욕구 가운데, 존중의 욕구에 대한 모독과 긴밀한 관련을 지닌다. '놈', '년', '새끼' 등은 욕하는 사람의 '비하의 태도'가 상대방의 신분 존중의 욕구를 무시하거나 훼손시키기 때문이다.[109]

저주와 악담의 쌍욕에는 가장 잔인한 인간적 공격 충동 본능이 표출되어 있다. 상처받은 인간 감정 자체가 거침없이 표출된다. 쌍욕을 할 때, 사람들은 이미 물불을 가리지 않고, 체면, 안면도 가리지 않는다. 분노, 억울함, 서러움 등이 들끓어 오른다. 욕은 약자를 짓밟고 서서 잘난 척하기 위해서 웃음거리도 삼는다. 욕은 잠재된 공격 충동을 털어내는 것으로 하는 쪽은 시원할 테지만 당하는 쪽은 분통

이 터진다. 그러니 욕은 화를 돋우고 분노를 살수록 그 공격성은 점점 커진다.[110]

욕은 자신의 행위가 잘못되었을 때 이를 탓하거나 자신의 어리석음을 스스로 나무랄 때 사용되기도 한다. 하지만 일반적으로 남을 저주하거나, 남을 미워하게 될 때, 또는 남을 욕되게 하려는 경우에 쓰는 말이다. 이런 목적의 언어는 결국 공격적이거나 증오에 차 있을 수밖에 없다. 중국 언어학자 왕력은 원한을 갚고 원한을 푸는 것은 인류의 본능으로 '흰 칼을 들고 들어갔다가 피 묻은 칼을 들고 나오는 것'이라고 하였다.[111] 이때 원한을 풀지 못했을 경우는 욕을 사용하는데, 약자가 그의 원망을 해소할 방법이 없을 때에는 상대방에게 신체적, 물질적 손상이 가지 않는 욕을 사용하면서 감정적 공격을 하게 된다고 하였다.

인간에게는 타인에게 받은 상처를 되갚아 주려는 보복심리가 있다. 그런데 받은 만큼이 아니라 그보다 더 주려는 데 문제가 있다. 질 수 없다는 심리가 이것을 더욱 부추기는 것이다. 그래서 사람들은 상대를 눌러 이기기 위해 상대가 드러내고 싶어 하지 않는 숨겨진 약점을 찾아내 '까발리는' 행동을 하는 것이다. 인간은 누구나 드러내고 싶지 않은 약점이 있는데 이것을 스티그마(인간 개체가 지닌 온갖 인간적인 부정적인 징표)라고 한다. 이것은 육체적인 결함이 될 수도 있고 정신적인 결손이 될 수도 있다. 바로 이 스티그마가 공격의 대상으로 표현된 것이 쌍욕이요 방귀욕이다.

공격적 존재로서 한국인과 욕

"아작아작 씹어 먹어도 시원찮을 놈", "머리통을 박살 낼", "눈깔을 빼버릴라" 등의 한국의 악담과 저주의 쌍욕에는 특히 공격적, 파괴적 충동 본성이 잘 표출되어 있다. 인간의 분노, 흥분, 격한 감정은 화살이 되어 상대방을 향한다. 쌍욕을 할 때, 사람들은 이미 물불을 가리지 않고, 체면도 가리지 않는다. 분노, 억울함, 서러움이 벼락처럼 쏟아 부어진다. 이는 인간으로서 한국인도 파괴적이고 공격적인 존재임을 잘 보여준다.

이러한 공격적이고 파괴적 본능은 영화나 드라마를 통해서도 잘 드러난다. 영화 <황산벌>에서 신라와 백제군이 본격적 싸움에 앞서 상대방을 제압하려는 의도에서 말싸움 전투를 한다. 상대방을 말로 공격하는 데 욕만큼 좋은 무기가 있을까? 사투리와 어울린 질펀한 욕 한판은 전쟁터에서 오는 두려움을 이겨내고, 자기편의 사기를 돋우며 또한 집단의 결속력을 가져오기도 한다. 이때의 '처묵다', '옘병', '눈시깔에 먹물을 확 뽑아삘라'와 같은 욕은 가장 공격적이며 상대방을 제압하고, 깔보며 저주의 악담욕이 사용된다. 인간의 가장 잔인하고, 공격적인 행동이 나타나는 전쟁터에서 상대방에게 공격적인 욕이 끊임없이 나오고 있다. 욕하는 존재로서 인간은 공격적인 존재임을 확인할 수 있다.

"썩을 년 지랄하네", "몽댕이로 때려죽일 년", "잘 뒈졌다. 속이 시원하네", "모가지를 칵 비틀어 버릴라", "코 잡고 패대기칠 놈", "대갈통에 빵구를 내버릴라", "쌔바닥을 빼서 때기를 칠 놈", "배가 터져 뒈져라", "발모가지를 부르터릴라", "눈구멍을 찌를 삘라", "주

둥아리를 확 지지뽈라", "씹어 삼킬 놈" 등의 한국적인 욕에는 인간
의 가장 공격적인 죽음과 저주를 동반한 욕이다. 한국인으로서 인간
이 얼마나 공격적인 존재인지 다양한 욕에서 확인할 수 있다.

5. 방어적 존재

방어적 존재로서의 인간

인간은 공격적 파괴적 존재이기도 하지만 한편으로 방어적 존재이기도 하다. 자기 자신에 대한 끊임없는 방어를 통하여 자신의 자존심이나 삶을 유지하려고 노력한다.

> 인간은 누군가가 자신을 비난하기 시작하면 상대방이 무엇을 말하려는지 알지도 못하면서 반사적으로 방어태세를 취하기 쉽다. 비난이나 칭찬이 합당하건 부당하건 상관없이 비난에 대해서 분개하고 칭찬에 대해서는 기뻐하는 경향이 있다(데일 카네기, 2004).

이처럼 데일 카네기(Dale Carnegie)는 비판은 인간을 방어적 입장에 서게 하고 대개 그 사람으로 하여금 자신을 정당화하려고 안간힘을 쓰게 된다고 하였다. 실제로 인간의 성격이란 아무리 나쁜 짓을 하더라도 자기 자신은 제외하고 다른 모든 사람들을 비난하는 경향이 있다는 것이다. 이는 비록 자신이 잘못했더라도 자기 자신을 비난하지 않고 자기방어를 하고자 하는 심리가 있기 때문이다.

이러한 방어기제(defense mechanism)에 대한 연구자인 프로이트에 따르면 자기방어(ego defense)는 갈등을 일으키는 충동들 간의 타협, 혹은 좌절 상황을 인식하지 못하게 함으로써 내적 갈등과 불안을 감소시키는 정신적 조작[112]이라 하였다. 자기방어기제는 자신이 원하는 목표에 도달하지 못할 때 스스로를 정당하다고 생각하도록 만드는 무의식적인 심리적인 노력을 의미한다. 자기 합리화도 그중에 하나이다. 즉, 인간은 자신이 부족하거나 연약함을 느낄 때, 또는 죄를 지었을 때 그것을 인정하려고 하지 않고, 그냥 그것을 바라보는 시각을 바꾸어 버림으로써 자신이 정당하다고 스스로 생각하도록 심리적으로 방어를 한다.

방어기제는 본능과 자아 간의 갈등을 일으키는 충동이나 감정을 참거나 조절하는 수단으로 발달한다. 자아가 본능이 위험한 것으로 믿을 때 생겨나는 불안, 초자아에 대한 자아의 불안 때문에 생겨나는 죄책감, 자아가 충동을 거절해야 할 때 또는 충동이 분출되어야 할 때 생겨나는 혐오감, 충동이 거절되지 않으면 쳐다보거나 경멸을 받는다는 두려움 때문에 생겨나는 수치감처럼 방어기제를 발달시키는 동기는 다양하다.

방어적인 태도로 자신을 보호하려 들거나 자신이 뭔가 할 수 있다는 사실을 남들에게 보여주려고 애쓰는 사람들이 주위에 많다. 예컨대 의견 차이를 견디지 못하는 이들은 누군가 그의 결정에 의문을 제기하면 그는 그것을 권위에 대한 모욕으로 받아들이기도 하고, 다른 사람들이 자신의 생산성, 기술, 능력에 이의를 제기할까 두려워서 자신이 하고 있는 일에 대해 뭔가 자꾸 숨기려는 방어적인 태도를 취하기도 한다. 이처럼 방어는 충동이나 감정으로 일어나는 위험에서 자신을 보호하기 위해 역할을 하는 정신적 속성이다. 완벽한 인간이란 존재하지 않기 때문에 누구나 실수를 할 수 있다. 그런데 문제는 완벽하고자 하는 욕구가 우리에게 있다는 것이다. 누군가는 실수를 했다는 사실을 너무 견디지 못한다. 그래서 그의 안에 자기 방어기제가 강하게 작동하게 된다. 하인즈(L. Hinsie)는 억압, 반동 형성, 고립, 취소, 투사, 섭취, 동일시, 승화, 대치, 응축, 합리화, 감정전이, 상징화, 치환, 전환, 공상 및 백일몽 등의 방어기제를 열거하였다.113)

사회적으로도 경쟁이 심화된 대도시의 특정지역에 거주하는 동질적 귀속지위를 가진 사람들이 자신들의 생활세계를 방어하기 위해 특정 방어집단을 만들기도 한다. 이러한 형태의 공동체는 우리 사회에서 경쟁이 일반화되면서 협동적이던 친족 집단이 방어적인 경쟁 집단으로 변하는 모습에서도 엿볼 수 있다.114) 미래학자 앨빈 토플러(Alvin Toffler)는 극도로 개인주의화된 정보사회에서는 상호의존적 사업들이 특정지역에 집중하여 공동체를 형성하려는 경향이 나타날 것이라고 예고한 바 있다. 이러한 형태의 공동체는 고립된 인간들이 공동체를 이루어 구조적 소외 침투에 방어하려는 노력으로 보이며, 기술발전과 사회조직의 분화가 심화될수록 방어적 인간 경향은 강화될 것으로 보았다.115)

이처럼 인간은 자신을 지켜내기 위해 공격적인 존재이기도 하면서 동시에 어떤 상황에서 방어적 존재이기도 하다. 이는 자신의 존재가치를 유지하고 자신을 보호하려는 것이다. 자신을 스스로 지키고자 하는 것은 인간의 가장 기본적인 본능 중에 하나이기 때문이다.

방어적 존재로서 인간과 욕

앞에서 살펴본 봐와 같이 인간은 공격적인 존재이면서 동시에 방어적 존재이기도 하다. 욕에는 자기를 방어하고자 하는 인간의 심리

도 반영되어 있다. "병신 꼴값하고 있네", "지랄하고 자빠졌다"와 같
이 상대방에 대해 욕을 할 때 실제로 상대방이 병신이며, 지랄을 한
것은 아닐 것이다. 상대방의 육체적, 정신적 결함, 즉 스티그마에 멸
시와 모욕을 안기는 심리는 자신의 결함을 숨기기 위한 방편으로도
볼 수 있다. 자신이 잘못을 하고도 남에게 욕을 함으로써 자신을 보
호하고 방어하려는 심리라고 볼 수 있다. 욕설 가운데 '바보', '병
신', '머저리', '똥개' 등이 많이 쓰이는 것은 자신의 결함을 숨기고
방어하고자 하는 인간의 본성을 잘 드러내고 있다고 할 수 있다.

　욕의 밑바탕에는 크게 분노, 증오, 미움, 질책, 질투, 실망, 슬픔,
공포, 두려움 등이 내포되어 있다고 볼 수 있다. 우선 분노, 증오, 미
움이 욕을 하게 되는 근본 원인으로 이러한 감정을 발산하기 위해
상대방을 공격할 때 욕이라는 무기를 사용하며 이것이 욕의 가장 기
본적인 역할이다. 반면 공포와 두려움은 상대방에 대한 공격적 요소
보다는 자기 방어적 역할이 크다. 일반적으로 사람들은 상대방의 위
협으로부터 두려움을 느낄 때 자신을 보호하기 위하여 욕이라는 도
구를 사용하여 보호막을 친다. "아이, 바보 같은 놈(자신에게 혼잣말로)!"
과 "이 년의 팔자(자기 한탄을 하면서 혼잣말로)!"에서처럼 자신에 대한 질
책과 이를 통해 감정 해소 및 정신적 위안을 찾기 위해 자신을 스스
로 낮추고 비하하는 욕을 도구로 사용한다.[116]

　인간은 상대방에게 욕을 듣거나 부당한 대접을 받을 때 그에 대한
저항의 방법으로 종종 욕을 한다. 상대방이 먼저 욕을 퍼붓는다면
그것을 가만히 듣고 있을 사람은 없을 것이다. 자신을 보호하고, 방
어하며, 저항하기 위해 욕을 사용할 것이다. 싸움의 시작단계에서
"야, 이 씨브놈아"라고 하면 "왜 이 씨브놈아"라고 받아치는 것처럼

인간은 욕을 통해 자신을 방어한다.

이와 같이 인간은 욕을 공격적인 수단으로 주로 사용하기도 하지만 자신의 감추고 싶은 약점과 자신을 보호하려는 목적으로 욕을 사용하기도 한다. 싸움이 일어날 때 힘이 약한 사람이 대항할 수 있는 유일한 방법은 험구성 높은 욕을 내뱉음으로써 자신을 보호하려 것도 같은 맥락이라고 할 수 있다.

방어적 존재로서 한국인과 욕

한국인들은 유달리 체면의식이 강하다. 즉, 남들이 나를 어떻게 볼 것인가에 대한 의식이 유달리 강하다는 것이다. 이는 곧 남의 시선에 벗어나지 않기 위해 자신의 행동을 조심하게 되는 것이다. 양반체면, 상사체면, 사돈체면 등 삶의 곳곳에 체면의식이 배여 있다. 버스 안에서 남의 발을 잘못 밟더라도 씨익 웃어 보이면 그것이 사과로 받아들여진다. 웃음이 아니라 굳은 표정의 잘못을 인정하는 표정이라야 맞는 상황이지만 한국인들은 웃음으로 표현한다. 자신의 과오나 실수, 모욕이나 열등감을 웃음으로 무마시키려 한다. 이뿐 아니라 슬픔의 극한 상황에서도 웃을 수 있는 한국인들은 겉으로 웃고 속으로 우는 한국인들의 특이한 의식 구조를 갖고 있다. 개인의 격한 감정의 노출을 숨김으로써 남으로부터 자기를 보호하는 일종의 자기 방어적 태도를 갖추고 있다.

이는 곧 체면을 세우기 위해 노력하며, 체면을 세우지 못했을 때 자신에게 상처를 남기게 됨으로 더욱 체면을 지키기 위해 노력하게 된다. 체면에 손상이 되는 욕을 먹었을 때 더욱 큰 상처를 받고 자신에게 실망하게 된다. 따라서 체면에 손상이 되는 욕을 먹지 않기 위해 유달리 절차나 실리보다는 형식과 보이는 것에 집착을 하게 된다.

요즘 청소년들이 가장 많이 하는 '씨발', '존나', '병신', '개새끼', '미친놈' 류의 욕들 속에는 자기 방어적 요인들이 많다. 왕따를 당하지 않기 위해, 욕하지 못하는 '찌질이'로 낙인이 찍힐까봐 누구나 욕을 하게 되는 것도 모두 자기 방어적인 요인들이 작용하고 있기 때문에 청소년 사이에 욕이 더욱 널리 사용되고 있다.

일이 잘 풀리지 않거나 자신이 실수했을 때, 상대방으로부터 비난을 피하기 위해 '아이! 바보 같은 놈', '멍충이 같은 놈'처럼 자신을 방어하는 욕을 자신 스스로에게 하게 된다. "아작아작 씹어 먹어도 시원찮을 놈", "머리통을 박살 낼", "눈깔을 빼버릴라" 등의 한국의 악담과 저주의 쌍욕에는 특히 공격적 파괴적 충동 본성이 잘 표출되어 있다고 앞에서 진술한 바 있다. 이와 동시에 이런 공격적인 욕에는 한편으론 방어적 요소들이 포함되어 있다. '최선의 방어는 공격이다'라는 말처럼 공격적인 면 이면에는 방어적인 면이 도사리고 있기 때문이다. 한국인들의 공격적인 욕 속에는 언제나 방어적인 심리도 작용하고 있다. 이는 분노와 적개심과 더불어 불안과 두려움이 복합적으로 욕 속에 포함되어 있음을 의미한다.

뿐만 아니라 "재수 더럽게 없네", "재수 옴 붙었네", "불알 두 쪽 달랑 차고 나왔네"처럼 한국인들은 유별나게 실수나 실패의 자인에 미숙하다. 가난 탓, 못 배운 탓, 재수 탓, 심지어 부모 탓으로 돌린다. 과오나 실수를 자신과 남에게 다시는 저지르지 않고, 또 시행착오를 발판삼아 이전보다 더 발전시켜야 하는데도 자신의 잘못을 잘 수긍하지 않는다. "글 못하는 사내 놈 필묵 탓하고, 떡 못하는 계집년 안

반 탓하고, 장님이 넘어지면 지팡이 탓한다", "잘살면 제 탓이요, 못살면 조상 탓이요, 못되면 산소 탓이다", "밥이 질면 나무 탓이요, 늦잠 잔 며느리 탓한다", "시집 가 잘못 살면 손이 큰 탓이요, 길은 갈 탓이며, 말은 할 탓이다"처럼 좋은 결과에는 자신의 탓으로, 나쁜 결과에는 남의 탓으로 돌리는 성향이 있다.[117) 이는 한국인들이 체면과 면목, 명분을 중요시하여 방어적인 태도를 갖기 때문이다.

경쟁적이고 복잡한 현대 사회에서 단순하고 공격적인 욕들이 자주 사용되고 있기도 하지만 동시에 자신을 보호하고, 방어하기 위해 욕을 더욱 많이 사용하고 있으며, 이는 한국인의 욕 사용 양상에서도 엿볼 수 있다.

6. 언어적 존재

언어적 존재로서의 인간

인간은 언어로 말하는 존재(Sprechendes)이다. 호모 로쿠엔스(Homo Loquens)로 불리는 '언어적 인간'은 근본적으로 기호를 사용해 '말하는 자'이다. 인간이 사회적 동물로서 자기 동류와 소통하는 존재이기 때문에 그 매개수단인 언어는 인간 이해를 위한 지표가 된다. 인간은 말할 수 있는 유일한 존재이다.[118] 따라서 인간이 언어를 사용하는 존재라는 것은 동물과 구분할 수 있는 가장 큰 본성 중의 하나이다. 언어를 사용하는 존재로서 인간은 다른 동물과 다르게 교육 가능한 존재이며, 육체적 공격 외에 말로써 공격하는 존재임을 보여주고 있다. 인간의 언어는 단순히 전달만을 목표로 하지 않는다. 일반 동물들과 달리 인간이 언어로 말한다는 것은 '무엇'을 말할 수 있다는 것이다. 즉, 의사전달의 수단으로 언어를 사용할 수 있다는 것이다. 동물들은 말할 것을 가지고 있지 않지만, 인간은 소크라테스나 아리스토텔레스가 말한 것처럼 이성적 동물로서 말할 거리를 생각할 수 있다는 것이다.

언어는 그 사용자인 인간의 사고와 세계관을 드러내 보여주는 시금석이다.[119] 이는 곧 언어가 인간에게 여러 가지 문화요소들 중에서도 특권적인 역할을 하기 때문이다. 언어는 모든 문화 습득을 위한 수단이다. 인간이 자기가 태어난 문화의 관습과 생활방식을 배우게 되는 것은 언어를 사용할 수 있기 때문이다. 이것은 인간이 어떤 것을 말할 수 있는 능력을 가지고 있다는 것은 곧 개념을 형성하고 추상화할 수 있는 능력을 포함하고 있다는 것을 말한다. 동물도 불안, 기쁨, 욕정, 분노, 흥분을 표현하고 소리 낼 수 있다. 하지만 인간처럼 다양한 감정을 깊이 있게 나눌 수는 없다. 인간만이 자신이 생각하는 것, 느끼는 것을 개념화하고 추상화할 수 있으며 이를 언어로 표현할 수 있다. 호랑이나 사자의 날카로운 이빨, 하늘을 날 수 있는 새들의 날개, 코끼리의 엄청난 힘처럼 어떤 특정 동물들은 인간보다 더 뛰어난 자기만의 탁월한 능력을 가지고 있다. 하지만 인간은 언어를 정교화해서 신체적인 수행을 절약할 수 있게 되었다. 인간의 고도화된 두뇌활동은 인간이 자신의 언어를 수단으로 파악하고 통찰하는 것처럼 신체를 도구로 이해함으로써 인간의 한계를 무한히 넓힐 수 있게 되었다.

언어적 존재로서 인간은 모든 것을 문자화, 즉 의미화할 수밖에 없다. 블르노(Bollnow)도 인간은 처음부터 하나의 상징적인 세계 안에 살고 있으며, 따라서 사물들은 그것들이 상징적인 세계로부터 인간에게 주어지게 되는 방식대로 파악되지 않으면 안 되며, 인간은 하나의 해석된(우선 언어적으로 해석된) 세계 안에 살고 있다고 하였다.120) 따라서 언어를 떠난 '의미'는 있을 수 없고, 언어적 작업의 기본이 '말하기'이고, 인간의 삶은 말하기의 연속이라고 할 수 있다. 바로 그러한 점에서 인간의 삶의 과정과 그의 일생은 필연적으로 '의미'를 갖게 마련이다. 인간은 그냥 존재하지 않고 의미로서 존재하며, 그러한 인간에 의해 우주 전체도 그냥 존재하지 않고 무엇인가의 의미로서 존재한다. 이러한 점에서 파스칼의 '물리적으로 인간은 우주 속에 포함되지만 자신의 머릿속에 우주를 넣고 생각할 수 있는 인간은 우주보다도 더 크다'[121]라는 의미에서 인간이 말을 할 수 있음으로 이성적인 존재임을 보여주고 있다.

한편 비트겐슈타인(Wittgenstein)이 인간이 언어 없이는 풍요로운 정신활동은 물론이고 체계적인 정신활동도 불가능하다[122]고 생각했던 것도 인간이 언어적 존재로서 중요함을 강조하고 있다. 또한 언어는 그것이 사용되는 맥락 속에서 이해되어야 하며, 언어는 그것이 가르쳐지고 사용되는 인간의 삶 그리고 규범과 유리될 수 없으며, 언어는 인간의 삶 속에서 없어서는 안 될 요소로서 인간의 삶과 그 의미를 만들어간다[123]는 의미에서 언어가 인간을 이해하는 방식으로서 중요함을 강조하고 있다. 인간의 세계는 언어의 세계이며, 인간을 인간답게 만드는 것은 인간이 언어를 갖고 있다는 사실이다. 인간이 살고 있는 세계를 파악할 수 있는 것도 언어가 있기 때문이다. 인간의 언어적 활동은 인간 세계의 한계를 설정하며, 언어를 벗어나 언어의 부당성을 논증할 방법은 결코 존재하지 않는 것이다. 이는 인간이 인간 자신을 이해하는 유일한 수단은 언어적 수단이며, 그렇기 때문에 자아는 언어의 산물로 이해될 수 있다.

인간성은 언어로 표현되며 언어에 의해 창조된다고 할 수 있다.[124] 이는 곧 인간은 언어 없이 생각할 수 있는가의 문제를 야기하며 언어의 소유가 인간 개인으로서의 존재에 대해 얼마나 중요한가, 그리고 인간으로서의 본성에 대해 얼마나 본질적으로 중요한가를 제시해 준다. 언어가 강조되면 될수록 인간 삶의 공적·사회적 측면이 더욱 강조될 것이다. 이는 곧 사회적 인간과 관련성이 강조되기도 한다.

언어적 존재로서 인간과 욕

인간은 다른 동물과 다르게 사회적인 소산으로서 언어를 소유함으로써 사상을 정확하면서도 적절하게 전달할 수 있다. 하지만 일상생활 속에서 실제로 무의식적으로 사용되는 언어 오류는 사실을 왜곡, 과장하거나 자신에게 유리하게 수정, 첨가, 생략하는 등 아무렇게나 사용함으로써 전달의 장애를 일으켜서 인간관계를 저해시킨다. 언어의 기능 장애, 즉 표현 전달과 이해 사이의 저해 요인이 발생되어 언어 세계와 사실 사회가 일치되지 않을 때 표현과 이해의 오류가 생기고 정신 내용 및 의식 내용을 상대방에게 그대로 전달하지 못했을 때 불신이 조성되며 부조화와 소외감이 발생함으로써 감정을 상하게 되며 자신의 상한 감정을 다양하게 표현하는 언어적 수단으로서 욕을 사용하게 된다.

골드버그(Goldberg)는 "한 문화에서 나타나는 거의 동의어에 가까운 용어들의 밀도가 문화에서 속성의 중요성을 나타내는 지표일 수 있다"라고 지적한 바 있다. 이러한 지적은 언어 상대론의 입장과도 유사한 것이다. 특정 문화에서 중요한 개념, 의미, 가치, 금기들은 궁극적으로 동질적인 많은 어휘가 생겨나고 또한 사용되는 것이다. 밀 위주의 문화권인 영어에서 쌀(rice)을 표현하는 단어가 하나뿐이지만, 쌀이 문화의 중요한 요소가 되고, 오랫동안 쌀과 밀접한 문화를 형성해온 미얀마의 가로(Garo)어에는 탈곡한 것, 하지 않은 것, 요리한 것, 요리하지 않은 것, 그 밖의 여러 종류의 쌀에 대해 각기 다른 낱말을 사용한다.[125] 이처럼 쌀은 가로어를 사용하는 미얀마 사람들의 생존에 대단히 중요한 것이며, 쌀을 다른 문화권에 비해 자세하게 종류를 구분하는 것은 문화적으로 중요한 의미를 가진다. 생활방식과 문화에 따라 언의의 분화가 다르고, 이 언어체계는 그 언어를 사용하는 인간의 세계관에 영향을 미친다.

이는 곧 다른 언어권에 비해 한국어에 욕의 어휘가 풍부하게 생성되고, 사용되고 있다는 것에 욕의 문화적·언어적 중요성이 있다고 할 수 있다. 이와 같은 관점에서 본다면 한 사회의 언어는 그 사람들의 인간관·세계관을 반영하는 거울이다.126) 욕은 언어의 많은 부분을 차지하고 있다. 따라서 그 사회의 욕을 분석함으로써 그 사회에 속한 사람들의 가치관, 사람에 대한 본성이나 의식구조를 이해할 수 있는 수단이 되는 것이다.

욕은 동서고금을 막론하고 모든 문화와 언어에 존재해 왔다.127) 인간은 다른 사람과 의사소통을 위한 언어를 출생 순간부터 학습하기 시작한다. 몸 언어로부터 점차 음성언어에 이르기까지 언어는 공동체 안에서 자연스럽게 익히게 된다. 그런데 말을 배우면서 사람들은 욕설도 함께 습득하게 된다. 욕설은 문화적 차이가 있을 수 있지만 모든 인간은 욕설을 사용할 수밖에 없는 존재이다. 다양한 감정을 표현할 수밖에 없는 상황, 다양한 자원과 성적인 갈등과 경쟁에서부터 언어를 사용하는 인간은 욕을 할 수밖에 없는 존재인 것이다.

그렇다면 왜 언어적 존재로서 인간이 욕을 널리 즐겨 사용하는 것일까? 욕이 자주 또 널리 쓰일 수 있었다는 것은 언제나, 거기에 '말의 재미'가 수반되어 있었기 때문이다. 말을 새롭고 재미있게 바꾸고 싶은 인간의 욕구를 반영하고 있다. 그래서 욕은 좀 '별난 재담' 또는 '걸쭉한 이야기'의 속성을 포함하기도 한다. 언어는 뜻을 전달하는 사회적 약속을 넘어서서 다양한 방식으로 변용시키며 갖고 노는 유희의 수단이다.

이전에도 언어는 우스개 노랫말 등의 형식을 빌려 사람들에게 재미를 주었지만 최근 대중매체의 오락 프로그램이나 인터넷 덕분으로 이제 모든 사람들이 언어를 반죽하여 재미를 스스로 만드는 창조자로 역할을 하고 있다. 신조어의 뜻을 짐작할 수 있었던 이전과 달리 요즘 신조어는 말이 생긴 맥락을 모르는 사람은 그 뜻을 알기 어렵다는 것이 특징으로 인터넷 외계어들도 타인의 해석을 막기 위해 고안된 것처럼 보이는 단어들이 많다. 청소년들에게 욕과 더불어 신조어, 외계어의 창작, 유포는 새로운 일탈의 경험이자 한글의 체계를 해체하고 재구성하는 포스트모던한 행위이다.[128] 은어나 유행하는 욕설을 사용하는 것은 다른 개성을 표현하고 싶은 욕구에서이며 시간이 지나면 다시 정형적 언어를 사용하게 된다. 언어 규범의 면에서 인터넷 통신에 유통되는 많은 말들이 문제점으로 간주되지만 우리말의 어휘를 크게 확충해주는 긍정적 기능도 있다.

"◎ㅏㄴ=1엉 ㅎㅏㅅㅓㅣ◎=1 읍ㅎF_ㄴㅊㅎㅁㄲㅉ♡홋_≥▽≤☆. ㅁㅒ휠쩐ㄱㄴ사㈜入ㄲㄱズき(안녕하세요, 오빠 너무 멋져요. 메일 보내 주세요.)", "ㄱ И셩Ø1있뢢 잇뿌용(개성 있고 예쁘다)"에서처럼 한정된 언어를 창의적으로 확장하고 즐기는 것이 청소년들의 외계어 사용의 특징이다.

이와 같은 언어의 파괴, 욕의 다양한 변조, 창조적인 언어활동이 곧 인간의 본성 중의 하나임을 생각해 볼 일이다. 인간은 일상적인 언어를 통하여 감정을 나누기도 하지만 규칙을 벗어나거나 다양한 변형을 통하여 감정을 표현하기도 한다. 유희적 쾌감을 맛보기 위한 수단으로 욕을 사용[129]하기도 한다. 이는 곧 언어를 활용하는 인간이 창조적이며 유희적인 존재임을 말하고 있다.

언어적 존재로서 한국인과 욕

영화 '좋은 놈, 나쁜 놈, 이상한 놈(2008)'의 놈놈놈 영화 이후 다음과 같은 성과 관련된 우스개들이 많이 나돌았다.[130] 멋진 놈(먹어 놓고도 평생 입 다물고 있는 놈), 이쁜 놈(끝내 주게 해주고 용돈까지 주는 놈), 못난 놈(준다고 해도 못 먹는 놈), 더 못난 놈(서지 않아 못 먹는 놈), 미운 놈(혼자만 기분 내고 발랑 뒤로 자빠지는 놈), 더 미운 놈(먹다가 중간에 멈추는 놈), 미친 놈(한번 달라고 자꾸 쫓아다니는 놈), 더 미친 놈(한번 먹었으면 그만이지 자꾸 또 달라고 하는 놈), 패대기칠 놈(먹고 나서 동네방네 소문내고 다니는 놈), 죽일 놈(먹을 땐 아무 말 없더니 먹고 나서 맛없다고 하는 놈), 나쁜 놈(먹고 나서 서방행세 하면서 돈 뜯어가는 놈), 더 나쁜 놈(돈 안주면 까발리겠다고 하는 놈), 웃기는 놈(다 박았다고 자랑하는 놈), 이상한 놈(쪼그리고 앉아 들여다보는 놈), 개 같은 놈(뒤로만 하겠다고 우기는 놈)처럼 말의 재미와 유희가 성적 농담이 어울려 만든 말들이 네트워크를 통해 많은 사람들에게 빠르게 전달되면서 웃음과 한편으로 마음속 통쾌함을 전달하고 있다. 사적인 자리에서는 누구나 웃고 즐기며 분위기를 고취시킬 수 있는 것은 바로 말의 재미와 유희가 포함되어 있기 때문이다.

말을 응용하고 변형하며 유희하는 것은 최근 들어 인터넷을 통해 더욱 폭넓게 퍼져나가고 있다. 한국 욕에 '똥물에 빨아서 오줌에 튀길 놈'처럼 농담으로 통하고 웃음을 유발할 수 있는 욕은 한국인의 익살과 기지와 결합되어 불의의 당돌함, 기상천외의 즉흥성이 듣는 이로 하여금 웃음을 자아낸다.[131] 이러한 욕들은 한국인의 민요의 일부, 탈춤, 판소리 등에 매우 흔하게 효과적으로 활용되며, 풍자와 야유가 함께하며 김삿갓이 그의 시에 담은 욕은 대체로 이 종류에 속한다. 김삿갓은 풍자와 해학으로 세상을 풍자 조롱하는 시들을 많이 남겼다. 말의 유희를 통한 욕은 한국 욕의 특징 중의 하나라고 할 수 있다.

욕은 인간이 일상적인 언어를 통하여 감정을 나누기도 하지만 규칙을 벗어나거나 다양한 변형을 통하여 감정을 표현하고 싶어 하는 욕구를 반영하고 있다고 할 수 있다. 이처럼 욕하는 존재로서 인간은 언어를 유희하고 창조하는 언어적 존재임을 알 수 있다.

제3장

한국 욕의 양상과 특징

　　한국인의 욕에는 한국인만의 사고방식과 삶의 방식이 내재되어 있다. 이를 알아보기 위해 사이버상에서 욕 양상과 특징, 영상 매체에서의 욕 양상과 특징, 한국 욕을 많이 사용하고 있는 성장 세대의 욕 양상과 특징을 구체적 사례를 중심으로 살펴보고자 한다. 언급된 사례는 주로 언론 보도나 논문 자료를 참조하였다. 이는 직접면담보다도 기존 연구물을 활용함으로써 욕 속에 내재된 한국인의 다양한 사고방식과 삶의 방식을 더 깊이 있게 해석하고 고찰할 수 있기 때문이다. 다양한 욕 사례를 통해 한국 욕의 양상과 특징을 살펴보고 한국인의 사고방식과 삶의 방식을 고찰해 보고자 한다.

1. 사이버상의 욕 양상과 특징

청소년들은 다른 사람 특히 기성세대들의 간섭을 받지 않는 가상 공간 속에서 남들과 다른 존재성을 부각하기 위해 자신들만의 공간을 확보하여 현실 공간으로부터 '일탈'하려는 욕구가 표출되고 있는 것이 특징이다. 따라서 사이버상에서 일탈현상은 신조어(외계어) 만들기, 표기상의 왜곡 등을 통한 언어의 변형이나 욕설 사용, 문자대신 숫자나 기호를 표현하는 특징을 가지고 있다. 초기 사이버 언어가 '방가(반가워요)', '걍(그냥)', '즐팅(즐거운 채팅하세요)' 등 비싼 통신비를 절약하기 위해 말을 단순 축약하는 경우가 많았다. 하지만 최근 들어, 외계어는 '鉉⑨ㅇㅇ②ㅃⓔ△4ⓤㅇㅇ(당신을 위한 무척 친근한 친구)', '2ㅃYo(이뻐요)', '납!亞영ⓔ약(나 나영이야)', '여ㄱ에 ⓔ름뎍 어둔 XXg학교 식⑨들응(여기에 이름 적어둔 XX학교 식구들은)', '번애쥬세孝(보내주세요)'처럼 한글, 한자와 숫자, 영어, 특수문자를 조합, 언어파괴가 심각하고 의사소통이 한층 더 어렵다. 사정이 이렇다 보니 인터넷에는 외계어 번역기라는 사이트까지 등장하고 있다.

사이버상에서 심각한 언어의 축약과 변형이 이루어지면서 한글 오염과 세대 간 단절을 우려하는 목소리가 높다. 이는 어법이나 문법의 파괴를 부추겨 언어 규범에 대한 문제점을 야기하기도 한다.132) 그러나 이러한 현상은 서로 간 신속한 의사전달을 위하여 사이버상에서만 이루어지는 특수상황이라 현실 생활의 언어까지 오염되기에는 한계가 있을 수 있다. 물론 어느 정도의 영향을 주겠지만 청소년 시기에 사용하는 일시적 현상으로 볼 수 있다. 대부분의 청소년들이 대학 이후 사회생활에서는 다시 정상적인 언어생활을 하는 것이 이를 말해주고 있다.

　사이버상 언어는 주로 새로운 감정표현의 수단, 빠른 대화 속도, 한정된 공간에서의 새로운 언어 창조, 자기만의 언어에 대한 흥미, 개성적이고 창의적인 면이 있다. 하지만 문법의 파괴, 세대 간의 단절, 의사소통의 혼란, 청소년의 사상이나 인격에 악영향이 우려된다.[133) 사이버상 언어변형에 대해서 청소년들은 다음과 같은 생각을 하고 있다.

> "귀여워 보이고요, 또 친근감 있게 보이고……."
> "그냥 평범하게 말하면 말을 안 해요. 같이 마음이 통하는 색다른 것을 말할 때 더욱 자연스럽게 대화가 이어지게 되죠."
> "동질감이나 우리 편이라는 그런 생각이 들게 해주니까……."
>
> (욕설 카페에서 발췌)

　사이버 공간에 나타나는 욕설을 살펴보면 지독하고 악착스러운 입에 담을 수 없는 욕설들이 많다.[134) 또한 통신언어는 사이버 공간을 넘어서 현실의 언어생활에 점차 영향을 주고 있다. 얼굴을 보지 않고 대화한다는 점, 익명성이 보장된다는 점 등의 이유로 말을 함부로 하는 경향이 있다.[135) 익명성이 보장되는 조건에서는 최초 한 사람의 일탈행위를 다른 사람들은 쉽게 따라 하게 된다. 이는 제임스 윌슨(James Q. Wilson)과 조지 켈링(George L. Kelling)의 '깨진 유리창 이론(Broken windows theory: 도심에 있는 빈집에 유리창이 깨져 있으면 나중에는 그 집의 유리창들이 모두 깨지고 마을의 빈집도 늘어나 결국에는 마을 전체가 슬럼가로 변한다는 이론으로 익명성에 의한 충동성을 보여주는 이론)'에서도 익명성은 인간 충동의 해방구 역할을 할 수 있음을 보여주고 있다. 이러한 특징들은 현대사회 사이버상에서 욕의 특징에서도 두드러지게 나타난다. 사이버상에서 한 사람의 거침없는 욕설은 더 많은 욕설을 생산해내는 최초의 깨진 유리창 역할을 하는 것이다. 즉, 한 사람의 사이버상 일탈행위(욕설 사용, 언어변형)는 '깨진 유리창 이론'처럼 익명성이라는 보호막 아래 점점 늘어나 결국 많은 사람들이 거리낌 없이 사용하게 된다.

이 밖에도 사이버상에서는 욕설 사용, 영어와 한자, 숫자의 기호화, 각종 기호 문자 조립, 소리 나는 대로 쓰기, 축약하기, 생략과 변형, 음운 교체가 신선미와 재미가 가미되면서 사이버상에서와 일상생활에서 서로 영향을 주면서 변화되고 있다.

디지털 매스 미디어 환경과 첨단 기술의 정보화 네트워크들은 욕설 발화의 메커니즘 자체를 바꾸어놓고 있다. 사회적 소통과 개인의 사회적 참여 현상 자체도 욕설 발화의 통제 장벽을 훨씬 더 느슨하게 하는 쪽으로 변화되고 있다.[136) 정보매체의 적응력이 빠르고, 이를 활용하는 성장세대들이 이러한 사회문화적인 영향을 더 많이 받는 것은 당연한 결과이다.

사이버상의 욕 양상과 특징을 알아보기 위해 실시간 채팅, 욕 카페, 포털 게시판, 휴대폰을 중심으로 구체적 사례 위주로 고찰하고자 한다.

실시간 채팅에서 욕 사용 양상과 특징

인터넷을 통한 익명을 보장받은 채팅은 실시간으로 대화를 주고 받을 수 있는 특징이 있다. 상대방과 음성으로 1대1의 채팅도 가능 하고, 다자간 통화도 할 수 있는 인터넷 통신 기술이 발달하면서 실 시간 채팅은 확산되고 있는 추세이다. 하지만 대부분의 대화방에서 는 욕설과 음담패설이 난무하고 있으며, 성인은 물론 청소년이 입에 담을 수 없는 욕설들을 버젓이 사용하고 있다.

채팅 언어가 줄임말을 통한 속도감, 소리 나는 대로 쓰면서 생기 는 감정의 직접성, 문법파괴로부터 오는 해방감, 은어 욕설 사용을 통한 일체감, 거침없고 노골적인 감정표출이 특징적이라 할 수 있다. '겜(게임)', '땜(때문)', '걍(그냥)' 같을 줄임말에서부터 '조아(좋아)', '만타 (많다)', '어뜨케(어떻게)', '추카추카(축하축하)' 등과 같이 소리 나는 대로 쓰거나 '얼큰이(얼굴 큰 사람)', '꼰대(선생님)'와 같은 그들만이 알 수 있 는 은어사용, '까악', '꽈당', '글쩍글쩍'과 같은 의성, 의태어 사용, '∧∧;(멋쩍은 웃음)', ':-(찌푸린 얼굴)', '$-)(아주 행복한 웃음)', ':-<(고독한, 외 로움)'과 같이 이모티콘(감정을 나타내는 이모션(emotion)과 아이콘(icon)의 합성어 로 텍스트 중심의 커뮤니케이션에 감정을 전달하기 위한 방법으로 사용되는 일종의 그 림언어)이라는 기호의 사용이 채팅언어에서 많이 사용된다. 통신언어 가 서로의 감정을 표현하기 힘들기 때문에, 간단한 문자들을 조합하 여 자신의 감정 상태를 특수한 그림으로 표현하기도 한다.[137] 이는 면대면 커뮤니케이션과는 달리 비언어적 요소가 삭제되어 상대방의 감정을 파악하기 어렵다[138]는 한계가 드러남으로써 비언어적인 요 소를 보완하기 위해 시각적 감정 커뮤니케이션이 빈번히 일어나고

있기 때문이다.[139] 글은 여러 자를 써야만 의사소통이 가능하지만 이모티콘은 간편하게 한정된 용량으로 인해 쉽고 정확하게 의사와 감정을 표현할 수 있으며, 기성세대와 달리 함축성, 경제성, 재미를 추구하는 젊은 세대들의 문화와 잘 어울리기 때문이다.

다시 말해 사이버상의 통신언어는 '글'이 아니라 '말'에 가깝기 때문이다. 특히 실시간 채팅에서 주고받는 형식은 '글'이지만 이는 글쓰기가 아니라 '말'하는 행위이다. 그래서 문법적으로 잘 정제된 글과는 달리 비문법적인 말의 속성에 따라 음운축약, 소리 나는 대로 적기 등의 일반적인 구문에 가까운 글들이 많이 나타난다. 이와 같은 현상은 우리나라만의 독특한 현상만은 아니다. 영어권에서도 2인칭 'you'를 'u'로 줄이거나 'are'를 'r'로, 'for'를 '4'로 쓰는 줄임말이 일상화되었다. 그래서 이미 옥스퍼드 영어사전에 이메일, 채팅, 휴대전화 문자서비스에서 광범위하게 사용되는 'RUOK(Are you OK?)', 'CUL8R(See you later)', 'HAND(Have a nice day!)'와 같은 축약어들이 등재되어 있다.

실제로 부산의 D중학교 3학년 여학생이 반 친구들과 네이트온에서 실시간 채팅으로 많이 주고받은 내용이다. 'oo(응응: 알겠다)', 'ㅇㅋ(OK: 알겠다)', 'ㅈㅅ(죄송)', 'ㅅㄱ(ㅅㄱㅇ)(수고(수고요))', 'ㅁㅊㄴ(미친놈)', 'ㅋㅋ(웃는 것)', 'ㅌㅌ(어이없거나 할 말 없을 때)', 'ㄷㄷ(무섭거나 쪽팔릴 때)'처럼 심한 축약과 감정을 글로 나타내는 경우가 많았다.[140]

실시간 채팅은 자판을 이용한 문자 채팅과 음성 채팅으로 분류할 수 있으며, 또한 1대1 채팅과 다자간 채팅이 가능하기도 하다. 실시간으로 이루어지는 만큼 그때그때 자신의 감정을 솔직하고 빠르게 표현하기 때문에 욕설이 더 많이 발생되고 문자 채팅에서 음운 축약이나 변형이 더 많이 이루어지는 특징이 있다. 이는 음성 수준의 대화 내용을 이어가기 위해서는 긴 글이나 생각을 논리적이거나 체계적으로 작성할 시간적 여유가 없기 때문에 짧은 글을 순간적으로 보내는 특성에서 기인된 것으로 보인다. '안구(眼球)에 습기 차다'의 줄임말인 '안습'은 '눈물 난다'는 뜻이고, '솔까말'은 '솔직히 까놓고 말해서', '안물'은 '안 물었어'의 줄임말이다. 모두 인터넷 문자 채팅 때 자주 쓰이는 말이었는데, 점차 일상 언어생활에서도 나타나고 있다.

게임하듯 욕을 해대는 욕배틀(Battle)도 청소년 '문화'로 자리 잡았다. 네이버 게임톡, 네이트 토크온 등에 접속해 보면 '욕방', '욕배틀', '한판 뜹시다(주인 방관)' 등 욕배틀 방이 수십 개씩 개설돼 있다. 욕배틀이란 문자채팅, 음성채팅 메신저를 통해 서로에게 욕을 주고받거나 여러 명이 서로 욕을 쏟아내는 놀이이다. 방주인이 심판에 나서고 방문자들이 "병신아", "씹새" 등의 욕설을 주고받는다. 상대욕에 당황하거나 욕이 끊어지면 게임에서 지는 것이다.

청소년들의 욕설은 일상생활은 물론 신분이 노출되지 않는 온라인상에서 더욱 심해진다. 그래서 '누가 더 자극적인 욕을 해서 상대방의 말문을 먼저 막히게 하나'를 놓고 겨루는 '욕배틀(전쟁)'이 인터넷에서 마구 퍼지고 있다. 욕배틀은 인터넷 대화방에 접속하여 "안녕, 똘××야, 너 ×나 병신 ××지?"라는 식으로 상대방을 무조건 비하하는 형태로 이뤄진다. 같은 욕설을 여러 번 사용하기보다는 다양한 욕설을 사용해서 상대방에게 극도의 불쾌감을 줘야 승률이 높다고 한다.

실시간 채팅에서 '욕배틀'

'욕× 한판 뜨자' 방의 대화 내용이다. 입장한 네티즌은 8~9명이다. '엄마'를 주제로 각자 최신·최강이라 주장하는 욕설을 거침없이 내뱉고 있다. 잠시 후 앳된 목소리의 초등학생 방주인이 '욕배틀'을 제안했다. 강하고 자극적인 욕설로 공격한 사람이 이기는 일종의 게임이다.

> (마스터): '소희 목소리님'과 욕배하실 분. 네. '아빠님'이 손을 드셨군요. 먼저 '선빵' 까세요.
> (대화명: 소희 목소리): 간다. 야, 이 ××놈아. 느그 엄마와 ××× 할 ××× 같은 놈. 마이크 턴.
> (대화명: 아빠): 꺼져, 찌질한 ××가 ××하고 있네. 이 걸레 같은 ×아, 니 엄마한테 전화해서 ××하고 ××해라. × 같은 새끼야. 마이크 턴.
> (실시간 온라인 음성 채팅)

이들이 내뱉는 문장은 조사만 빼고 거의 욕설이다. 초등생 방주인은 중간 중간 "아, 별로 재미없는데……", "지껄여봐, 병신들아", "욕을 못하는 거냐, 아니면 욕 실력이 그것밖에 안 되는 거냐"는 추임새로 참여자들을 자극했다.

병신, ×새끼, ××놈 같은 것은 욕설 축에도 끼지 못했다. 숨 쉴 틈을 주지 않고 이어지는 욕이 나올 땐 환호성이 터졌다. 더 거칠고 더 자극적이며 더 변태적인 욕설을 구사해야 승자로 남을 수 있었다. 모니터를 통해 보는 문자 욕설보다 귓속을 파고드는 욕설 대화는 더 원색적이다. 전원이 돌아가며 욕을 하는 과정에 동참하지 않고 가만히 들여다보는 입장객은 마스터에 의해 사정없이 강제 퇴장당했다.

밤이 깊어지면 실시간 음성채팅은 야한 공간으로 변하기 시작한다. '슴살(스무살) 이상 누나만', '시키는 거 할 여자만' 등 낯 뜨거운 이름의 방이 속속 만들어진다. 고민방, 소설방 등 이름을 내걸고 청소년들을 유혹하는 대화방도 적지 않다.

이곳을 찾는 청소년들의 반응은 "한바탕 욕을 퍼붓고 나면 스트레스가 싹 풀린다", "재미있는데 뭐가 문제냐", "서로 얼굴 맞대고 하는 것도 아닌데 왜 그러느냐"와 같이 대수롭지 않다는 의견이다. 일부 청소년에게는 '욕배틀'이 '현피(인터넷상에서 시비가 붙어 실제로 만나 싸우는 것)'로 번지는 경우도 있다고 한다.

특징적인 것은 "느그 엄마와 ××× 할 ××× 같은 놈", "니 엄마한테 전화해서 ××하고 ××해라"에서처럼 개인 지향적이면서도 집단 지향적인 성격이 욕에 잘 드러난다. 한국인은 유별난 가족중심의 집단적 사고방식은 곧 부모, 형제가 욕 속에 개입됨으로써 본인에게 하는 욕보다도 더 모욕적이고 굴욕감을 느끼게 된다. 따라서 상대방에게 더 강한 스티그마를 안기기 위해 가족욕을 많이 사용한다.

실시간 채팅에서 욕 사용

온라인 실시간 문자 채팅을 하고 있는 청소년들이 채팅을 개설한 채팅방 주인에게 요구한 내용이다.

이 새X가 며칠 전부터 댓글을 존X 다는데 영구 차단 좀…….
씨X 해충서버 존X 느리네. ㅋㅋㅋ

(조선일보, 2011.1.5)

10대 청소년들도 많이 이용하고 있는 인터넷 사이트에서는 이 같은 욕설 사례를 흔히 찾아볼 수 있다. 요즘 게시판은 욕설 필터링 시스템을 적용함으로 인해 욕설이 포함된 내용의 게시물들은 글쓰기를 하지 못하게 막고 있다. 이러한 욕설 필터링 시스템은 욕을 더욱 다양화시키는 아이러니가 발생되고 있다. 위의 사례에서처럼 '이새끼'를 '이사키', '이·새·끼', '이-세끼', '이쉑끼' 등으로 변형시키고 있으며, '씨발'도 '씨2발', 'c2발', 'C이발', '시벌', '시펄', '스벌' 등으로 다양하게 변화, 변종시키고 있다. 발음 조합을 통해 욕설과 비슷한 발음의 단어를 조합해 비속어를 대체하여 사용한다. 필터링 시스템이 발음을 검사하여 검열하는 것이 아니라 비속어의 문자열을 검사하여 검열한다는 시스템의 허점을 이용하는 것이다. 실시간 채팅 시스템에서도 언어 순화를 위해 욕설이나 은어를 걸러내는 필터링 시스템을 구축하면 할수록 뜻을 이해하기 어려울 정도로 언어 파괴와 변형이 이뤄지고 있다.

이렇게 다양하고 자주 입에 오르내리는 욕설들은 대부분 성과 관련된 욕설들이 많다. 이는 성에 대한 금기와 편견이 반영된 결과라고 할 수 있다. 억압된 성의 다양한 표출 방식은 곧 욕설의 다양화로 나타나게 된다.

또 위 사례처럼 요즘 청소년들이 많이 쓰고 있는 '씨바'나 '존나'와 같은 성 욕설들은 이제 단지 강조를 나타내는 감탄사나 추임새 같은 용도로 사용하고 있을 뿐 실제 성 욕설의 의미가 퇴색되고 있다. 청소년들 스스로 욕설로 받아들이지 않고 있는 것처럼 시대나 상황에 따른 언어의 변화과정이라고 할 수 있다.

실시간 채팅에서의 욕 사용의 특징으로는 직설적이고 원초적인 욕설들을 많이 사용하고 있다는 점이다. 점차 네트워크 시스템의 발달로 인하여 문자채팅 위주에서 화상채팅으로 기술적 발전을 이루고 있어 문자 중심에서 음성 위주로 변화고 있지만 여전히 문자 중심 실시간 채팅도 큰 비중을 차지하고 있다. 이는 비실시간 사이버 커뮤니케이션보다 빠른 소통을 위해 언어의 변형이 심화되고 있으며, 짧은 뜻을 강하게 전달하려는 욕구를 반영하여 자극적인 욕을 많이 사용하고 있다. 또한 채팅 특성상 사회적인 문제보다는 채팅에 참여하고 있는 개인적인 인간관계에 관한 비판과 비난, 공격성을 드러내는 욕들을 많이 사용하고 있다.

온라인 카페에서 욕 사용 양상과 특징

온라인 카페는 실시간 채팅에 비해 동시성이 다소 떨어진다. 하지만 게시물이나 자신의 의사를 표현하는 시간적 여유가 있기 때문에 축약이나 짧은 욕뿐만 아니라 긴 욕이 등장하는 것이 특징적이다. 실시간 채팅에 비해 문장도 문어체에 조금은 더 가깝게 기술된다. 채팅이 몇 마디의 짧은 글을 빠르게 주고받는 것이 특징이라면 카페 글은 불특정 다수에게 공개적으로 하기 때문에 개인에 관한 것뿐만 아니라 다수의 대중을 대상으로 하고 있는 것도 또한 특징이다.

일상 생활어와 사이버 통신어를 가리지 않고 '존나'와 '씨발'이 가장 많이 쓰이고 있다. '매우, 몹시' 등의 부사어는 아예 '존나'라는 말로 대치되고 있으며, '존나'는 경우에 따라 '좆나', '존나', '졸라', '절라' 등으로 변형되어 쓰인다. '존나'는 '존1나환2장ㅋㅋㅋㅋ', '존나 미안해ㅋ', '존나 엿 같애'와 같이 부정적인 말 앞에만 쓰이는 것이 아니라 '존나 낭만적이다', '존나 예쁘다'처럼 긍정적이며 좋은 뜻의 의미에 포함되어 사용되기도 한다. '존나'와 더불어 가장 많이 쓰이는 말이 '씨발'이다. '씨발'은 뭔가 불만이 있을 때나 뜻 없이 감탄사로 쓰이기도 하며, 앞말과 뒷말 사이의 접속사로 사용되기도 한다. 청소년들에게 이미 욕이라는 의미보다 습관처럼 사용됨을 여러 사례들에서 볼 수 있다.

<욕**> 카페에서 욕 사용

2008년 5월 11일 개설된 <욕**> 카페는 3여 년 동안 운영으로 1,291명의 회원이 가입되어 있으며, 전체 게시글은 5,127개이고, 총 방문자는 58,697명으로 정회원 등업된 가입자만 게시물 읽기와 쓰기가 가능하였다.

〈표 1〉 <욕**> 카페 최다 댓글 게시판 목록

순위	제목 〔댓글 수〕	작성자	추천
1	어디 깝쳐봐라 [255]	폭*	71
2	시미시미해 [205]	멀꼬나봐샥녀*	41
3	앵기지마님, 심꿀이님 보세요^ ^ [183]	***찌래년	75
4	병신 어린중생아……하찮은거사……욕좀해보거라 황제께서 들어주마 좆밥어벙이떠벙이개새기여(욕배틀 황제) [149]	gnr**	54
5	아싸 [142]	인증*	144
6	스카를 의새기 개발림 [138]	간*	17
7	박아뻴락 [121]	가*	30
8	푸일…… [105]	가*	146
9	내 얼굴임 잘생겼어 스브 [104]	*색기	187
10	왕에감자 찐1따년아ㅇㅇ [93]	ChaosIgnationter***	51
11	소ㅑ이니 [91]	꼬꼬*	277

12	<u>이새끼 나랑 밟으실분</u> [90]	카*	51
13	야이 씨발 <u>다뎀비라 존뉴비들아~</u> [85]	q○*	51
14	난 진짜 내 사진 올린다 [62]	<u>꼴좀봐*</u>	329
15	내 얼굴어때요?ㅎㅎ [59]	<u>조옷된*</u>	250

　　<욕**> 카페에서 댓글이 많이 달린 게시판의 제목이다. 게시물 제목 글이나 이 카페를 이용하는 사용자의 ID만을 보아도 현재 청소년들의 언어 실태를 어느 정도는 파악할 수 있다.

　　제목 글에 사용된 '깝쳐봐라(까불어봐라)'는 상대방을 비하하고 도전적이고 냉소적인 의미가 포함되어 있으며, '시미시미해(심심해)'는 글자를 풀어서 사용하여 더욱 심심하다는 것을 표현하고 있다. '병신 어린중생아……하찮은 거사……욕 좀해보거라 황제께서 들어주마 좆밥 어벙이떠벙이 개새기여'에는 온갖 욕설들이 복합적으로 작용하고 있으며, 자신의 우월감(황제께서) 표시와 상대방에 대한 적개심(개새끼)과 비하(병신, 어린 중생아)를 표현하고 있다. '스카를 이새기 개발림 박아삘락'에는 저주(박아버릴라)와 음운 파괴(박아삘락: 박아버릴라)가 나타나 있다. '푸익'의 냉소적 웃음이 감탄사로만 표현되어 있으며, '내 얼굴임 잘생겼어 ㅅㅂ'에는 자신이 잘생겼다고 욕을 하는 자기 한탄과 동시에 다른 사람에 대한 원망도 포함되어 있다. '왕에감자 찐1 따년아○○'에서는 왕에 감자 찐이라는 은어 표현과 욕설, 무의미한 '○○'의 표현이 보이며, '이새끼 나랑 밟으실분'에서는 악담과 험담[141]을 할 동료들을 규합하는 표현이, '야이 씨발 다뎀비라 존뉴비들아'에서는 불특정 다수에 대한 분노(다 덤벼라)와 존비에 비유하는 욕설들을 사용하고 있다.

　　또한 이 카페에 참여하고 있는 사용자들의 아이디(멀꼬나봐샥녀*, ***

찌래년, *색기, *상 싫다, 꼴좀봐*, 조옷된*)에서도 청소년들이 사용하는 욕설이 그대로 표현되고 있다.

한편 다음 표는 <욕**> 카페 3여년 운영 기간에 사용된 전체 게시물 중에서 욕 관련 태그들을 발췌한 것이다. 욕 카페라는 이름으로 카페를 개설하였기 때문에 카페 가입자들은 욕을 하는 것을 목적으로 카페활동을 하여 다른 카페에 비해 욕에 관련된 내용들이 많았다.

<표 2> <욕**> 카페 전체 게시물 중 욕 관련 태그

1) 10초 준다 등업시켜라	22) 둘다 ㅉㅉ소리나 온다	46) 시발	71) 존1나환2장ㅋㅋㅋ
2) qop 게이년	23) 듀크 이 새끼 디질라고	47) 시발개새끼들아	72) 존나
3) sex니폰번ㄱㄱㄱㄱ	24) 똘추년	48) 시발똘구호구년	73) 존나 예쁘다
4) zzz샛기의 모든 것	25) 뚱뚱뚱뚱뚱뚱뚱	49) 시발련아	74) 존나 낭만적이다 시발
5) 고자	26) 망할년아ㅋㅌㅌㅋ	50) 시발련ㅉ 꺼져	75) 존나 미안해ㅋ
6) 굴창이 따까리	27) 미친넘들	51) 시비터는새끼 D진다	76) 존나 엿같애)))
7) 그냥병신집단이었나봐요	28) 바보새끼	52) 씨발년	77) 좆이나 빨어 개새들아
8) 그래씨발ㅋㅋㅋ	29) 박뱅뱅 어딨어	53) 씨발놈아 깝치니	78) 좆닝기리 니애미ㅗㅗ
9) 까일려면 덤벼	30 박뱅뱅개년	54) 씨발새끼야ㅗㅗ	79) 좀
10) 꼽사리 끼다가 디진다	31) 병신	55) 씨발좆또로후려버릴	80) 중뒹 병신아
11) 끄져	32) 병신 년	56) 씨발ㅋㅋ	81) 지랄하는 년
12) ㄴㅁ젖이나빠르장애새끼	33) 병신이다있다닠ㅋ	57) 씹쌔끼	82) 지랄하지 말라
13) 나랑 자자 쌍 새끼야	34) 병신ㅋ캐웃김	58) 아))병신같에))	83) 지랄해서 욕먹지
14) 내가글케좋냐 씨발 새끼야	35) 보잘것없는 쓰레기야	59) 아나십할넘	84) ㅉㅉ시발새끼ㅋ
15) 내장파고 들어부러~	36) 봉신샛기	60) 어꺼이씨발	85) 초딩새끼
16) 니같은 잉간 멸종 샛끼한테	37) 뺑이야	61) 운놔는 찌질하다	86) ㅋ나한테나대면뒤진다
17) 니기미 씨팔련	38) ㅄ년	62) 운놔ㄴ	87) ㅋㅋ제트털린샛기
18) 니년오냐오냐해주니까	39) ㅄㅂ	63) 운놔ㄴ뇌없냐	88) 태클은 사정
19) 니들도 써 먹어라	40) ㅅㅂ놈들이깝치네ㅎ	64) 웃겨ㅋㅋ꺼져	89) 튜크크레이지
20) 니엠2샛기	41) ㅅㅂ불만 있냐	65) 의심하니까 존나 좋지	90) 퓸)낚여버렸네
21) 덤비라고	42) 새끼야	66) 이런 씨발	91) 호구년
	43) 섹섹섹 내 꿈은 섹스왕	67) 개털릴줄 몰랐겠지	
	44) 싀발내친구 건들이지마	68) 잘하는게뭐냐 시발놈아	
	45) 시바호구쌉살한다	69) 잠수타네	
		70) 젭라 할일 없네	

92) <u>개새들아</u> 싸우면 부코에서보자	100) 이건 뭐 <u>욕도</u> 안돼고 말빨도 안돼고
93) <u>내육봉</u>에 달려있는 절대반지에서 폭류파	101) 이제 그만하고 내 <u>눈앞</u>에서 사라져
94) 박뱅뱅 나와라 좋은말로할때	102) <u>정신놓치면</u> 사후세계 체험 들어 간다 씨 <u>발놈아</u>
95) 세계에서 제일가는 <u>섹스라이커</u>	
96) 슬픈 표정 짓지마 <u>죽여버린다</u>	103) 제트랑 친한 <u>샛기터</u> 나와 바
97) <u>아는 놈들 언제 붙을래</u> 시간 넉넉히 잡 아놔	104) 지나가던 <u>초딩</u> 팬티나 훔쳐보는 새끼
	105) 집에 처박혀서 <u>딸이나</u> 치라고
98) 우리반 여자 애들은 <u>찌질하다</u>	106) <u>ㅉㅉㅉㅉ찌질</u>이 ㅋㅋ니들 다 죽엇어
99) 이거보면 <u>니년들</u> <u>제삿날</u> 장발장감ㅋㅋ	107) 홋새끼들 또 질질싸기는ㅋㅋㅋ

108) <u>꼴받냐</u>ㅗㅗ 고아원에서 애들이랑 껴서 <u>유희왕카드</u>나 해라ㅉㅉ

109) <u>술 취한 년 강간할라</u> 했더니 엄청난 저항에 짓눌려 <u>발기가</u> 안돼네 허허허

110) 초콜릿에 맛난 칠리소스를 첨가하여 진딧물과 버무려 소량의 단맛을 냄과 동시에 후장의
달콤한 대변의 깊은 향미를 느끼게 해주지

이 카페 전체에 사용된 욕설들을 분석해 보면, 욕카페 게시판 제목으로 사용된 욕설로 '시미시미해(심심해)'처럼 말을 풀어서 쓰는 경우, '박아삘락(박아버릴라)'처럼 발음 나는 대로 문법을 파괴하면서 쓰는 경우, '찐1따년아ㅇㅇ(찐년아)'처럼 생략과 기호를 결합하여 욕과 감정을 전달하는 경우, 'ㄴㅁ젖이나빼르장애새끼(너희 엄마 젖이나 빨아라 장애새끼야)'처럼 초성만 이용하는 경우, '니엠2샛기(너희 엄마 새끼)'처럼 생략과 숫자사용 및 발음 나는 경우를 혼합하여 사용하는 경우, '봉신샛끼(병신새끼)'처럼 비슷한 발음으로 변형하는 경우 등 카페에서 사용되는 욕설들은 음운 생략, 모음 사용, 기호 사용, 발음 나는 대로 등으로 기존 문법을 무시하고 다양하게 변용하여 사용하고 있다.

이 카페에서 많이 쓰이는 욕설로 새끼(23회)는 '새', '샛기', '샛끼', '새이끼', '새2끼', '시끼', '시기이', 'ㅅㄱ', 'ㅅㄲ' 등으로 씨발(22회)은 '씨팔', '싀발', '시바', '시발', '십할', 'ㅅㅂ', '쓰표', 'ㅆㅂ' 등으로 다양하게 변용하여 사용하고 있다. 이는 대부분의 인터넷 사

이트는 채팅을 하거나 댓글을 달 때 욕이나 성적인 표현을 금칙어로
지정(욕설 필터링)해 쓸 수 없도록 하고 있기 때문에 이를 피해 글을
쓰려는 네티즌들은 줄임말, 변형된 단어를 사용하게 되고, 또한 기
존의 언어체계를 다양하게 변형하려는 욕구가 반영되었기 때문이다.
각종 온라인 서비스에는 점차 '금칙어 필터링 시스템'이 설정되고
있는 추세이다. 따라서 잘 알려진 욕설이나 비속어는 아예 입력이
안 되지만 이 같은 제약이 오히려 새로운 욕설과 신조어를 양산하
고, 새로운 표기법까지 나오게 만들고 있다. 디디에르(Didier)는 시각
적 언어 자극이 아닌 청각적 언어 자극을 사용한 연구에서 실제로는
아무 의미가 없지만 분노한 억양으로 된 목소리 자극이 실제로 화난
목소리를 들었을 때와 같은 두뇌 영역을 활성화시켰다는 것이다. 이
는 시각적으로는 서로 다르지만 '씨발'이라는 욕과 비슷한 발음의
'새2끼', '시끼', '시기이', 'ㅅㄱ', 'ㅅㄲ'와 같이 욕설과 발음만 비슷
한 언어를 보고도 부정적인 정서가 유발되며, 욕설을 들었을 때와
같이 뇌 영역이 활성화된다는 것이다.

이 카페에 사용된 욕으로 특이한 점은 '108) 꼴받냐ㄴㄴ 고아원에
서 애들이랑 껴서 유희왕카드나 해라ㅉㅉ', '109) 술 취한 년 강간할
라 했더니 엄청난 저항에 짓눌려 발기가 안돼네. 허허허'와 '110) 초
콜릿에 맛난 칠리소스를 첨가하여 진딧물과 버무려 소량의 단맛을
냄과 동시에 후장의 달콤한 대변의 깊은 향미를 느끼게 해주지'처럼
긴 욕을 사용할 수 있다는 점이다. '욕은 길게 꾸미는 것보다는 짧게
꾸미는 것이 효과적이다'[142]라는 의미를 무색하게 하기도 한다. 이
는 실시간 채팅이나 휴대폰 메시지에서 볼 수 없는 동시성의 요구가
조금은 덜하며 글을 올리는 데 시간적인 여유가 상대적으로 많이 있

기 때문이기도 하다.

또 'ㅋㅋㅋ', '헉/억', '허걱', '클클클', '푸헐헐', '훼훼훼'처럼 새로운 감탄사들을 만들어내고 있다. 기존의 감탄사로는 신세대의 다양한 느낌을 전달할 수 없어 새로운 감탄사를 만들어내는 것도 통신언어의 특징이다. 비록 문자로 표현하지만 '입말'처럼 생생하고 다양한 느낌을 전달하기 위해 새로운 감탄사들을 많이 만들어내는 것이다.

<욕설 없는 **> 카페에서 욕 사용

또 다른 욕설 카페에 올라온 한 여학생의 글이다. 욕설 사용에 대한 솔직한 심정을 카페 글에 올려놓은 것이다.

> 욕은 진짜 마약 같아요. 왜냐하면 저절로 욕이 나오고요. 진짜 입에 붙은 것처럼 막 나오는 것 같아요. 저 얼마 전에 제 친구가 욕하는 말을 들어보니 저까지 기분 안 좋더라고요.
>
> (한혜*, 2010.7.9, 〈욕설 없는 **〉 카페에서 발췌)

위의 사례처럼 청소년들이 얼마나 욕을 많이 사용하고, 한번 사용하기 시작한 욕은 고치기 힘들다는 것을 보여주고 있다. 신중하게 생각하여 사용하는 언어가 아니라 오직 자신의 욕구 분출만이 거침없이 마구 쏟아내고 있음을 욕 카페 글에서 확인할 수 있었다. 청소년들이 사용하는 욕의 대부분이 습관처럼 아무 의미 없이 사용하고 있음을 다시 한 번 확인할 수 있다.

온라인 카페에서도 마찬가지로 여전히 성적인 욕과 차별적인 욕설이 많이 사용되고 있다. 이는 한국인의 사고방식이 나와 다른 것에 대한 수용과 포용력이 부족함을 보여주고 있다. 타인과의 교류와 배려, 존중보다는 경쟁이 강조되는 사회구조이기 때문이다. 이러한 사회적 분위기가 반영되어 자신과 의견이 다르다든지 사상이 다르면 수용하기보다 배척하고 적대시하는 경향이 많다. 자신의 사상과 맞지 않은 사람들과는 대립의 각을 세우고 욕설을 사용하며, 자신과 같은 사상의 사람들에게는 무한의 신뢰와 믿음, 정을 공유하는 특징이 있다.

포털 게시판에서 욕 사용 양상과 특징

포털 게시판에는 특정 주제에 대한 익명성을 보장받는 다수의 사용자가 자기를 모르는 소수나 다수의 사람들을 대상으로 한 줄 정도의 짧은 글을 쓰는 것이 특징이다. 따라서 짧은 글 속에는 자신의 감정을 그대로 쏟아내는 특징이 있으며, 실시간 채팅과 카페 게시글의 중간 정도의 동시성을 가지고 있다. 이는 자신의 감정을 거침없이 대상을 가리지 않고 발산하는 특징을 가지고 있다. 포털사이트 전자 게시판은 대화방과는 달리 정보 전달자와 수용자가 동시에 참여할 수 있고 시간적, 공간적 제약을 전혀 받지 않는 특징도 있다.

옛날 공중화장실이나 은밀한 곳에 자신의 욕구를 마음대로 낙서한 것을 자주 목격하게 되었는데, 이와 비슷한 심리적 양상을 포털 한 줄 게시물에서 확인할 수 있다. 누구에게 대상이 정해져 있기보다 자신의 감정을 마구 쏟아내는 데 비중을 두고 있다. 누군가로부터 서로 응답을 바라고 올리는 글이 아니다. 그저 자신의 감정을 발산하는 데 비중이 높다고 하겠다.

포털 문자응원중계 한줄게시판에서 욕 사용

　한일 국가대표 축구경기 직후에 네이버 스포츠 문자응원중계 한줄게시판에 올라온 글들이다. 이날 한국이 3:0으로 진 경기 이후라 3만여 개의 응원 글이 올라왔다. 시간이 흐르면서 경기가 풀리지 않자 점점 감정이 섞인 욕설들이 올라왔다. 경기 종료 직후 10여 분 동안 올라온 글 중 욕설이 들어 있는 몇 개를 선별적으로 발췌하였다.

> ▌ 허접 무나 졾뼁네나 그밥에 그나물! (jbh8**, 21:44:56)
> ▌ 밥쳐먹고 축구만 하고 예전보다 축구 지원이 몇백배는 늘어났는데 어찌된게 갈수록 경기력 퇴화에 스킬은 제자리걸음이니…… 답이 안나온다 (firs**, 21:44: 17)
> ▌ 짱깨한테 3-0졌을때 허접무 졸라 못한다고 햇는데…… 오늘 광래보니 협접무는 졸라 잘한거임……ㅋㅋㅋㅋ(kyg5**, 21:44:14)
> ▌ 졾뼁네!! 아주잘했수 삼대떡치러 가느라 수고했으니 온천으로 션하게 풀고 오셈 (kbh9**, 21:43:55)
> ▌ 수비랑 패스 다 뚫리고 개인기 다 속네…… 한쿡새키들 철좀들어라 (rlag**, 21:43:49)
> ▌ 딴건다모르겠는데 조광래만 욕 먹고 좀 꺼1져줫으면좋겠다 아 짱나 ㅋㅋㅋㅋ (eotj**, 21:42:14)
> ▌ 애라 한일이고 나발이고 자꾸지면epl이나봐야지 (ms99**, 21:41:11)
> ▌ 한국 전나 개못해 축구 야구 경제 다 발림 대한민국 만사이!!!!! (80sk**, 21:41:00)
> ▌ 구자철 개난사숏팅〜〜〜〜 (kk45**, 21:40:22)
> ▌ 니네들 이사태를 어케 감당 할래?? 다 쪽발로 귀화해라 (home**, 21:38:52)
> ▌ 십새끼들 입국할때 대가리 다 삭발하고 오리걸음으로 입국해라 (hoon**, 21:35:46)
> ▌ 스페인전은 한 5대 0으로 발리겠지…… 창피하다 진짜…… (akfw**, 21:35:45)
> ▌ 아 일본 발로 차고싶다 (akan****, 21:35:39)

위의 사례처럼 그야말로 상대방의 기분을 생각하지 않고 마구 쏟아낸 욕설들이 난무하고 있다. 한편으로 사회적 응어리의 분출이라는 긍정적인 면이 있지만 한편으론 우려하는 목소리도 있다. 응원의 메시지를 간단하게 올릴 수 있는 시스템이라 카페 게시판과 같이 긴 글들은 올릴 수 없다. 한 두 문장 정도를 보낼 수 있는 시스템이어서 더욱 쉽게 부담 없이 많은 네티즌들이 참여하여 글을 올릴 수 있었다.

개인에 대한 욕과 다수에 대한 욕이 섞여 있다. 대상을 가리지 않는다. 또한 한 줄 게시물이라는 특징에 따라 짧은 글이지만 자신의 솔직한 감정을 압축해서 보여준다. 뿐만 아니라 신조어나 언어의 변형이 많이 보인다. 신조어가 만들어지는 방법은 다양하다. '발연기(연기를 못한다는 뜻)', '개못해(아주 못함)', '개난사(아무 곳으로 난사함)'처럼 기존 단어에 '발'이나 '개'와 같은 부정적인 어감의 접두어를 붙이는 것이 가장 기본적인 방법이다. 또 글설리(글을 설레게 할 정도로 좋은 리플)처럼 긴 구절의 앞글자만 따거나, ASKY(이성친구가 '안 생겨요'라는 뜻)처럼 한글을 영문 알파벳으로 표기한 뒤 이니셜만 따서 은어처럼 쓰는 식으로 좀 더 복잡한 공정을 거치기도 한다. 또 원래는 '좆나게'의 의미가 바뀌어 '존나', '전나', '졸라'로 변형해서 사용하고 있으며, 이를 욕으로 받아들이기보다 '아주'라는 의미의 부사로 자주 사용하고 있음을 알 수 있다.

축구국가대표 감독의 허정무를 '허접 무', '협접무'로, 조광래를 '졸빵네'로 발음에 가까운 욕으로 언어의 유희성을 가미하여 욕을 하고 있음을 알 수 있다. 또 'ㅋㅋㅋㅋ'처럼 초성만 사용하여 자신의 감정을 표현하기도 하며, '짱개', '쪽발'처럼 중국이나 일본을 비하하는 발언을 하기도 하며, '꺼1져줫으면좋겟다' 아무 의미가 없는 숫자를 글자 중간에 넣기도 하는 변칙을 부리기도 한다. 이들은 모두 기존 언어의 질서를 무시하는 방법으로써 자신의 감정을 더 격렬하게 표현하고자 하는 심리를 반영한 것이라고 할 수 있다.

위 사례에서는 소통의 의미가 거의 없지만 사이버 공간에서 나타나는 이용자들 간의 의사소통이나 정보교류는 토론 게시판이나 뉴스기사 하단의 독자 의견란 같은 댓글공간에서 쉽게 찾아볼 수 있다. 인터넷 이용자들은 온라인에서 다양한 주제에 대한 정보를 공유하고 자유롭게 자신의 의견을 개진하는 댓글 토론문화를 정착시켰다.[143] 댓글은 이메일이나 메신저 등을 통한 대인 커뮤니케이션에 더하여 온라인 이용자들이 사회적 쟁점이나 이슈에 관해 서로의 의견을 탐색하고 자신의 의견을 개진할 수 있도록 해주었다. 이제 댓글은 다양한 사회적 문제에 대한 양방향적 여론의 창구로 활용되고 있다.[144] 또한 온라인 커뮤니케이션 환경이 댓글을 통해 하바마스(Habermas)가 주창하던 공론장의 역할을 올바르게 수행할 수 있을 것이라는 평가도 존재한다.[145]

하지만 댓글에 대한 비판적인 시각도 만만치 않다. 네티즌들의 폭언, 욕설, 비난 등의 공격적인 언어폭력이 상당수의 게시판과 댓글을 통해 나타나면서 댓글 토론은 공론장보다는 '난장'의 성격을 지니고 있다는 평가를 받기에 이르렀다.[146] 유명인들의 자살 사건이 악의적으로 인신공격이나 비난을 일삼는 악성댓글, 이른바 악플이 주된 원인이었다는 평가도 있다. 이에 따라 악플을 근절하기 위해 사이버 모욕죄의 발의가 추진되는 상황에까지 이르게 되었다.[147] 이렇듯 댓글은 자유로운 토론을 유도할 수도 있지만 그 역효과 역시 심각할 수 있다는 지적을 받고 있다.[148]

현대인들이 사이버 공간에서 하는 욕설은 이제까지 해왔던 욕구 불만이나 억압된 감정을 표현하기 위한 수단이 아닌 것이 많다. 불특정 다수에게 자신의 감정을 여과 없이 배출하는 경우가 많다. 익명성이라는 방패 아래 무슨 말을 하든지 상대방의 표정이나 기분을 읽거나 알 수 없기에 죄책감을 덜 느끼며, 또한 남들과 다른 나만의 욕을 하고 싶어 하며 일종의 유희적 활동이 가미되기 때문에 변형된 욕들로 많이 표현된다.

또한 익명성이 보장되기에 위계질서가 강조되고 아직도 권위주의가 많이 남아 있는 사회적 분위기를 반영하여 사회의 공론장에는 이러한 반발심리가 작용하여 유난히 욕설이 많이 사용되고 있다. 뿐만 아니라 정에 기반을 둔 온정적 인간관계를 중시하기에 감정에 치우친 욕설들도 많이 사용되고 있다. 냉철한 분석이나 이성에 근거한 사고가 부족하다. 축구 경기에서 진 원인을 분석하거나 잘못한 사실에 근거한 욕보다는 '허접 무', '졷뺑네', '아 일본 발로 차고 싶다' 처럼 인정에 근거한 개인적인 욕설 차원이 유난히 많다. 이는 한국인의 정에 기반을 둔 인간관계 중시의 사고가 욕에도 잘 반영되어 있음을 보여주고 있다.

이메일에서 욕 사용 양상과 특징

이메일은 주소를 알고 있어야 주거나 받을 수 있는 경우가 많다. 따라서 메일을 주고받은 사람이 서로 어느 정도 친분 관계를 맺고 있는 경우에 많이 사용하게 된다. 이러한 특성으로 인하여 포털 사이트 게시판이나, 실시간 온라인 채팅에 비해 욕설 사용 가능성이 적다. 하지만 최근 들어서 무작위로 추출하거나 개인정보 유출로 인하여 대량의 메일 주소를 확보하여 스팸성 메일들을 뿌려댄다. 이러한 스팸성 메일은 일방향적이고 친분관계를 맺고 있지 않기 때문에 욕설이나 언어 규칙 파괴의 주범이다. 대부분 게임, 성인용품 판매, 성인 사이트, 금융 판매, 불법 도박 사이트의 광고성 스팸 메일들이 많다.

이메일에서 욕 사용

필자의 메일 계정으로 하루에도 4~8통씩 거의 매일 스팸 메일이 들어온다. 요즘 포털 사이트에서 제공하는 메일 서비스에는 스팸메일을 자동으로 분류해 주는 기능이 있다. 포털 사이트 다음(Daum)의 경우 스팸 제로 기능으로 스팸 처리된 메일을 분석하여 새 스팸 유형을 학습한 다음 추후 유사한 메일을 바로 차단하는 지능형 차단 시스템이 있어서 스팸메일을 어느 정도 분류해 주기도 한다. 하지만 이러한 스팸 차단에 걸리지 않게 하기 위해 스팸 메일을 보내는 이들은 메일 주소를 자주 바꾼다. 또한 메일 제목을 특이하게 바꿈으로서 휴대폰 문자메시지나 욕설 필터링이 있는 게시판에서처럼 문법 파괴적 어휘들이 자주 등장하고 있다.

스팸 메일을 보내는 이들은 실제 실명처럼 위장하기도 하고, 도박(강원랜드, ♡당첨♡, ㅓ인ㅓ생ㅓ역ㅓ전 등)을 암시하거나, 성적(먹어봐요)인 닉네임을 사용하기도 한다. 직접적인 욕설과 관련된 어휘들은 많이 보이지 않지만, 스팸성 메일에는 '십덕후', '쌍둥이 고래', '먹튀', '붕가붕가'처럼 은어와 'ㅋr지i노', '♠단♠속♠문제로'처럼 스팸 필터링을 벗어나기 위한 어휘 파괴어가 많이 사용되고 있다. 이러한 무차별적으로 뿌려대는 스팸성 메일은 호기심 많은 청소년들을 자극하게 되고, 이들의 언어생활에 쉽게 나쁜 영향을 미치게 된다.

휴대폰에서 욕 사용 양상과 특징

몇 년 전만 해도 음성 위주의 휴대폰은 1대1의 음성통화나 단문 문자 메시지 소통이 대부분이었다. 하지만 스마트폰은 카카오톡과 같은 앱의 등장과 네트워크 연결의 편의성으로 말미암아 다양한 방법의 커뮤니케이션이 가능하게 되었다. 청소년 사이에서 휴대폰을 이용한 소통은 그들만의 소통수단으로 자리 잡고 있으며, 정서적이고 감정적인 내용의 문자를 교환함으로써 하나의 문화적 공동체를 이루고 있다.[149] 이에 따라 스마트폰의 등장과 무한대의 문자메시지 이용은 청소년 언어생활에 더욱 지대한 영향을 미치게 되었으며, 언어 변형의 가속화 원인이 되고 있다.

요즘 유행하는 각종 놀이문화에는 '욕설'이 주요 콘텐츠다. 이를 반영하듯 최근 '욕' 앱이 인기다. '대신 욕해 드림'이란 애플리케이션을 스마트폰에 내려 받은 후 화면을 터치하면 '염병할', '× 같은 인간' 등 욕설이 성우 음성으로 마구 쏟아져 나온다. 이용자들은 이를 보고 재미있어 한다.

또 말을 따라 하는 동물 앱을 활용하여 욕을 녹음하여 동영상으로 만들어 유튜브 같은 동영상 공유 사이트에 탑재함으로써 욕을 놀이화하는 경향을 보이고 있다. 뿐만 아니라 영화에 등장하는 욕을 모아 전화벨소리로 만들어 주는 앱을 설치하여 즐기고 있는 것도 특징적이라고 할 수 있다.

이처럼 최근에는 스마트폰의 등장과 함께 욕설은 놀이문화로 점차 탈바꿈화되어 가고 있음을 알 수 있다. 스마트 폰을 통한 욕의 놀이화는 이전의 욕을 통한 카타르시스150)를 경험하려는 의도와는 전혀 다른 새로운 경향으로 나타나고 있다.

휴대폰 문자 메시지에서 욕 사용

휴대폰의 이용은 특히 청소년들에게 짧은 문자 메시지의 사용을 급격하게 증가시켰다. 예전에는 제한된 요금제로 인하여 문자메시지를 보낼 수 있는 건수가 정해져 있는 경우가 많은데, 하루 이틀 만에 한 달 치 문자 제한을 넘겨 친구들끼리 문자를 보낼 수 있는 알을 주고받기도 하였다. 최근 들어 스마트폰의 급격한 보급으로 '카카오톡' 같은 무료 문자 전송 앱은 청소년들의 언어 사용에 더욱 커다란 영향을 미치게 되었다. 다음은 초등학생이 친구에게 보낸 휴대폰 문자메시지이다.

> 씨×, 쌤이 <u>갑툭튀</u>…… ㅠㅠ <u>레알 돈네!</u>
>
> (동아일보, 2010.8.14)

초등학생들이 휴대폰으로 주고받은 문자인데, 해독이 불가능하다. "갑자기 툭 튀어 나온 선생님 때문에 정말 소름 돋는다"라는 뜻이다. 청소년들의 언어세계에 엄청난 영향을 미치고 있는 휴대폰 문자메시지나 사이버 공간에서는 수없이 많은 신조어가 떠올랐다가 사라진다.

'쩐다(대단하다)'라는 표현이 입소문을 타기 시작하면 누리꾼들이 검색창을 통해 이 말의 뜻을 깨치고 바로 응용하는 식이다. 반짝 떴다가 사라지는 유행어도 있지만 '안습(눈물이 날 정도의 상황)'처럼 10년 넘게 장수하는 신조어도 있다. '손발이 오그라든다'거나 '열폭(열등감 폭발)'처럼 TV의 오락 프로그램에까지 전파돼 널리 쓰이는 사례도 있다. '갑툭튀(갑자기 적이 튀어나와 자신의 캐릭터를 공격하는 행위)'나 '쉴드(보호막)'처럼 인터넷 게임에서 유래한 단어도 있다. '시벨리우스', '병림픽'처럼 인터넷에서 쓸 수 없는 금칙어 지정 규정을 '창의적'으로 피해가며 비속어를 만들어내기도 한다. '이뭐병(이건 뭐 병신도 아니고)', 'ㄷㅊ(닥쳐)', '듣보잡(듣도 보도 못한 잡놈)', '흠좀무(흠 그건 좀 무서운데)', '근자감(근거 없는 자신감, 잘난 구석도 없는데 항상 자신만만한 사람을 일컫는 말)', '귀척(귀여운 척하는 행동을 주로 부정적으로 가리킬 때)'처럼 줄임말을 통해 상대방을 비하하며 은밀하게 사용하기도 한다. '깜놀(깜짝 놀라다)', '먹튀(먹고 튀었다)', '소시(소녀시대)', '문상(문화상품권)', '무도(무한도전)'처럼 줄임말을 많이 쓰고 있으며, '레알'처럼 영어 'real'의 발음을 변형시켜 사용하기도 한다. 이는 입에 자주 오르내리는 것을 음절을 줄여 간편하게 말하려는 욕구가 반영되어 있다. 줄임말 남발은 정상적인 언어소통을 방해한다. 이러한 줄임말이나 신조어는 문자 메시지를 주고받음으로써 더욱 확산되고 변형된다. 짧은 시간 내에 동시성의 성격으로 주고받는 휴대폰 문자메시지는 축약과 변형을 더욱 부추기고 있다.

인터넷 신조어는 교과서적인 정형화된 어휘만으로는 진솔한 감성을 표현하기 힘들기 때문에 제조되고 유통된다. 하지만 한정된 또래

집단이나 게임 채팅창에서만 뜻이 통하는 경우가 많고 대부분 유통 기한도 짧아 널리 이용되기는 어렵다.[151)

휴대폰 스팸 문자에서 욕 사용

필자 휴대폰에 들어온 문자 메시지이다. 발신자 정보도 없고, 남 녀노소를 가리지 않고 누구에게나 무작위로 뿌려지는 이런 종류의 문자메시지는 해독하기가 어려울 뿐만 아니라 언어파괴를 부추기고 있다. 휴대폰 문자메시지는 금칙어 피하기와 제한된 바이트 내에 많 은 표현을 담아내기 위해 다양한 축약어를 만들어내고 있다.

휴대폰에 들어온 스팸성 문자

요즘 스팸성 문자 메시지가 남발되고 있다. 대출이나 성인 사이 트, 도박 사이트 안내, 대출 안내에 관한 문자 메시지가 꾸준히 늘고 있다. 이러한 문자 메시지에는 욕설보다는 외계어에 가까운 해독하 기 어려운 글자들이 많이 들어온다.

이는 스팸문자 금칙어 처리에 걸리지 않게 '구-슬버젼(구슬버젼)', '화려한$예%시&그림*(화려한 예시그림)'와 '체-험⑤만(체험5만원)', '♠실_

쩐까_쥐노♠(실전카지노)’, ‘⑤⓪_만*꽁_쫘(50만점 공짜)’ 등과 같이 어휘에 대한 변형과 문자 한 통의 제한된 80byte를 지키기 위한 축약으로 언어 파괴, 띄어쓰기 무시 등이 많이 이루어지고 있다. 이처럼 휴대폰에서의 문자 메시지는 언어의 변형을 더욱 다양하게 하는 요인이 되었다.

SNS에서 욕 사용

스마트 휴대기기의 급격한 보급으로 SNS(Social Networking Service: 온라인상에서 불특정 타인과 관계를 맺을 수 있는 서비스) 이용자가 폭발적으로 늘어나고 있다. 이용자들은 SNS를 통해 인맥을 새롭게 쌓거나, 기존 인맥과의 관계를 강화시킨다. 대표적으로는 미투데이, 페이스북, 트위터 등이 있다. 이제 언제나 휴대할 수 있는 휴대성과 네트워크의 결합으로 사이버상에서 타인과 더욱 쉽게 소통할 수 있는 통로로 활용되고 있다. 이러한 SNS에서 실시간 소통은 어떤 인터넷 서비스(메일, 게시판 등)에 비해 욕설이 많이 사용된다.

> ‘시발ㅋ: 웃김/오 시발: 놀라움/아 시발: 아쉬움/시발……: 슬픔/시발!: 분노/시발;: 어이없음/시발ㅜ.ㅜ: 격한 슬픔/시발;;: 당황스러움/시바ㄹ: 급함’
> (twitter에서 발췌)

트위터에서 ‘씨발’이란 욕설 한 마디로 다양한 감정을 표현할 수 있다는 내용이다. 100건의 넘는 리트윗 수를 기록한 인기 트위터 가운데 하나다. 교과부의 욕설 억제 정책으로 나온 욕설한 학생의 생활

기록부 작성에 대해 트위터에서는 다음과 같은 의견들이 올라왔다.

SNS는 언제 어느 곳에서나 쉽게 제3자와도 의견을 주고받을 수 있다. 좋은 정보를 주고받는 이용자들도 많으나 욕설 또한 변형을 거듭하면서 사용되고 있다.

스마트폰 앱에서 욕 사용

요즘 스마트폰을 휴대하고 다니는 청소년이 점차 늘어나고 있다. 많은 앱을 설치하여 다양한 용도로 사용할 수 있으며, 네트워크와 연결되어 가지고 다니는 컴퓨터로 점차 진보되고 있다. 이 중 욕과 관련된 앱들이 많이 유통되고 있다. 이들 욕 관련 앱들은 새로 생겼다가도 금세 사라지기도 한다.

<대놓고 욕해줌>과 **<대신 욕해드림>** 앱은 욕을 선택하고 화면을 터치하면 남녀 성우가 녹음한 목소리로 대놓고 욕을 해 주는 앱

들이다. '피콜로 더듬이 빠는 소리하고 자빠졌네', '이런 수정과 잣 같은 세상'처럼 기상천외하고 재미있는 욕들도 있지만 심한 욕들도 있기 때문에 호기심과 모방심이 많은 청소년들에게 많은 인기를 끈 앱이다.

또 <유행어 플레이어> 앱은 인기드라마나 오락프로그램, 영화, CF에서 사용한 유행어들을 휴대폰 벨소리로 사용 가능하다. 여기서 사용되는 유행어는 대부분 일상적인 언어라기보다 흥미와 웃음을 줄 수 있는 저급언어와 언어파괴를 부추기고 있는 대사들이 많다. '아가리가또(무한도전-노홍철)', '어디 갈끼니(무한도전-박명수)', '이런 쌍노무(바람-아저씨)', '잘했다 빙시야(바람-영주)', '확마 궁디를 주차삐까(하이킥3-김지원)'처럼 대중매체에서 사용된 욕설 대사들이 그대로 사용되고 있으며, 이런 대사들을 모아 휴대폰 벨소리와 알림음으로 쉽게 사용할 수 있다.

청소년들에게 유행어와 욕설은 주로 인기 드라마나 텔레비전 광고, 그리고 각종 예능프로그램을 통해 빠르게 퍼진다. 특히 <개그콘서트>와 같은 코미디 프로그램의 영향은 아주 크다. 유행어를 따라 하는 청소년들의 심리는 청소년들이 어른들의 특별한 언어인 유행어를 따라 함으로써 마치 자신이 특출하고 대단한 존재가 된 듯한 착각으로 어른들이 쓰는 말을 흉내 내고 싶은 심리가 숨어 있다. 유행어를 따라 하면 친구들의 관심을 얻을 수 있으며, 또래끼리 소속감이나 연대감을 형성하며, 유행어를 먼저 알고 난 뒤에 그것을 미처 모르고 있던 친구들에게 가르쳐 주는 것은 남보다 유행에 앞서 간다는 우월의식을 드러내고 싶은 심리가 반영되어 있다[152]고 할 수 있다.

<씨네마 욕쟁이> 앱은 영화 속 배우들의 욕을 듣고 벨소리, 알림음으로 사용할 수 있다. 욕이 많이 사용된 <황산벌>(2003)이나 <평양성>(2010), <마파도>(2005), <공공의 적>(2005) 등의 영화에서 사용된 욕설을 모아 휴대폰을 꾸미는 오락거리로 삼고 있다. "판검사 똥구녕 핥아봐야(아저씨, 2010)", "존나 엿까고 그래(사랑이 무서워, 2011)"처럼 영화에서 사용된 욕설들을 벨소리나 알림음으로 쉽게 활용할 수 있는 앱이다.

이 밖에도 <임금님 귀> 앱은 가슴속에 담아둔 답답한 심정을 마음껏 발산한다는 취지로 만들어졌다. 이 앱에는 익명성으로 글을 올릴 수 있다. 또한 올려진 글들은 옆으로 흘러가는 전광판처럼 무작위로 보여진다. 아무래도 마음의 찌꺼기, 불만을 마음껏 토로하게 된다. 자신과 터놓고 대화하거나 답답한 심정을 배출하고자 하는 심리가 잘 반영된 앱이라고 할 수 있다. "개씨발 짜증나네, 아 씨바라 아아아", "가식 좀 그만 떨어 니가 하는 일에 관심 없다 새끼야", "존나 병신 같이 생긴 년이 뒤질라고", "니 애미 창년 씨발년아 내 인생에서 사라져라", "미친놈 지랄하고 있네", "닭대가리 미친놈 개새끼", "좆같은 회사! 때리 치우고 싶다! 이제 좀 나줘 개새끼들아 월급도 좆도 짜게 주면서 적당히 좀 부려 먹어라, 엥간히 해라. 정자꼬리 끊어진다", "여기서 시원하게 욕하구 가여 구경 재밌네. 욕 더 해여 더"처럼 대부분 자신의 감정을 그대로 표현하기 때문에 욕설과 저급언어들이 많이 사용되고 있다. 하지만 많은 이용자들은 배출욕구를 해소하고 답답한 심정을 하소연할 수 있다는 것에 긍정적인 평가를 하고 있다.

<돌멩이> 앱은 스마트폰 주소록에 있는 특정인에게 돌멩이를 던

지듯 문자를 보내는 앱이다. 이 돌멩이가 바로 욕인 것이다. "이런 십장생 넌 왜 그러니", "이 빵꾸똥꾸야", "나 대지 마!!", "염병을 하세요", "니미 씨부럴 잡것아!"처럼 욕설을 돌멩이로 미리 준비해 두고, 맞을 사람만 지정하여 던지기(문자로 보내기)만 하면 된다. 또 불특정 다수에게 던지기도 하는데 "시팔짱나", "개시팔", "씨발 기말 이틀 남았다", "좆같은 쌥년들 니 문디자슥 문디를 문디로 문디뽈까보다"처럼 쌍욕과 저주욕, 성과 관련된 욕들을 스스럼없이 해댄다.

<욕하는 고양이> 앱 시리즈는 청소년들의 호기심과 욕구 불만을 자극하고 있다. 전라도 사투리 욕, 강원도 사투리 욕, 경상도 사투리 욕 등 다양하게 동영상으로 만들어져 유튜브와 같은 동영상 공유 사이트에 널리 퍼지고 있다. 앱 마켓 리뷰에는 "은근 속 시원함", "가슴속에 응어리가 녹아내림", "칭구(친구) 뒷담화하니까 너무 재미있음"처럼 앱을 소개하고 있다.

<욕발사대> 앱은 욕하고 싶지만 뭔가 말이 안 떨어지는 사람을 위한 대리만족 앱으로 맺혀 있던 가슴이 한방에 쏘아버려 풀리는 것을 경험하고 있다고 안내하고 있다. 음성욕, 랜덤욕, 이미지욕, 병신 인증 메뉴로 구성되어 있으며, 수준 낮은 욕들이 생생한 음성이나 이미지와 함께 제공되고 있다. 이미지욕에서는 실제 똥 그림을 보여주고 "똥쳐먹어"라던가, 가운데 손가락을 세우고 "뻑큐" 음성을 발사하기도 한다. 음성욕에서는 "좆까 병신아", "엿먹어 씨발새끼야", "니미 개씹 좆까고 씨발 좆같은", "이 새끼 눈깔을 뽑아버려", "다 죽여버려"처럼 '개새끼', '병신', '씨발' 등 그야말로 공격적이고 파괴적인 쌍욕들을 욕발사대 위에 올려놓고 음성으로 발사하고 있다.

이러한 앱들은 기성세대보다 청소년들이 많이 사용하고 있으며,

욕설을 놀이화하고 있음을 보여준다. 휴대폰 및 스마트폰의 급격한 보급은 청소년들의 언어파괴를 부추기고 있다. 짧은 글을 서로 주고받는 문자메시지에서부터 스마트폰의 실시간 채팅 앱인 '카카오톡'에서처럼 짧은 문자를 마치 대화하듯 주고받는 과정에서는 빠른 문자입력을 요구하게 된다. 근본적으로는 자신의 감정을 빠르게 전달하고 쌍방향으로 문자를 주고받기 위해서는 아무래도 글자 수를 줄여 쓰는 경우가 많아 축약어가 많아지고 은어가 많아지며, 음운 탈락현상이 많아지며, 종성의 받침을 생략하는 등의 언어 파괴가 많이 이루어지고 있다. 또한 이모티콘이나 기타 외계어를 생산하여 언어활동을 유희화 하는 청소년들의 특성이 반영되면서 기성세대보다는 청소년층에서 언어의 파괴가 더욱 빠르게 진행되고 있다.

호이징가(Huizinga)의 유명한 저서 『호모루덴스(Homo Ludens)』는 모든 인간 문화는 놀이에서 비롯된다고 웅변하고 있다. 이런 관점에서 본다면 욕도 '언어의 놀이'에서 시작되었다는 것은 의심할 여지가 없다. '말장난'이 욕을 낳았다고 해도 과언이 아니다. 욕이 교훈과 장난기, 친숙함을 겸하고 있으면서 소리의 심미감과 '농지거리'를 겸하고 있다. 그래서 청소년들에게는 욕이 일종의 언어유희요 놀이라고 할 수 있다.

요즘은 빠른 정보화 사회니만큼 뭐라 할까? 정보화 사회에 맞는 개성 있는 것이 발견되기 마련이다. 통신언어에 대한 나의 생각은 물론 우리나라 말을 바꿔 사용한다는 그런 쪽에는 문제가 있을지 몰라도 개성적이고 센스 있게 보이게 된다. 물론 나도 통신을 사용하면서 그런 것을 많이 접해봤다. 만약에 유행어 사용을 금지한다면 채팅할 때나 메일을 주고받을 때 재미없어지지 않을까?? (minwoo63, 정민*)

통신을 몇 년째 하면서 통신언어뿐만 아니라 ㅡ"ㅡ 이런 문자와두 아주 친밀하답

현대인들이 사이버 공간에서 하는 욕설은 이제까지 해왔던 욕구
불만이나 억압된 감정을 표현하기 위한 수단이 아닌 것이 많다. 불
특정다수에게 자신의 감정을 여과 없이 배출하는 경우가 많다. 익명
성이라는 방패 아래 무슨 말을 하든지 상대방의 표정이나 기분을 읽
거나 알 수 없기에 죄책감을 덜 느끼며, 또한 남들과 다른 나만의 욕
을 하고 싶어 하며 일종의 유희적 활동이 가미되기 때문에 변형된
어휘의 욕들로 많이 표현되는 것 또한 사이버상의 욕의 양상이다.
이러한 현상은 긴 말을 짧게 만들어 경제적으로 사용하려는 자연스
런 현상 중의 하나이며, 신속하게 의사소통하기 위해 극단적으로 기
호화되는 것도 시대적 흐름이다. 또 청소년들의 자기들끼리만 통하
는 언어를 통해 기성세대와 차별화된 언어생활을 하고자 하는 욕구
의 반영이 특히 청소년들의 언어 변형 요인 중의 하나이다.

실시간 채팅, 카페, 포털 게시판, 휴대폰의 커뮤니케이션들은 네트
워크 기술의 발전으로 인하여 면대면을 뛰어 넘어 공간과 시간의 확
장을 가져왔다. 이에 따라 면대면에서 사용되는 욕들과 또 다른 특
징으로 사이버 공간에서 나타나게 되는 면도 있지만 결국 욕도 인간
의식의 반영이기 때문에 사이버 공간에서 욕도 그 이면에는 사람들
의 의식구조나 삶의 방식을 반영하게 된다. 카카오톡과 같은 휴대폰

실시간 채팅에서는 개인적인 대화가 많기 때문에 한국적인 정을 바탕으로 한 친밀감 있는 욕이 많이 사용되고 있으며, 포털 게시판과 같은 누구나 열람하고 볼 수 있는 공론의 장에서는 부당한 것에 대한 비판과 풍자성의 욕설들이 많이 보인다. 또 회원제로 운영되고 있는 욕 카페에서는 실시간 채팅에 비해 오랜 생각 끝에 나오는 욕들이기 때문에 한국적인 차별과 편견의 욕들이 은연중에 많이 나타나는 특징이 있다.

2. 영상 매체의 욕 양상과 특징

오늘날 다른 어떤 것보다 방송매체가 가지는 영향력은 크다.[153] 방송영상 매체가 사회의 언어를 반영하는 데 그치지 않고 사회 언어 생활을 좌우하기도 한다. 특히 방송영상 매체는 청소년들에게 많은 영향을 미치는데 코미디프로그램이나 인기 드라마의 유행어나 말투가 순식간에 퍼지는 사례에서 보듯 기성세대에 비해 청소년들은 모방심리가 강하여 쉽게 방송매체에서 사용하는 언어를 따라 하는 경향이 높다. 자기가 좋아하는 연예인들을 동경하고 모방하고 싶은 욕구가 강하기 때문에 이들이 출연하여 내뱉는 말 한 마디 한 마디는 동시에 많은 청소년들에게 영향력을 미치게 된다.

더욱이 방송매체는 공공성 때문에 보수적인 성격을 띠기도 하지만 유행에 민감하기도 한다. 시대가 흐를수록 자본주의 논리에 의해 시청률이 강조되면서 선정성이 짙은 연애·오락 프로그램이 늘어나면서 가볍고 억지웃음을 자아내는 천박한 프로그램을 양상하고 있다. 대표적인 예로는 체험 예능프로그램인데 이는 기존의 예능프로그램과는 달리 출연자가 실내 스튜디오가 아닌 야외에서 체험하며 진행하는 프로그램이다. 문제는 짜인 각본 없이 출연자의 즉흥적인 진행 위주로 함으로써 비속어나 모욕적인 표현, 차별적인 표현들이 쉽게 사용될 수밖에 없는 실정이다. 특히 이들 프로그램에 출연자들은 국민적 관심과 인기를 한 몸에 받고 있는 연예인들이며 동시에 주말 가족들이 함께 시청할 수 있는 황금시간대에 편성되기에 이들이 사용하는 언어는 더욱 파급력이 있다.

영상매체 속의 욕 양상과 특징을 알아보기 위해 TV, 영화, 기타 매체를 중심으로 욕 사용 양상과 특징을 구체적 사례 위주로 살펴보고자 한다.

TV에서 욕 사용 양상과 특징

방송3사에서 방영 중인 드라마와 청소년들에게 특히 인기 있는 리얼 예능프로그램(1박2일, 런닝맨, 무한도전 등)에서 걸러지지 않은 언어들이 그대로 방영되는 경우가 많다. 흥미와 재미를 위한 빈번한 욕설 사용은 청소년들에게 짧은 시간 엄청난 영향력을 미치는 것이 특징적이다. 특히 유행어를 만들어내는 코미디 프로그램(개그콘서트)은 전국적인 유행어를 만들고 유통시키고 있어 청소년에게 미치는 영향은 지대하다고 할 수 있다.

<표 3>에서 보는 바와 같이 2010년 공중파 방송 3사의 저품격 언어 사용 건수를 실태 조사[154]한 것에서도 많은 수의 차별적 표현, 인격 모독적 표현, 폭력적 표현, 비속어, 욕설 등이 조사되었다.

〈표 3〉 2010년 방송언어 실태 조사

(단위: 건)

방송사/장르	주말드라마 (4월 조사)	일일드라마 (5월 조사)	체험예능 (6월 조사)	일반예능 (7월 조사)	합계
KBS	235	61	140	165	601
MBC	84	70	423	183	760
SBS	110	48	281	279	718
합계	429	179	844	627	2,079

특히 생생한 현장과 웃음을 선사해야 하는 체험 예능프로그램에서 저품격 언어가 가장 많이 사용되고 있음을 알 수 있다. 이는 청소년들에게 인기 있는 유명 연예인들이 등장하여, 각종 유행어를 만들어내며, 청소년들이 시청하는 시간대에 편성되어서 더욱 크게 영향력을 미치고 있다. 또한 많은 시청률을 보이고 있는 '슈퍼스타 K'와 같은 경쟁형 프로그램에서 조차도 심사위원들의 독설적이고 상대방에 대한 배려심 없는 언어들이 그대로 방영됨으로써 청소년들에게 좋지 않은 영향을 미치고 있다.

방송위원회(2001)의 '급변하는 사회의 방송언어문화 향상 방안 연구'에서 1주일간 SBS TV 드라마, 오락프로그램 27개를 분석한 결과 모두 535건의 통신언어 유형의 방송언어가 발견되었다. "씨꺼서-씻어서(인포다큐 '아는 것이 힘이다')", "가뿔고-가버리고(휴먼TV 아름다운 세상)", "일루와-이리와(시트콤 '웬만해선 그들을 막을 수 없다')" 등 219건의 어휘형태 변형이 보고되었다. 이어 "맞짱", "돌탱이(드라마 '소문난 여자')", "오바한다(토요일은 즐거워)", "쌩쑈(드라마 '수호천사')" 등 비속어 사용이 173건이나 되었으며, "때매-때문에(드라마 '소문난 여자')" 등 축약도 71건이나 되었다. 방송매체에서 사용되는 언어는 청소년뿐만 아니라 전 국민에게 영향을 미치는 파급력이 있다.

한편으로 TV 매체는 국민들의 언어생활에 지대한 영향을 끼치는 동시에 언어 체계의 획일화를 가져올 수 있다. 유행어에 민감하게 반응하다 보면 자연히 언어의 다양성을 막게 되고 언어 체계의 획일화는 결국 정신문화의 풍요롭고 다양한 발전을 가로막는 걸림돌이 되기도 한다.[155)

공중파 TV 프로그램에서 욕 사용

공중파 TV 인기 프로그램에서 사용된 저품격 언어 사용들의 예이다.

"낫살이나 처먹어 갖고 그걸 어떻게 해." (수상한 삼형제 53회)
"애는 아파 누워 있는데 넌 그기 가서 자빠졌어?" (이웃집 웬수 9회)
"무슨 눈 뜨자마자 무슨 고기를 구워 처먹고 그게 들어가?" (1박2일)
"이것들이 지들끼리 떠들고 자빠졌어." (패밀리가 떴다 2)
"네 이년! 여기가 어디라고 감히 씨부리냐!" (해피 투게더 3)
"그냥 뭐 대기실 이렇게 기웃기웃 대 뭐 주서 처먹을 것 없나 하고" (강심장)
"장난 똥때리나/이거 확마 궁디를 주 차삐까?" (개그콘스트)
"건방 떨지마/똥·떵·어·리" (베토벤 바이러스)
"꺼져/죽을래?" (파스타)

(손범규(2010)에서 발췌)

손범규(2010)는 방송 3사의 2010년 4월 주말 드라마 24회분, 5월 일일드라마 59회분, 6월 체험 예능프로그램 11회분, 7월 일반 예능 프로그램 12회분을 성별, 연령, 지역, 인종, 민족, 장애인에 대한 차별적 표현에서부터 외모, 성격, 학력, 재력을 비하한 인격적 모독 표현, 폭력적인 표현, 욕설 등 저속한 방송 언어표현을 분석하였다. 주말드라마 429건, 일일드라마 179건, 체험 예능 프로그램 844건, 예능프로그램에서 627건의 비속적 방송언어 표현을 분석하였다. 방송 프로그램에서 1분에 1번 이상 저속한 표현들이 쓰이고 있음을 확인하였다. 주말드라마나 일일드라마는 방송의 공공성과 파급력을 감안할 때 심각성을 나타내며, 체험 예능프로그램은 주말 가족들이 함께 시청할 수 있는 시간대라는 점과 청소년들이 가장 좋아하는 프로그램이라는 점을 고려할 때 많은 저속한 표현들이 사용되고 있음은 심각한 문제이다. 특히 체험 예능프로그램은 구체적으로 짜인 각본 없이 출연자들의 즉흥적인 진행을 위주로 하다 보니 비속어가 많이 사용되고 자막에서도 비속어가 많이 사용되는 문제점을 보였다.

케이블 TV에서 욕 사용

인기 있는 개그 프로그램으로 케이블 채널 tvN에서 방영 중인 <코미디 빅리그>에서 사용된 저품격 언어 사용들의 예이다. 특정 부분에 강세를 주어서 욕설처럼 들리도록 하여 시청자들에게 재미와 웃음을 선사하고 있다. 언어의 변형과 문법파괴, 신종 유행어를 무차별적으로 생산하고 있다.

> "자리 주삼(자리 주세요)", "<u>시르다</u>(싫다)", "<u>조으다</u>(좋다)" (라이또 코너)
> "간디작살", "아저씨 같은 경우를 봤나", "아, 이런 <u>면죱</u> 같은 경우를 봤나", "안젤리나 <u>졸리</u> 짜증나", "<u>졸리</u> 안 쌕시해", "<u>마존나</u> 섹시해", "이런 <u>씰버벨</u>을 받나" (아메리카노 코너)
>
> (〈코미디 빅리그〉에서 발췌)

이런 인기 프로그램에서 생성되는 욕설들은 짧은 시간 전국적으로 유행하게 되며, 또한 자신들의 우상인 인기 연예인들이 내뱉는 언어는 청소년의 모방심리를 자극하여 자연스럽게 욕설을 배우게 된다.

JTBC 방송에서는 <현장박치기>라는 프로그램에서 '욕이란 무엇인가'라는 프로그램을 운영하였다. 3명의 욕쟁이 할머니들이 등장하여 욕과 관련된 구수한 내용으로 프로그램을 진행하였다. 그야말로 공개적으로 욕을 드러내놓고 이야기하고 있다.

한편 방송통신심의위원회(2009)도 2009년 5월 18~23일 지상파 방송 3사(KBS·MBC·SBS)가 방송한 아침드라마를 조사한 결과 3사 모두 빈번하게 욕설·비속어·저속한 표현을 사용하고 있다고 밝혔다. 3사 아침드라마 모두에서 '놈', '년', '새끼' 등 욕설이 되풀이돼 쓰이고 있으며, KBS2 아침 드라마 <장화홍련>에서는 '개새끼', MBC <하얀 거짓말>에서는 '발라먹을 수도 없구', '삼식이 쌈 싸먹는 소리', SBS <녹색마차>에서는 '변태 새끼', '개길래' 같은 욕설 표현이 그대로 방영되었으며, 심지어 '홀짝홀짝 받아 처먹고 가슴 좀 만진 것 갖구 왜 그래(녹색마차)' 같이 저속한 표현이 그대로 방영되었다.156) 특히 인터넷 게임, TV 시청, 그중에서도 게임 중계방송이나 오락방송의 잦은 시청이 청소년들의 욕설 사용 증가 요인이 될 수 있다.

요약하면 TV 속 욕은 영화나 다른 매체에 비해 욕 사용빈도는 덜하지만 한번 사용된 욕이나 유행어는 짧은 시간에 전파되는 특징을 가지고 있다. 어느 매체에 비해서도 청소년 언어생활에 영향을 많이 미치는 것이 TV프로그램이라고 할 수 있다. 뿐만 아니라 TV 속에 등장하는 인물들이 자신이 좋아하는 우상이 많기 때문에 더욱 모방하고 따르고 싶은 청소년들의 욕구가 반영되기 때문에 연예인들의 말 한 마디 영향은 지대하다고 할 수 있다. 특히 대본 없는 리얼 프로그램에서 자주 사용되는 상대방에 대한 비하, 비방, 차별적인 욕들은 시청자들에게 더욱 쉽게 각인되는 경우가 많다. 이는 비방과 멸시, 차별과 같은 사고들을 한국적인 욕설 속에 자연스럽게 안착시키는 결과를 가져오기도 한다.

영화 속에서 욕 사용 양상과 특징

영화는 등급제의 실시와 관람료를 지불해야 하는 특성상 TV 프로그램에 비해 노출되는 대상이 한정적이라 할 수 있다. 하지만 최근 들어 영화 판권을 구입한 공중파에서 반복해서 전파를 탐으로써 안방에서도 영화가 범람하고 있으며, 또 인터넷 다운로드를 통하여 청소년들에게도 무차별적으로 노출되고 있다.

뿐만 아니라 케이블 TV나 유선방송, IP TV를 통하여 등급제의 제한이 잘 지켜지지 않고 있으며, 안방에서 청소년관람외 등급 영화를 쉽게 시청할 수 있는 환경이다. 뿐만 아니라 욕설이 사용된 장면만 캡처하여 인터넷이나 스마트폰을 통해 누구나 언제라도 시청할 수 있게 됨으로써 점차 영화도 청소년의 언어생활에 많은 영향을 미치고 있다. 영화 <황산벌>(2003), <써니>(2011)의 욕하는 장면만이 그대로 캡처되어 인터넷에 유포되고 있다.

영화 <황산벌>에서 욕 사용

영화 황산벌에서는 질펀한 욕과 사투리가 더해져 한편으론 재미와 카타르시스를 제공해주기도 하지만 반복되는 욕설 사용은 관객들에게 무의식적으로 욕설 사용을 부추기는 원인이 되며, 특히나 청소년에게는 더욱 나쁜 영향을 미치게 된다.

19장면–백제군 목책 앞–낮(제1전 욕 싸움)

신라병사들: 워어~어, 워어~엇, 신 라 만 세, 신 라 만만 세!

신라병사3: 문디새끼들 밥 많이 처묵었나, 묵었으면 고마 나와서 한판 붙자카이!

백제병사2: 아그야, 자신 있으면 어여 이리 와보랑께! 나란히 선 신라병사들 주먹감자 먹이기, 무릎감자, 대가리감자를 먹인다.

백제병사1(거시기): 음마, 옘병하는 것 좀 보란께. 에라이 잡것들, 아직도 몸으로 욕하냐?!

백제병사1(거시기): 어메어메, 저거시 뭐시여? 저 저, 상려러 새끼들, 으……응뎅이를 까고 감자를 멕이다니!

신라병사1, 2, 3, 4, 5, 6: 칵 쌔리 삘라, 고마 쌔리박아 찡가뿔라, 얼반 직이뿌까? 문디 자슥들, 고마 칵 배리 빡에 공가삘라! 눈시깔에 먹물을 확 뽑아삘라!

(영화 〈황산벌〉 대본에서 발췌)

사실 영화 속에서는 코믹적인 요소로서 욕을 사용하고 있다. 하지만 욕의 남발은 영화에 몰입하는 많은 관객들에게 욕을 쉽게 전파하는 역할을 담당하게 된다. 특히 같은 영화를 보면 성장 세대들은 기성세대들에 비해 쉽게 욕을 받아들이는 특징이 있다. 나이가 어릴수록 등장하는 인물들이 사용하는 언어를 쉽게 모방하게 된다. 욕이 많이 사용되는 대중매체는 특히 청소년들에게 더욱 나쁜 영향을 미치게 된다.

영화 <공공의 적>에서 욕 사용

영화 <공공의 적> 첫 머리에서 주인공 형사가 자살한 동료를 보고 쏟아낸 욕설이다.

"야 이×팔, 야 이 ×팔 새끼야, 안 일어나, 야 이 개새끼야, 죽긴 왜 죽어 이 × 팔 놈아, 죽긴 개새끼야, 이 ×팔 ×팔, 병신 새끼, ×팔, ×팔놈, 죽긴 왜 죽어, 너 혼자 죽으면 다야, 이 ×팔놈아, 이 ×같은 새끼, 아이 ×팔."

(영화 〈공공의 적〉 대본에서 발췌)

1분 남짓 동안 '씨팔'을 7번, '새끼' 또는 '개새끼'를 5번, 그 밖에도 '×같은'과 '병신'이 1번씩이다. 이렇게 욕이 일상화된 주인공은 영화 내내 욕을 입에 달고 다녀 '씨팔'만 총 77번 등장한다. 이러한 영화가 케이블 TV를 통해 안방을 점령함으로써 바야흐로 욕의 전성시대를 이루고 있다.

영화에서 욕 사용

영화에 사용된 욕설들은 시청자들에게 사실감과 현장감, 재미를 선사하게 된다. 질펀한 욕설이 사용된 영화를 보고 나면 한편으론 시원한 해방감 같은 대리 만족감을 선사해 주기도 한다. 하지만 남발되는 욕설로 인해 성장세대나 기성세대들에게 언어생활에 나쁜 영향을 주는 것은 당연한 것이다.

▌눈깔 깔아 씹닭들아/너잖아 이 존만아/존나게 보고싶어요 (동갑내기과외하기, 2003)
▌아주 씨발 쳐 죽이고 싶어, 야 이 개새끼야, 어디에 짱박혀있냐고 18색히야 진짜. 이 새끼 졸라 겉늙었네~ 어? (시실리2km, 2004)
▌저 새끼가 돌았나 이 병신새끼 (해바라기, 2006)
▌똥도 묻었는데 씨발 새끼, 너 죽었다/매직이다 이 씹새야/니 좆까는 소리하지 마세요 (공공의 적, 2008)
▌웃지마 이 씨발놈아 턱주가리 빼버리기 전에 (영화는 영화다, 2008)

▌니 나이를 <u>똥구멍</u>으로 쳐묵나?/뭘 <u>째리보노</u>? 야이 <u>개라쓱아</u> (해운대, 2009)
▌그 더러운 <u>눈깔</u>로 보지말라/내 몬잡아 넣었으면 너그들 <u>존나게</u> 무능한거 아니가/
<u>나불거리다 뒤지고</u> 싶네. <u>아가리 닥치고</u> 있어라우 (무적자, 2010)
▌<u>똥싸는 시끼들</u> 다들으래이 또 도망치는 <u>새끼</u> 있으면 <u>내손에 뒤진다</u>/<u>지랄 육갑</u>하고
<u>지빠졌네 씨발</u>/<u>니기미뽕</u>이다 <u>씨발</u>/<u>눈깔</u>을 확 <u>해쳐불라</u>/성말들으라했지 <u>쌍놈무새끼</u>
<u>야</u> (평양성, 2010)
▌판검사 <u>똥구넌 핥아봐야</u> 스무바퀴야 이 <u>씹새끼야</u>/야이~ <u>개새끼야~~</u> (아저씨,
2010)
▌<u>존나</u> 카리스마 있어 그러니까 여자들이 <u>뻑이 가지</u> (불량남녀, 2010)
▌<u>아가리 닥쳐라이</u>, 야 <u>이씹새끼야</u>~ 들어와 밥쳐먹고 가/이런 <u>씨버럴</u>~ 앰병 이노
무 <u>주둥빡</u> 서방 알면 똘가상에 복숭을 훌투기다 하다가 벌집을 쑤셔가꼬 <u>대구빡</u>이
고 <u>낯빤대기</u>고 죄다 <u>쪼사버려</u> 주둥빡이라 허겄네~ 요새 난 또 미순 볼적에 내숭
까고 숭포떨어 가꾸선 장가들었다고 쩜쩜~허는디……? 대는 이어야 할거아녀?
<u>니미럴</u>~ (써니, 2011)
▌<u>니미</u>~ 씨부럴 앰병~<u>지랄</u>하고 짜바졌네 (위험한 상견례, 2011)
▌와~ <u>이새끼</u> 진짜 <u>또라이</u>고 이 이 예사 <u>또라이</u>가 아이네/이 <u>새끼</u>가 <u>바빠죽겠는데</u>
장난 치지말고 빨리 누군지 대 <u>이개노무 새끼</u>야 (퀵, 2011)
▌아이 <u>사내새끼</u>가 솔직하지 못하고 <u>존나 엉까고</u> 그래 (사랑이 무서워, 2011)

(영화 대본에서 발췌)

영화에서는 직설적 감정들을 사실감 있게 전달하기 위해 TV나 다
른 대중 매체에 비해 욕을 많이 사용한다. "똥 싸는 시끼들 다 들으
래이", "니기미뽕이다 씨발/눈깔을 확 해쳐불라/성말들으라했지 쌍
놈무새끼야", "대구빡이고 낯빤대기고 죄다 쪼사버려 주둥빡이라 허
겄네"처럼 욕설에 방언이 포함되기도 한다. 물론 방언 자체가 하나
의 욕설로 취급되지 않지만 다듬어지지 않은 자연 그대로의 언어이
므로 "똥구멍(똥구녁), 창자 빠진 놈(창시 빠진 놈)"처럼 표준어 욕설보다
토속적이고 정제되지 않는 욕설이 상대방을 비하하는 데 더 효과
적[157]이기 때문에 방언욕설을 사용하기도 한다.

<친구>(2001), <화산고>(2001), <두사부일체>(2001), <품행제

로>(2002), <말죽거리 잔혹사>(2004), <하류인생>(2004), <써니>(2011) 등으로 이어지는 학원폭력 영화의 유행과 더불어 공중파나 유선 채널을 통해 가정 깊숙이 파고들고 있다. '조폭' 등을 다룬 한국 영화가 급증하면서 판권을 사들인 지상파 방송사들이 욕으로 범벅이 된 이 영화들을 틀어대고 있기 때문이다. KBS, MBC, SBS 등은 자체 심의부를 설치하고 프로그램 사전심의를 하고 있지만, '흥행'과 '시청률'을 우선한 나머지 유명무실해지고 있다. 한때 유행이던 조직폭력배와 학원폭력을 다룬 영화들엔 '×까라', '니미', '×발' 등의 욕설이 수시로 등장한다. 이런 영화들이 영화관에서는 연령 제한 조치를 받는다 해도 인터넷을 통해 쉽게 접근할 뿐 아니라, 유선방송이나 네트워크 연결 방송(IP TV) 때문에 누구나 시청가능하게 되었다. 요즘 한국 영화에서 나오는 욕설들은 점점 대담해져서 이제 거칠 것이 없는 상태이다. 이런 영화를 보면 대중매체가 청소년 언어 오염의 주범158)이라는 사실을 분명하게 알 수 있다.

영화가 다루고 있는 소재나 내용에 따라 욕이나 비속어가 사용될 수 있음은 물론이다. 현실은 판타지가 아니라는 사실을 동의한다면, 우리가 살고 있는 삶 속에서 바른 말, 고운 말만 오고 갈 수는 없다는 것을 인정할 수 있기 때문이다. 하지만 입장료를 내고 자발적으로 입장하는 극장에서는 어느 정도 연령등급제를 실시하여 청소년들이 볼 수 없는 영화이지만, 극장 상영 이후 유선방송이나 지상파 TV를 통해 쏟아져 나오는 영화에서의 욕설은 모든 청소년들에게 영향을 미칠 수 있다. '방송언어'를 다루고 있는 방송심의규정 52조3항이 "바른 언어생활을 해치는 억양, 어조 및 비속어, 은어, 유행어, 조어, 반말 등을 방송에서 사용해서는 아니 된다"고 정해놓고 있음은 그 때문이다.

무분별하게 생산되는 욕설이 포함된 콘텐츠의 생산과 유통은 청소년의 건전한 언어활동에 악영향을 미치는 것은 당연한 결과라고 생각된다. 또한 욕설이 자주 사용된 영화의 장면만을 모아 유튜브와 같은 동영상 사이트에서 공유하거나 스마트폰 앱으로 개발되어 유포됨으로써 청소년에게 더욱 파급력을 가지게 되었다. 다소 과장되고 자극적인 장면만을 모아 공유하고, 유명 연예인들의 욕하는 모습의 모방은 청소년의 욕하고자 하는 모방심리를 자극하게 된다. 재미로 접하는 이러한 욕설이 사용된 영화콘텐츠는 반복해서 시청하게 되며, 쉽게 옆 동료들과 공유하게 된다. 자극적인 감각을 찾기 쉬운 이들에게 이것은 재미있는 관심거리가 되고 자신도 모르게 서서히 내면화된다.

기타 매체에서 욕 사용 양상과 특징

유튜브 동영상 공유 사이트에는 많은 욕의 종류들이 올라온다. 스마트폰에서 말을 따라 하는 고양이 앱을 응용하여 욕하는 고양이를 동영상으로 만들어 유포하기도 하고, 욕하는 애니메이션을 만들어 카페나 게시판에 공유하기도 하며, 일부 예술 작품 속에서도 욕이 등장하고 있다. 포스트모더니즘의 문화적 현상으로 다양한 문화의 수용 분위기는 여러 분야에서 이제까지 등한시되었던 욕이 점차 공론화되고 있음을 보여주고 있다.

대중가요에서 욕 사용

3인조 인기그룹 'DJ DOC'가 경찰과 공권력을 비하하고 조롱하는 내용의 5집 앨범 중 가사의 일부분이다. 또 주로 욕이 사용되고 있는 부분은 4번째 곡인 '핵폭탄 투하'와 5번째 곡 '포졸이'이다.

> "이것 봐, 포졸이! 내 말 좀 들어봐!"
> "새가 날아든다 웬갓 짭새가 날아든다."
> "문제야 문제, ×같은 짭새와 꼰대가 문제. 민중의 지팡이, 흥×까라."
> "일부 쓰레기 같은 양심에 털난 포졸이"
> "× 같은 짭새와 꼰대가 문제"
> "너네 짭새들의 × 같은 총소리"
>
> (동아일보, 2000.5.17)

위와 같은 욕설 표현이 여과 없이 빠른 랩으로 전달된다. 경찰들의 추격 장면을 '인간사냥'이나 '서바이벌 게임'으로 묘사했는가 하면 '살벌한 조폭'들과 '형님 동생' 하면서 뒤를 봐주고 돈을 받는다는 내용도 들어 있다.

청소년들의 우상인 인기 연예인들이 이와 같은 욕설을 노래를 통해 전파함으로써 청소년들은 더욱 쉽게 욕을 접하고 모방하며 실제로 활용할 수 있게 된다.

라디오에서 욕 사용

TV나 인터넷의 영상매체의 발달로 말미암아 음성위주의 라디오의 영향력은 점점 줄어드는 듯하였다. 그러나 아직도 여전히 음성위주인 라디오의 위력은 대중에게 영향력이 대단하다. 휴대성이 간편하고 또 최근에는 보이는 라디오와 결합되면서 음성만의 영향력이 아니라 인터넷과 결합되면서 발전하고 있다. 라디오 애청자가 아직도 많이 있어 언어생활 영향력이 크다고 할 수 있다.

아이~씨바~/쫄지마/10쇄

(나는 꼼수다)

최근 많은 사람들로부터 주목을 받고 있는 라디오 프로그램 '나꼼수'이다. 예리한 비판과 더불어 욕설도 같이 난무하고 있다. 일부에서는 개그콘서트보다 재미있고, 시원한 면이 있다고도 하며, 일부에서는 비판하는 쪽도 있다. 욕이 사용된 대중매체가 별로 없기에 더욱 사회적으로 관심을 받게 되었다. 직설적인 표현으로 카타르시스를 가져다주기도 하고, 사회를 비판하기도 하며, 우리 사회의 기존 언론매체에서 부족한 점을 보완해 준다고 주장하는 이들도 있다.

출판물에서 욕 사용

각종 출판물에서도 욕이 등장하게 되었다. 암울했던 군사독제시절을 검열을 통해 철저하게 차단되었던 출판물들은 문민정부 이후 출판물의 자유화는 이제까지 눌려 지냈던 대중들의 목소리가 봇물처럼 떠졌다. 김영승 시인의 '미친 놈' 이야기의 내용이다.

사람들 암수 밤나 <u>씨패</u> 그러구도 날더러 씨프팔 <u>노미래</u>
수가락 꽉 지고 나 밥 머거 술만 마셔
난 우럼만 나보고 <u>주그래</u> 밥 업써서 감자 머것써
<u>그 누나 거는 되게 커 카매 무셔 그거 존나게 바빠 비싸</u>
<u>그 소게서 김치 담구고 달걀 삼고 고구마 찌고 그래</u>
난 그 누나만 사랑하는데
그 누난 이놈 저놈 안 미친 애덜하고 <u>빨개 벗고 놀려구만 그래</u>
<u>궁뎅이 돌리고 자지 빠는 것 나봐써</u>
왜들 울지 개구리소리 개굴개굴 ……

김영승(1994), '몸 하나의 사랑'

욕으로만 그냥 넘길 수 없는 미친놈, 내가 내뱉는 미친놈은 나 역시 미친놈이요, 너 역시 미친놈이며, 우리 모두 미친놈이라는 쓸쓸한 현실을 역설적으로 보여주고 있다. 그래서 아픔은 아픔이고 슬픔은 슬픔이고 그리고 기쁨은 기쁨임을 솔직하게 보여주고 있다. 문학 작품 속에서 욕이 등장함으로써 적나라한 우리의 모습, 현실을 역설적으로 보여주는 도구로 사용되고 있다.

요약하면 영상 매체 욕의 특징은 많은 사람들에게 노출되기 때문에 여기에서 생성되는 욕설들은 짧은 시간 전국적으로 유행하게 되며, 파급력이 크다는 것이다. 요즘 인기 있는 리얼리티 TV 오락프로그램이나, 일부 영화 속에서 욕들이 남발되고 있다. 청소년들의 우상인 인기 연예인들이 내뱉는 욕설은 청소년의 모방심리를 자극하여 자연스럽게 욕설을 배우게 되며, 욕설을 사용하면서도 양심의 가책을 느끼지 못하게 된다. 그만큼 대중매체에서 사용하는 욕설은 일반인들보다 청소년들이 민감하게 받아들이고 쉽게 따라 하는 경향이 많다는 것이다.

3. 성장 세대의 욕 양상과 특징

청소년들의 언어사용에 대한 우려의 목소리가 점점 높아지고 있다. 심한 욕설과 비속어, 외계어 및 유행어, 은어 사용 등이 청소년들의 전형적인 의사소통 방법이자 고유한 문화처럼 인식되고 있다. 욕설의 사용은 이제 청소년들의 언어생활의 한 부분으로 자리 잡았다. 문제의 심각성은 욕설 사용이 옛날처럼 일부 특정 불량 청소년이나 문제아들에서만 나타나는 게 아니라는 것이다. 공부도 잘하고, 인기도 있으며, 모범생들뿐만 아니라 여학생들에게도 광범위하게 사용되고 있다는 점이다. 소수 학생의 전유물이 아니라 다수의 학생들이 문제의식을 느끼지 못하고 보편적으로 사용하는 '일상 생활어'나 '습관어'가 되고 있다.[159] 심한 욕을 아무렇지도 않게 토해내는 청소년들이나 그 욕을 듣고도 반발감이나 다른 특별한 반응이 없는 아이들을 보면 그 욕 자체가 이들에게는 정말 기분이 상하여서, 시비가 붙어서, 무언가 상대방을 질타하기 위하여 하는 욕이 아닌 일상 언어의 한가지로 사용되고 있다.

한국 사회에서 욕설이 일반화된 것은 방송언어, 영화, 대중매체나 인터넷의 영향이 더욱 확대되었기 때문이다. 특히 청소년들에게는 조직폭력배를 다룬 영화(친구, 화산고, 가문의 영광 등), 체험예능프로그램(1박2일, 무한도전 등), 인터넷 대중화에 힘입어 욕이 일반화되었다고 할 수 있다.

일반적으로 유아기 때 욕을 배우기 시작하여, 청소년 시기에 욕을 가장 많이 사용한다. 아마도 이는 감정적으로 질풍노도의 시기인 만큼 감정 조절이 어렵고, 기성세대에 대한 불만이 많으며, 학업에 대한 스트레스, 권위와 체재에 대한 반발심의 표현이라고 보이며, 새로운 것에 대한 끊임없는 호기심이 새로운 유희적 말들을 끊임없이 만들어내는 시기이기 때문이다.

EBS다큐프라임(2011)에 의하면 욕을 잘하는 것이 자신의 존재감을 확인하고, 친구들 사이에 은밀한 권위의 상징이라는 것이다. 심지어는 욕을 잘하지 못하면 왕따가 되거나 청소년들의 은어로 '찌질이'로 취급되는 경우도 있다고 하였다.

장경희(2010)는 '청소년 언어사용 실태조사 연구'에서 청소년 언어 사용 실태에 직간접적으로 영향을 미치는 요인들로 가족관계, 여가 활용 방식, 학교 교육 여부 등이 욕설(비속어) 사용 빈도와 상관성을 보였으며, 부모가 지나치게 방임적이거나 강압적일 때 욕설 사용이 증가하였으며, 부모가 민주적이며 가족 간 대화를 자주 할 때 욕설 사용이 감소하는 것으로 나타났다. 그리고 독서, 학교에서의 바른말 사용 교육이 비속어 사용의 억제 요인으로 작용한다고 밝히고 있다.

청소년들의 욕 양상과 특징을 알아보기 위해 청소년들이 생활을 가장 많이 하는 학교와 욕을 가장 많이 또 쉽게 사용하는 pc방, 기타 장소에서 구체적 사례 위주로 청소년들의 욕 사용 실태와 특징을 알아보려고 한다.

학교에서 욕 사용 양상과 특징

청소년들이 하루 중 가장 많은 시간을 보내는 곳이 학교이다. 같은 또래의 동료들이 많이 생활하고 있어서 금방 욕설을 배우기도 쉬운 환경이지만 그래도 다른 장소에서 비하면 욕설을 덜 사용하는 분위기가 조성된 곳이기도 하다. 학교에서도 여러 가지 방법으로 욕설을 최소화하기 위해 노력하고 있지만 급격하게 학교현장에서도 청소년들의 욕은 확산되고 있다.

수업시간과 쉬는 시간 욕 사용

경기도의 D 중학교와 고등학교, 서울의 한 중학교 수업시간과 쉬는 시간에 일어난 일이 기사화된 것이다. 욕설이 일상화되었으며, 아무런 죄의식 없이 습관적으로 내뱉는 것처럼 보인다.

경기도 D 중학교에서 수업시간에 다른 과목 숙제를 하는 학생에게
교사: 수업에 집중해라.
학생: 야, X팔, O나 짜증나게 해.
경기도의 한 고등학교 교사도 어이없는 경험을 했다.
학생들: 야, 저기 애바쌤 온다. 가자, 가자.
교사: 요즘 학생들은 자기들 끼리뿐 아니라 교사들과 이야기할 때도 조낸(매우), 쩐대(어떤 상황이 매우 대단하다) 같은 이상한 말을 아무렇지도 않게 사용한다.

(조선일보, 2011.5.26 발췌)

서울 B 중학교 3학년 교실 쉬는 시간 남학생들이 모여 '콩쥐와 팥쥐 중 누가 나쁜 사람인가'에 대한 논쟁이 한창이다.
학생1: 콩쥐가 더 나쁘다.
학생2: 팥쥐가 당연히 나쁘다.

학생1: <u>아, 미친 ××야.</u> 콩쥐가 나쁘다고~.
학생2: <u>×발 ×새야.</u> 프라이팬에 볶아먹을 ×. 닥쳐 ××. 몸에 사는 기생충만
       도 못한 ×아. <u>××럴. ××새끼</u>
학생1: <u>니 얼굴에 ×이나 칠해.</u> ○○이 ×에 머리 처박을 놈아.

(동아일보, 2010.9.7 발췌)

여기서 애바는 애벌레, 바퀴벌레, 얼간이, 오버하는 사람 등 나쁜 뜻으로 학생들 사이에 쓰이는 은어다. 청소년들이 자기 또래의 친구들 사이에서뿐만 아니라 선생님 앞에서도 거리낌 없이 욕설을 뱉고 있다. 학교 현장에서 욕은 일반화되어 교사들조차 어떻게 지도해야 할지 난감해하고 있다. 일부 문제아들만 사용하는 욕이 아니라 일명 모범생이라는 학생들까지 누구나 일반적으로 사용하는 일상어가 되어버린 것이다. 양명희[160]는 청소년들이 욕설을 하게 되는 가장 큰 이유는 습관이 되어서(25.7%), 남들이 사용하니까(18.2%), 말로 스트레스를 풀기 위해서(17.0%), 친구끼리 친근감을 나타내기 위해서(16.7%)이다. 이와 같은 결과는 청소년들이 욕설을 사용하게 되는 가장 주된 이유가 '습관적으로' 또는 '입에 붙어서'라고 할 수 있다. 그래서 누구나 자연스럽게 욕을 하게 되는 분위기이다. 한국교총(2009)이 전국 초·중·고 교사 512명을 대상으로 조사한 결과에 따르면, 교사의 75%가 "학생들이 대화에서 쓰는 문장 중 욕설·비속어가 들어간 것이 절반은 된다"고 답했다. 학생들 대화에 섞인 욕설·비속어 사용 비율이 50~70%에 달한다는 교사들도 20%나 됐고, 교사의 92%는 과거에 비해 학생들 욕설이나 비속어 사용 빈도가 높아졌다고 답했다.[161] 이처럼 학교 현장에서 욕은 점점 증가하는 추세이다.

청소년들은 욕설이 더 이상 '남의 인격을 무시하는 모욕적인 말, 또는 남을 저주하는 말'이 아니라고 생각한다. 그저 생활습관 또는 놀이문화에 불과하다고 여긴다. 대화 중에 욕설을 사용하지 않는 청소년은 당장 친구들로부터 따돌림을 받는다. '혼자 착한 척해서 재수 없다', '말하는 게 재미없어서 어울리기 싫다'는 평가를 받는 게 현실이다.

과거에는 거친 욕설을 하는 청소년은 문제가 있는 경우로 여겨졌지만, 요즘 청소년들은 학교에서조차 성별이나 성적, 생활태도에 상관없이 욕설을 자주 한다. 욕을 하는 아이나 듣는 아이나 얼굴 표정 하나 변하지 않고 자연스럽게 대화를 이어나가는 것을 보면 뜻도 제대로 모를 뿐더러 욕설을 하면 왜 안 되는지조차 전혀 인식하지 못하고 있음을 알 수 있다.

청소년들은 욕을 모방심리와 습관에 의해 자신도 모르게 사용한다. 학교생활 중 동료나 선생님, 대중매체 혹은 사이버 세계 속에서 듣거나 접했던 욕설에 대한 모방심리가 작동하여 은연중에 욕설을 사용하게 된다. 뜻을 모르고 욕이라는 사실조차 모르면서 사용하고 있다.[162]

청소년들의 발달 특성상 호기심이 강하고 새로운 것에 대한 흥미와 관심, 모방심리가 강하다. 그러나 그들은 입시란 제도적 구속과 미성년자란 사회적 규정 속에서 그들의 관심과 흥미, 자율적 판단이나 선택이 상당부분 억제 당한다. 그러한 구속과 억제는 자연스럽게 불만과 스트레스를 가중시키고, 현실에 대한 도전과 저항으로서 청소년들의 욕설에 대한 모방심리를 더욱 자극하는 것으로 짐작된다.

학교 화장실에서 욕 사용

쉬는 시간에 교실에서 4명의 여학생들이 모여 화장실에서 있었던
이야기를 하고 있다.

> A: 나…… <u>존나</u> 떨려가지고, 어떡하지? 우리 <u>좆됐다</u>. 어떡해…… 그래서 너네
> 빨리 셋 셀 동안 안 나오면 물 뿌린다. 막 이러는 거야. 그래서 <u>존나</u> 떨려 갖
> 고 있었는데…… 우리 옆 칸 애들이 다행이 나간거야…… 근데 <u>걔네들은</u> 폈
> 어. 딱 나갔어. 그랬드니 너네 담배 폈지? 너네 왜 둘이 나와. 어쭈, 둘이∼
> 이러면서 막 그러는 거야. 이제 우리 죽었다. 그리고 있는데 지선이가,
> B: (가로채며) <u>미친년∼</u>. 으하하하하하하.
> A: 아∼ 왜 그래…….
> B: <u>미친년아</u>, <u>몬데</u>……, (떠드는 소리, 시끌벅적)
> C: 이거 <u>모야</u>…… 이거 나와, 안 나와? 누구꺼야?
> B: 내꺼∼. 아 뭐야…… <u>씨발</u>.
> D: 야, <u>임빠∼</u>.
>
> (조향, 2003)

모든 문장에 욕이 사용되지 않은 문장이 없다. 심각한 욕 사용실태
의 현장이라고 할 수 있다. 한 연구에서는 서울 경기지역 초·중·고
8개 학교에서 432건의 학교 현장에서의 일상생활 녹음 자료를 분석
한 결과 욕설·유행어·은어를 사용하는 비율은 총 어절 수 대비 평
균 약 5% 정도로 나타났다[163]고 보고하고 있다.

또 양명희 외(2010)의 '학교생활에서의 욕설 사용실태 및 순화대
책' 보고서에 따르면 서울·전남·충남 초·중·고생 1,260명을 조
사한 결과 학생들이 주로 쓰는 욕설은 복수응답 조사 결과 '씨
발'(20.0%), '병신'(15.8%), '개새끼'(12.2%), '미친놈'(9.9%) 순으로
조사됐다. 학교에서 쉬는 시간 청소년들의 욕설 속에는 이들 욕설이

자연스럽게 입에 오르내리고 있다. 성적인 욕설인 '씨발'류 욕설을 가장 많이 사용하고 있으며, 이외에도 장애 및 능력의 차별 욕설인 '병신'류 욕설을 많이 사용하고 있다. 이는 학교 현장이 경쟁을 조장하고 상대방에 대한 배려와 존중정신이 등한시되었기 때문이다.

학교 내 여대생 욕 사용

몇 년 전 각종 인터넷 포털 게시판은 '패륜 여대생' 파문으로 시끄러웠다. K대 여학생이 이 학교 여성 환경미화원에게 화장실에서 세면대의 우유팩을 가리키며 "아줌마, 이거 치워요. 이거 왜 안 치워?"라고 내용물이 들어 있어 주인이 있는 것인 줄 알았다고 대답하자 여학생은 "아줌마가 하는 일이 뭐예요? 이런 거 치우는 일이잖아요. XX 재수 없네"라며 나가버렸고, 환경미화원이 사과를 받기 위해 여학생 휴게실로 찾아가자 여학생은 어머니뻘 되는 미화원에게 다음과 같은 욕설을 쏟아 부었다고 한다.

이X이 진짜 맞고 싶나?
니가 싸이코지, 못 꺼져?
미친 X아, 이거 치우고 꺼져, XXX아.

(조선일보, 2010.5.18)

이 장면이 동영상으로 인터넷에 유포됨으로써 사회문제로 비하되어 결국 대통령까지 나서게 되어 청소년 언어순화 운동을 벌이게 되었다. 자신과 특별하게 연관이 없고 사소한 일에 화를 주체하지 못하고 공격적인 욕설을 퍼붓고 있다. 자신의 자존심이나 약점(스티그마)에 손상이 생겼을 때는 대상을 가리지 않고 거침없는 욕설을 내뱉는다. 공격적 성향이 높은 악담과 저주의 쌍욕을 상황에 맞지 않게 거리낌 없이 마구 사용하고 있다. 어머니뻘 되는 청소부 아주머니에게 '맞고 싶나?' 같은 모욕적인 언사와 '사이코다', '미친년이다'와 같은 거침없는 언사를 주체하지 못하고 쏟아내고 있다.

요즘 성장 세대들은 수직적 인간관계에 부정적이며(회사에서 팀제 운영, 지하철에서 할아버지에게 욕하는 청소년), 직위의 높낮음이나 나이의 많고 적음이 그들에게는 기성세대에 비해 의미가 덜 하다. 이러한 원인으로 인해 위 사례처럼 자신의 감정을 일방적으로 누구에게나 대상을 가리지 않고 분출하고 있는 것이다.

한편으로는 이러한 상황이 있는 자체만의 문제로만 보기보다는 이러한 상황이 악화되기까지 오래전부터 해소되지 못한 여러 갈등과 불만이 쌓이고 쌓여서 그 순간에 표출된 결과물이라는 점이다. 이런 감정의 폭발은 억제된 상태로 언제 표출될지 모르는 감정의 시한폭탄을 안고 사는 현대인들에게 많다는 것이다. 성장세대뿐만 아니라 무례하게 행동하는 사람들의 마음속의 내면에는 상황과 관련이 있거나 또는 관련이 없더라도 복잡하고 힘겨운 갈등과 불안, 불만이 마음속에 가득 차 있다는 것이다. 힘겹게 도덕성과 이성의 힘으로 지켜왔던 것이 한순간 불씨를 점화시킴으로써 감정이 폭발하고 순간적으로 이성을 잃는 것이다. 그 속에는 언제나 욕이 함께하였던 것이다. 갈등과 불안이 극도로 쌓인 현대인들에게 욕은 언제나 함께 곁에 머물 수밖에 없는 것이다.

쉬는 시간 욕 사용

　다음은 고등학교 1학년 여학생들의 쉬는 시간 대화 내용이다. 욕으로 시작해서 욕으로 끝나며, 자신의 감정을 표현할 수 있는 방법조차 모르는 것 같다.

학생1: 씨발새끼야. 존나 깝쳐. 이 씨발! 엉덩이 씨발. 존나 큰 새끼가 씨발.
학생2: 야 ○○이 엉덩이. 씨발. 섹시한가야. 그게에!
학생1: 씨발 지가. 지가 가수인지 알아요. 개쌔끼가.
학생2: 이빨 닦으러 가자.
학생1: 엠창 나도 같이 가. 야 들어 씨발년아.

(장경희, 2010)

　청소년은 욕설로는 '존나, 씨발, 새끼, 개-, 병신, 개새끼, 꺼지다, 쪽팔린다, 미친, 쩔다, 헐, 짱, 완전대박, 엠창' 등을 많이 사용하며, '존나, 개-, 대박, 짱' 등의 단어들이 정도 부사 기능으로 활발하게 사용되고 있다. 또한 '헐-, 미친-, 씨-, 씨발-, 지랄-' 등은 모두 감정을 표현하는 것들로 감탄사처럼 쓰이고 있다.[164] 특히 '헐'은 언어의 단순화를 초래한다.[165] 언어의 단순화는 정교하고 정확한 의사소통의 방해요인이 될 수 있다. 이는 대체로 놀랍거나 당황했을 때 나오는 감탄사 수준으로 쓰일 수 있지만 자신의 특별한 감정을 표현하지 못하는 감탄사로서 듣는 사람으로 하여금 생각이나 감정을 전혀 짐작할 수 없게 만든다. 따라서 이후 대화의 단절을 야기하게 된다. '헐'이라는 말을 듣고 나면 이후 아무 말도 덧붙이기 힘들게 된다. 듣는 이로 하여금 대화의 지속성을 떨어뜨리며, 감정을 상하게 할 수 있는 말이 되는 것이다.

욕설은 상대방의 기분을 약간 상하게 하는 수준에서부터 자존감이나 체면을 심하게 훼손하는 수준까지 강도가 다를 수 있다. 한 연구에서는 학생들이 사용하는 가장 거친 5단계 강도의 욕설은 '씨발, 씨발새끼, 좆, 좆밥, 좆같다, 좆까다, 좆되다, 좆같은 새끼, 좆만하다, 씹, 씹새끼, 빡큐, 고자새끼, 보지, 뒤치다/엄창, 슈퍼엠창, 니메미, 호로, 호로새끼'와 같이 대부분 성과 관련된 것이 대부분이고 하나의 형태가 아닌 욕설로 둘 이상 결합된 것, 부모와 관련한 성적 표현들이 있다. 4단계 강도로는 성적 표현에서 나온 '존나'가 다른 욕설에 비해 많이 사용되고 있으며, '병신, 지랄, 미친새끼, 찐따, 개놈, 거지새끼/깝싸다, 쌩까다, 빡치다, 닥치다, 짜지다' 등과 같이 상대방의 정신적, 신체적 훼손에 대한 표현, 존재감이나 자존심을 훼손하는 표현이 있다. 3단계 강도로는 '구라, 깝치다, 개, 까이다, 호구, 따라, 쓰레기, 개, 미친, 마빡, 야마, 등신' 등과 같이 형태도 비교적 단순해지고, 내용도 신체를 속되게 표현하거나 비유적인 것들이 많다. 2단계 강도에서는 '새끼'가 자주 사용되며, '이빨, 대가리, 뚱땡이, 씹다, 구리다'와 같이 신체나 행위에 대해 속되게 표현하는 것들이 많다. 1단계 강도로는 가장 강도가 약한 것으로 '여드름쟁이, 짱구, 하이바, 쪽팔리다, 맞장뜨다'와 같이 외모에 대한 약점이나 행위를 속되게 표현하는 것들이 많다.[166]

청소년들은 욕의 의미를 알지 못하고 단지 습관처럼 감탄사로 조사로 사용될 뿐이다. 친밀감을 확인하고 싶은 심리가 반영되어 있으며, 욕을 듣고도 아무렇지 않게 생각하고 있다. 욕이 욕으로서 기능하지 못하고 무의식적이고 습관적으로 사용하고 있는 특징을 알 수 있다.

학교 내 하루 일과 중 욕 사용

교과부가 학생들의 언어문화 개선을 위해 제작한 다큐멘터리에서 고등학생과 중학생 4명의 학교 내 하루 일과를 관찰한 내용에서 사용하는 욕설이다.

> 씨발 뭐 하냐? 돼지 새끼야. 까불지마. 나대지마. 병신 새끼야.
> 지랄하지마 병신.
>
> (EBS, 2011.10.3. 다큐프라임에서 발췌)

중학생 2명과 고등학생 2명에게 소형 녹음기를 지니게 하고 등교 이후 점심시간까지 4시간 동안의 주고받는 대화를 녹음했더니 한 명당 평균 75초에 한 번 꼴, 한 시간에 49차례나 욕설을 한 것으로 나타났다.[167] 물론 욕을 많이 하는 사례를 취재한 것이지만 이미 학교 현장에서조차 욕설이 난무하고 있음을 보여주고 있다. 쉬는 시간이면 교실과 복도에서 욕설이 난무한다. 사용하는 쪽도 듣는 쪽도 점점 감각이 무뎌가고 있다. 그래서 교과부에서는 욕설이 심한 학생들은 학교생활기록부 비교과 영역에 기록하고 입시 과정의 학교장 추천 대상에서 제외해 상급학교 진학 시 불이익을 주도록 하는 대책까지 등장하게 되었다.

욕설을 쓰는 이유도 EBS다큐프라임(2011.10.3)에서는 대부분 남들이 다 쓰니까, 스트레스 해소, 친근감, 습관 때문이라는 답변이었으며, 케네스 쇼어(Kenneth Shore)는 주목받고 싶어서, 선생님이나 급우들의 관심을 끌기 위해서, 또래들에게 강한 인상을 남긴 후 그들로부터 인정을 받고 싶어서, 분노가 치밀어 오르고 스트레스 또는 좌절감 때문에, 잘못을 저지른 후 선생님의 꾸중을 피하기 위해, 또 자신을 지배하려 하거나 상처를 준 아이에게 복수를 위해 욕을 한다[168]고 제시하였다.

남녀 공학이 늘어나면서 여학생들이 남학생에게 뒤지지 않고 기죽지 않으려고 맞서서 욕을 많이 하는 경향도 있으며, 경쟁에 내몰린 학생들이 가정에서의 교육 부재와 교육 이전에 이미 인터넷과 매체에 과다 노출된 것, 어른들의 욕 문화들이 청소년들의 욕 사용을 부추기고 있다. 시험에 대한 중압감과 불안한 심리상태의 반영이 곧 욕으로 나타나게 된 것이다.

다시 말해 우리나라 청소년들은 가정에서는 부모, 자식 간의 대화가 단절되고, 성적을 강조하는 입시교육 위주의 학교생활에서 받게 되는 상처와 스트레스,[169] 인터넷과 영화, 대중매체가 언어 파괴를 부채질하여 욕설을 많이 사용하는 것이다.

작문 속에서 욕 사용

다음은 장경희(2010)의 '청소년 언어실태 조사' 연구에서 수도권 초·중·고등학생 600명의 글말에서 자료수집의 부록 부분에 전사 내용을 발췌한 것이다.

먼저 욕의 남발이 심히 우려되는 작문들이다. 저주와 악담의 쌍욕
에서부터 비아냥거림과 조소의 방귀욕이 대부분이며, 긍정적인 요소
가 있는 애칭과 유희의 익살욕과 꾸지람과 차별의 채찍욕은 찾아볼
수 없다. 문장의 절반 정도가 온통 욕설이며, 특히 초등학생 작문은
전반적으로 무슨 이야기를 하고 있는지 알 수 없을 정도로 온통 험
구성 높은 욕설뿐이다. 사실 공식 글로 표현되는 글쓰기에서는 욕이
잘 나타나지 않는 경향이 있지만 이처럼 문어에서 구어처럼 욕설이
난무하고 있다는 것은 청소년들의 욕 사용 실태가 심각함을 보여주

고 있다.

여성가족부(2011) 조사에 따르면 우리나라 청소년의 73.4%가 매일 욕설을 한 마디 이상씩 한다고 한다. 청소년들의 절반은 욕설을 습관적으로 하는데 실제 그 욕설이 어떤 의미인지를 아는 경우는 27%에 불과하다고 한다. 뜻도 모른 채 상스러운 욕설을 일상화하고 있는 것이다. 왜 이처럼 청소년들은 욕을 할까? 여러 가지 이유가 있겠지만 한 연구에서는 청소년을 억압하는 현대사회의 구조적 모순이 욕설을 조장하고 강화한다[170]는 연구 보고를 제시하고 있다. 입시 위주의 파행적 교육제도나 취업난과 같은 구조적 문제들로 인해 어린 시절부터 계속적인 억압과 스트레스를 받을 수밖에 없는 사회적 환경이 청소년들에게 욕을 할 수밖에 없는 구조를 만들지 않았을까?

특히 구어에서 자주 사용되는 욕설이 문어에서도 그대로 드러나는 문제이다. 심지어 시험 답안이나 서술형 평가 문장에서 자주 등장하기도 한다. 글말의 특성상 욕설 사용이 제한적일 수밖에 없으나 일상화된 욕설 사용이 글말 속에서도 점점 심각하게 나타나고 있다.

청소년들은 스트레스가 풀리고 친구들끼리 재미를 느낀다는 이유로 학교에서조차 욕설을 자연스럽게 사용하고 있다. 바른 말을 쓰던 친구들도 거친 말을 쓰는 친구에 대한 대응 표현으로 욕설을 사용하고, 욕설을 자주 쓰는 또래 집단에 속하기 위해 간접적으로 배우게 된다. 욕설의 사용은 청소년들의 감정과 심리 정서를 반영한다. 이들의 심리적 상처의 작동이 욕설 언어로 드러나는 경우가 많다.[171] 특히 그들의 스트레스 상황을 주목해야 하는데, 스트레스가 주는 억압적 정서와 감정이 공격성의 표출로 나타나고, 그 결과 주변의 평

가와 인정이 낮아지고, 그것이 다시 낮은 자존감과 열등감으로 이어
지는데 이러한 순환의 매 고리마다 욕설 사용이 늘어나는 경향을 보
인다.

청소년들의 무분별한 폭력적인 욕의 사용은 스트레스 호르몬을
증가시켜 두뇌나 신체에도 부정적인 영향을 끼친다[172]는 연구 결과
가 보고되기도 한다. 또한 오랜 기간 반복되는 심한 욕설은 물리적
폭력 못지않게 상대방의 정신적 공황과 심리적 불안을 야기하는 부
정적 결과[173]를 초래[174]하기도 한다.

지금까지 서술한 학교에서 욕 사용 양상과 특징으로는 첫째, 욕이
점점 단순화되어 가고 있다는 것이다. 욕을 자주 사용하고 있지만
‘씨발’, ‘병신’, ‘존나’, ‘개새끼’, ‘미친놈’ 등 몇 개의 욕설들만 아무
의미 없이 감탄사 수준으로 사용되고 있으며, 또한 상황에 어울리지
않게 많이 사용되고 있다는 것이다. 둘째, 욕의 스트레스 해소, 부당
한 것에 대한 비판의식, 친밀감등의 긍정적인 면이 퇴색되고 있다.
욕의 긍정적인 부분은 점차 사라지고, 아무 의미 없이 습관적으로
사용되고 있다. 셋째, 비판과 풍자와 같은 욕설 사용은 점차 찾아보
기 힘들다. 사용되는 욕들이 대부분 차별적이거나 배척적인 욕들이
많이 사용되고 있다. 넷째, 성적인 욕설들을 특히 많이 사용하고 있
다. 왕성한 성적 호기심을 배출하지 못하고, 또 무분별한 성적 매체
를 쉽게 접할 수 있는 청소년들에게 성적 욕의 사용은 점차 증가하
고 있다.

PC방에서 욕 사용 양상과 특징

　　요즘 청소년들은 경쟁과 스트레스 환경 속에 생활하고 있다. 대부분의 시간을 학교와 학원에서 짜인 시간에 구속되어 살아가고 있다. 그나마 마음껏 어른들로부터 간섭받지 않고 생활할 수 있는 공간이 PC방이기도 한다. 대부분 또래 친구들과 생활하기 때문에 감정을 마음껏 발산할 수 있는 공간이다. 따라서 다른 공간에 비해 욕설이 난무할 가능성이 높은 곳이며, 실제로 청소년들이 가장 많이 욕을 사용하는 공간이기도 하다.

PC방에서 욕 사용

　　방과 후 한 PC방에서 초등학교 6학년 김모(13)군과 서모(13)군이 카레이서 경주 게임 장면과 서울 양천구 PC방에 중학생 두 명이 컴퓨터를 보면서 끊임없이 혼잣말을 쏟아내는 장면이다.

아 씨브, 오늘 게임 즈나 안 되네.
즈랄. 네가 언제 제대로 했냐. 브신아.

(조선일보, 2009.12.17)

한 마리만 더 잡으면, 이 쓰레기 새×.
아 권총으로 대가리 맞았네. × 됐다, 병신 새×.
개지× 떨더니……

(중앙일보, 2008.11.20)

　　PC방에서 흔히 볼 수 있는 장면이다. 또래 친구들과 온라인 게임을 하면서 주고받는 채팅이나 바로 옆에 앉은 또래 친구들에게 거리낌 없이 욕설을 주고받는다. 청소년들은 어떤 경로를 통해 욕을 배울까? 대부분 친구를 통해 가장 많이 습득하며, 서든어택·메이플스토리·테일즈런너·스타크래프트 등의 인터넷 게임을 통해서도 많이 배우게 된다.[175] 청소년에게도 무방비로 노출되는 게임은 욕설 습득의 루트가 되고 있으며, PC방에서 누구의 제재도 받지 않고 마음껏 내뱉는 욕설을 서로서로 습득하게 되는 것이다.

청소년들이 가족들과 이야기할 때는 욕을 쓰지 않지만, 인터넷 게임을 하거나 친구들과 이야기할 때는 덩달아 욕을 많이 사용하고 있다. 특히 PC방에서는 또래 친구들끼리만 만나 교류하고 있기 때문에 학교에서나 가정에서처럼 선생님이나 부모의 역할을 해 줄 성인이 없기 때문에 더더욱 욕을 많이 사용하게 된다.

듣기 민망한 거친 욕과 비속어가 학생들의 입에서 거침없이 쏟아진다. 친구들끼리는 이런 말을 자주 쓰는데 왜 문제가 되는가? 하고 오히려 의아해한다. 친구니까 욕할 수 있고 친한 친구끼리는 욕을 더 자주 당연히 쓴다고 생각하니 아무 생각 없이 무의식적이고 반복적으로 사용하게 된다. 욕이 마치 감탄사로서 작용하고 있는 듯하다. 특히 청소년들이 게임에 몰입하면서 더욱 욕설을 자주 사용하게 된다. 이는 PC방이 다른 공간에 비해 어른들의 교육적 테두리 밖에 있는 공간으로서 청소년 자신들의 공간으로 느끼기 쉬우며, 같은 게임에 함께하고 있다는 동질감이나 소속감, 연대감을 느껴 욕을 통해 쉽게 친근감을 표시하고자 하는 의도와 또한 게임 실력 차이에 의한 우쭐함과 그것을 참고 인정하기보다 비아냥거리고 콧방귀를 끼며 상대방을 인정하지 않고 경쟁하는 관계가 자연스럽게 형성되기 때문에 욕설 사용이 잦게 된다. PC방은 학교나 공공기관에 비해 청소년들의 욕이 난무하는 곳 중의 하나이다.

PC방에서 단체 게임을 하면서 욕 사용

6명의 남학생이 PC방에서 컴퓨터 게임을 하고 있다. 대화 내용은 온갖 욕설이 난무하고 있다. 욕설이 없는 말이 별로 없으며, 짧은 대화 속에 예사로 욕을 사용하고 있다.

> C: 꼬라지하고는.
> B: 너도 맞아봐, 씨발넘아!
> B: 매트릭스!
> A: 씨발! 쏘는 건 내가 먼저 쐈는데.
> B: 강등됐어. 순위.
> F: 나 처음하는데, 이놈 이겨봤어 푸하하.
> G: 잘하는 척 하기는.
> F: 승복 좀 해라 승복~.
> A: 짜증나~ 지만 알어~ 잘하는 척이나 하고~.
>
> (조향, 2003)

자신의 감정을 단지 감탄사 수준에서 욕을 사용하고 있는 듯하다. 놀림, 약 올림, 상대비하, 외래어 남용, 업신여김 등의 감정들이 끊임없이 오가고 있다. 자신의 실수, 상대방의 기술의 우위, 자신의 무능함에 대한 한탄, 아쉬움의 감정들이 모두 욕으로 처리되고 있다. 상대방을 부를 때 이름을 부르는 경우는 별로 없고 '미친 놈(년)아, 병신아, 쌍놈아, 개새끼, 씹새끼' 등의 욕설이 거의 모든 문장에서 나타난다. 또한 '존나', '졸라', '병신', '헐' 등은 유행을 따르려는 심리

작용176)과 자신이 보고, 듣고, 느낀 것이 보통의 경험과 확연히 차별화된다는 것을 과시하려는 욕구, 자신의 생각을 다른 사람에게 인상적으로 강조하여 전달하려는 욕구177)가 숨겨져 있다. 이와 같은 욕설을 사용하는 것은 친구들의 관심을 자신에게 집중시키려는 욕망과 친구들 사이에서 친밀감과 심리전 연대성을 드러내기 위해 사용하기도 한다.

PC방에서 헤드셋을 낀 청소년들이 입 가까이 마이크를 대고 험악한 욕설을 하는 모습을 어렵지 않게 볼 수 있다. 욕설은 억압된 청소년의 스트레스 해소 방법으로 쓰이기도 하지만 힘을 과시하고 싶은 욕구에서 쓰이기도 한다. 특히 심한 욕을 하면서 스스로 강한 사람이라 여기고, 욕을 통해 어른들의 '파워 게임'을 빠르게 답습하게 된다. 아이들은 더 거칠고 강한 어른이 사회에서 '세다'는 왜곡된 측면을 부각해 보고, '욕설=강함'이라고 생각하기 쉽다. 그래서 PC방에서는 경쟁형 게임을 하면서 서로에게 쉽게 욕을 주고받는 환경이 마련된다. 이는 우리 사회가 구조적으로 경쟁을 조장하고 학력을 강조하는 사회적 분위기 때문이다. 이에 스트레스가 많은 청소년들이 어른으로부터 간섭을 받지 않는 PC방은 일종의 해방구인 셈이다.

청소년들이 PC방에서 경쟁을 하면서 능력이 조금 부족한 친구들에게 유달리 욕을 많이 하는 것은 한국인들의 배타적의식과 차별의식이 반영되어 있기 때문이다. 능력차별, 성차별, 직업차별, 신분차별이 오랫동안 한국인의 생활 속에 배여 있다. 여기에는 능력이 모자라는 자, 여성, 장애인, 백정이나 노비, 하층 신분에 대해 배타적인 사고가 자라나는 청소년들의 욕 속에도 그대로 담겨 있다고 할 수 있다.

우리 사회가 약자를 배려하는 마음이 부족하며, 오직 능력만이 최고라는 사회적 분위기는 그대로 청소년의 욕 속에 나타나 있다.

기타 장소에서 욕 사용 양상과 특징

버스정류장에서 욕 사용

버스정류장에서 친구 사이로 보이는 남자 중학생 2명이 버스를 타면서 주고받은 대화다.

> "빨리 와. 저 ××는 걸음도 졸라 느려."
> "×만한 ××가 지랄하네. 지 걸음은 더 느려 터졌으면서……."
>
> (동아일보, 2005.2.26)

요즘 애들은 친할수록 서로 더 심하게 욕을 한다. 악의는 없더라도 거리낌 없이 심한 욕을 하는 아이들이 대부분이다. 청소년들의 '입'은 거칠 대로 거칠어져 욕설이나 비속어가 포함되지 않은 대화를 듣기가 힘들 정도다. 남학생, 여학생 구분 없이 욕하는 건 공통적인 현상이다. '존나', '씨댕', '짱나', '깝친다', '꼴아보다', '찌질이' 등이 흔하게 쓰고 있는 비속어들이다. 이들 욕설을 장소와 성별을 구분하지 않고 흔히 사용되고 있다.

특히 인터넷 채팅 문화가 오프라인까지 영향을 미치면서 청소년들은 채팅에서 쓰는 비속어를 일상 대화 속에서도 무의식적으로 사용하고 있다. TV, 영화 등 대중매체에서 욕설이 난무하는 것도 적잖은 영향을 미치고 있다.

패스트푸드점에서 욕 사용

한 패스트푸드점에서 3명의 여중생이 햄버거를 먹으며 대화를 나누고 있다.

> 미친 ㄴ아, 쪽 팔리지도 않냐?
> ㅈ나 짜증 나. 그 새끼 미친 거 아냐?
>
> (조선일보, 2009.12.17)

'ㅈ나'는 남성의 성기를 의미하는 비속어에서 나온 말이지만 여중생들 입에선 이 단어가 거침없이 흘러나온다. 단어의 뜻을 알고 사용하지 않는다. '안습', '솔까말', '안물' 등 정체불명의 단어도 쉽게 사용한다. 또한 줄임말이나 기호화된 말들을 많이 사용함으로써 기성세대와의 의사소통이 불편할 정도로 알아볼 수 없는 낱말들이 많다.

청소년들이 욕설을 하는 이유로는 자신이 강하게 보이고 싶어 하거나, 인간관계를 가족에서부터 점차 친구, 이웃, 사회로 넓혀 가는 과정에서 동질감을 느끼고자 하는 경우, 자신의 다양한 욕구가 구조화된 사회 속에서 좌절되거나 욕구해결이 빨리 되지 않을 때, 자신의 감정을 조절하지 못하거나 분노에 찼을 때 주로 욕을 많이 사용한다.[178] 이는 점차 부모나 어른 의존적 존재에서 스스로 독립해 가는 과정에서 스스로 힘이 있는 존재이고 싶어 하는 심리가 반영되었다. 인간은 누구나 나약한 존재이기보다 남보다 힘 있는 존재, 우수한 존재임을 과시하고 싶어 한다. 또한 초등학교 중학년부터 욕설을 많이 사용하게 되는데, 이는 언어발달과정과 연관성도 많지만 사회화 과정으로 볼 때 초등학교 중학년에서부터 고학년으로 올라감으로써 점차 또래집단이 형성되고, 또래 집단 소속에 민감하게 된다. 부모의 의존에서 벗어나 점차적으로 또래집단에서의 소속감을 중요시하는 시기이며, 또한 왕따라든지 친구 배척이 많이 나타나기 시작한다. 이러한 시기에 욕설 사용은 또래의 동질감을 높이는 작용으로 사용되고 있다.

또 입시위주와 경쟁위주의 교육 환경에서 자라난 아이들은 자신의 많은 욕구들을 해소하지 못하게 된다. 자신의 능력과 자신감의 부족을 드러내지 않고 감추려고 하며, 과다한 경쟁으로 인한 스트레스가 욕설로 표출되기도 하는 것이다. 자기를 적절하게 표현하지 못하고, 또 상대방이 자신의 의도를 알아주지 않는 생활이 지속될 때 불만이 생기고, 분노가 생겨나게 마련이다. 이러한 환경들이 청소년들에게 욕설 사용을 더욱 부추기는 요인이다.

인터넷을 많이 사용하는 요즘 청소년들은 가상공간과 현실을 명확하게 구분하지 못해 가상공간에서 쓰던 어휘를 현실공간에 끌고 오는 경우가 많다. 10대들의 언어생활은 대개 이중적인 양태를 보인다. 또래들과 어울리는 학교나 그 주변지대에서는 심한 욕설 대화를 나누면서도 집에 돌아오면 언제 그랬느냐는 듯 그런 말을 쓰지 않는다. 10대 또래집단에서 벗어나 대학에 진학하거나 사회에 진출하는 순간 욕설 대화가 줄어드는 것도 비슷한 맥락이다.

성장 세대들의 욕설은 결국 사회 문화 현상의 다원성과 다양성의 영향을 받는다. 급격하게 신조어를 만들어 사용하는 것과 과도한 축약어 사용의 특징이 두드러진다.[179) 또 외국어 혼합 욕설이 많이 등장한다. 이 과정에서 언어사용 전반을 경박하게 만드는 양상을 보인다. 거세고 딱딱한 음운을 강화하여 감정의 격한 정도를 반영하는 성향도 더욱 강해졌다. 감각적 자극에 치중하는 감탄사나 접속사 수준으로 여기는 욕설들이 부쩍 늘어났다.

지금까지 사이버상, 영상매체, 성장세대의 한국 욕의 양상과 특징을 살펴보았다. 결국 한국 욕의 양상과 특징을 살펴본 결과 한국 욕 속에는 한국인의 문화와 삶의 방식, 의식의 반영되어 있다고 할 수 있다. 사이버상 욕들만의 특징과 급속한 영상매체의 발전으로 인하여 욕의 변형이 빠르게 이루어지고 있지만 그 이면에는 한국 사회의 의식과 한국인의 삶의 방식이 반영되어 있음을 알 수 있었다.

욕 속에 투영된 한국인

제4장

욕은 시대의 산물인 동시에 인간의 사고방식과 의식세계가 투영되어 있다. 여기서는 앞에서 언급한 한국 욕의 본질, 양상과 특징으로부터 욕 속에 내재된 한국인의 삶의 방식과 의식세계를 구명하고자 한다. 욕을 통해 본 한국인의 삶의 방식을 고찰하면 다음과 같다.

1. 정에 의한 온정적 인간관계

"인정머리라고는 눈곱만큼도 없는 놈", "저 놈의 인간, 만정이 다 떨어졌다", "원수 같은 위인, 정이 원수지(못 잊어서 가슴 아플 때 혼자 뇌는 여인의 넋두리)", "정 붙여 살면 아귀 틈에서도 웃고 살고 칼산도 두렵지 않다(현실이 아무리 어렵고 힘들어도 사람 사이에 정이 있다면 이겨 낼 수 있다)", "정 떨어지면 임도 떨어진다(사랑이 식으면 자연히 이별이 뒤따르는 것이다)", "정이 불이면 불길 일고 정이 물이면 물결이 일어야 정이다(사랑이란 같이 느끼고 공명하는 것인 만큼 혼자 일방적으로 열을 올린다고 해서 이뤄지지는 않는 것이다)"[180)에서처럼 한국인의 전통적인 욕설에는 유독 정에 관련된 욕들이 많다. 이런 욕을 많이 사용한다는 것은 한국인이 온정적 인간관계를 중시하는 것임을 알 수 있다. 이는 그만큼 한국인들은 삶의 방식에도 정(情)에 기반을 많이 두고 있음을 엿볼 수 있다. 개인의 개성이나 사람됨보다는 집단 내에서 인관관계를 유독 중시하는 면이 많다.

"욕에도 맛있는 욕이 있다", "욕 맛이 꿀맛이다", "욕에 정 붙는다", "욕에 정 든다", "욕 반 사랑 반이다", "욕이 반사랑이다"처럼 욕은 혐오스런 것이지만 그중에는 정감이 배어 있는 욕도 있는 법이며, 욕을 하다 보면 마음이 풀어져 정이 들기도 하며, 친한 사이에 만나면 욕으로 말문을 열 듯 욕은 친분과 사랑의 표시이기도 한 것이다. 한국인의 정과 관련된 욕에 너그러움을 볼 수 있다. 이는 욕에는 인간의 감정이 내재되어 있고, 욕은 감정을 직접적으로 전달하기에 가장 효과적이다. 특히 한국인들은 개인과 개인 간의 인간관계를 직접적이고 솔직하게 표현할 수 있는 욕을 친밀감의 표시로 받아들이기도 하는 이유가 이 때문이다. 정에 기반을 둔 개인적 인간관계를 중요시하기에 솔직하게 표현하는 욕이 때로는 반갑고 듣기 좋게 들리기도 하는 것이다.

서양인들은 개인주의에 기반을 둔 사고 유형을 가졌으나, 한국인은 이에 비해 인간과 인간 사이의 논리인 사람과 사람의 사이에 가치를 부여하는 경향이 높다. 따라서 한국인들은 서양인에 비해 규칙, 약속, 계약[181]을 우선시하기보다 부모, 가족, 종친, 동창, 동향, 동료, 이웃, 사제 같은 인간관계의 논리를 우선시한다. 특히 동문과 동료에 대하여 더욱 그러하다.[182] 같은 맥락에서 한국인들은 인정(人情)을 매우 중요시한다.

사람은 나를 중심으로 하여 네 개의 인간층을 동심원적으로 형성한다. '나'라는 중심핵으로부터 '나'와의 친밀도나 인정에 따라 제1인간층에서 차츰 제4인간층으로 멀어져 간다. 문화권과 민족에 따라 이 '나'와 인간층들과의 친밀도에 큰 차이가 난다. 서양인들은 한국인에 비해 '나' 밖의 인간층, 즉 제1~제4인간층의 사람과 친밀도에 있어서 등거리를 유지한다. 물론 전혀 모르는 외국인보다 부모형제가 더 친밀하겠지만 그 친밀도의 차이가 한국 사람처럼 심하지 않다는 것이다. 곧 '나' 밖의 사람은 모두 타인이기도 하고, 또 '나' 밖의 사람은 모두 친지일 수 있다. 이처럼 친밀도의 인간층에 대한 역학 방향은 외향을 한다. 그렇지만 한국인의 역학은 내향적이며 이는 곧 인정적 인간관계에로의 내향 지향을 의미한다.[183] '나'를 중심으로 한 제2인간관계가 유달리 친밀감이 높다는 것이다. 이는 제4인간층의 인관관계에서는 왠지 서먹하고 친밀감이 부족하며 대등한 인간 관계를 맺기가 힘들게 된다. 이러한 한국인의 인간관계에 있어 이상 적으로 유지하는 데 탄생된 정서적·심정적인 요인이 '정(情)'이 다.[184) 곧 정은 한국적인 인간관계 유지의 기본인 것이다.

왜 이처럼 한국인에게 정이 많을까? 먼저 정의 발생 빈도나 농도 는 관계의 지속 시간과 비례한다. 순간적인 관계나 첫눈에 반한 사 랑처럼 정은 단시간에 우러나지 않는다. 한국 사회는 농경이라는 정 착을 강하게 요구하는 생활 토대가 구축되어 오랫동안 촌락 공동체 를 구성하고 자급자족을 해 왔다. 정착성이 강한 사회였으며, 이 정 착성이 강할수록 정이 우러나고 널리 퍼질 토양을 마련한 것이다. 또한 집단성의 원인을 둘 수 있다. 집단성이 강한 사회는 '관계'의 접촉 빈도가 높다. 공동으로 사용하는 공간구조를 가지고 있으며, 자신의 주장보다는 개인의 희생을 통한 집단의 강조는 정이 싹틀 수 있는 좋은 조건이다. 또 가급적 어머니와 접촉시키는 육아방식에서 한국인의 정의 문화가 더욱 발달했음을 알 수 있다. 어머니, 형제, 가족과의 밀접한 인간관계는 곧 정이 비례하여 발전할 수 있는 요인 이었다. 이처럼 한국인이 정에 성숙하고 정에 다정다감하며 정이 많 은 이유로써 한국의 사회유형, 생활유형, 육아유형이 집단성을 들 수 있다.[185)

이러한 정을 강조하는 한국인의 의식구조는 한편으로 형식을 갖 추기를 좋아하며 보이는 것을 중시[186)하고, 개인의 능력보다는 학력 주의를 유별나게 강조하는 등 질적인 것보다 형식적인 것에 집착한 다. 그래서 빨리빨리를 강조[187)188)하고 부실과 날림의 공사와 로비 와 뇌물을 통하여 이권과 지위를 얻으려는 사회적 분위기가 쉽게 난무하게 된다. 정이 앞서 사리나 논리, 절차를 무시하기 쉽다. 결국 이러한 사고는 과정보다는 결과를 중시하게 된다. 그렇다면 이러한 한국인이 과정보다는 결과를 중시하고 꾸준한 지속성이 부족한 성향을 갖게 된 요인은 무엇일까? 먼저 4계절의 변화무쌍한 변화이다. 어느 한 순간에 1년 농사를 망칠 수 있으며, 오늘 일을 내일로 미룰 수 없는 벼농사의 특성상 많은 일손으로 인해 내일보다는 오늘에 집착하고 느긋함보다는 조급함에 쫓기게 되었다. 또 잦은 전쟁 또한 내일보다 오늘에 집착하고 결과주의에 집착하게 만든 요인일 수 있다. 전쟁은 모든 것들을 한순간에 파괴하기에 파괴된 삶의 터전에서는 당장 살기 위해 결과주의에 집착할 수밖에 없다. 이러한 결과주의[189]를 강조하는 사회에서는 정당성과 지속성, 도덕성이 부족하기에 사회 구조적으로 당연히 욕을 생산하게 되지만 한편으로 인간관계를 중요시하고, 서로서로 인정을 나누기에 정다운 욕들이 많이 생겨나게 되는 것이다.

　욕이라고 해서 모두 듣기 싫은 소리만은 아니다. 사람이 살아가면서 느끼는 솔직한 감정을 표현하기로는 일반 생활 언어로 표현하기 힘들 때가 있다. 이때 자신의 감정을 더 솔직하고 더 강렬하게 표현하고 싶을 때가 있는 것이다. 정에 기반을 둔 이러한 욕들은 결코 듣기 싫은 소리가 아니라 오히려 듣고 싶은 욕이 될 수 있는 것이다. 욕을 얻어먹고도 기분이 좋아질 수 있는 것이다. 친근한 사이일수록 자신을 편안하게 드러내는 과정에서 사용하거나, 서로 터놓고 허물없음을 보여주는 애칭욕이 한국 욕에 많은 이유도 이 때문이라고 할 수 있다. "문디자슥 잘 있었나", "와 이 새끼 잘 나가네", "그동안 뒈지지 않고 살아 있었구나"처럼 오랜 친구 관계와 친밀감이 없는 상태에서는 나눌 수 없는 욕설이라고 할 수 있다. 어느 정도 인간관계가 맺어진 상태에서는 더욱 쉽게 욕설을 나눌 수 있으며, 마음을 편안하게 가질 수 있는 관계 형성이 될 수 있다.

한국인은 오랜 농경 생활을 통하여 정착생활을 하였으며, 이는 곧 촌락공동체를 구성하여 정착성을 더욱 강화하였다. 이러한 정착성은 집단을 구성하고, 인간관계를 중시하며, 정을 강조하는 의식 구조를 요구하게 되었다. 정에 반한 것은 "인정머리 없다", "정이 가지 않는다", "짐승만도 못한 놈이다", "찔러도 피 한 방울 안 나올 놈이다", "인정머리라고는 손톱만치도 없다", "인정이라곤 띠알머리도 없다" 등으로 어김없이 욕바가지를 안겼다. 이처럼 한국 욕에는 한국인의 온정적인 인간관계를 중시하는 의식구조가 배여 있음을 알 수 있다.

하지만 한국사회도 산업화를 거치면서 촌락공동체는 점차 줄어들고 정착성도 완화되었다. 아파트라는 공간구조는 이웃과의 인간관계 단절을 촉진시켰으며, 바로 이웃에 살고 있는 사람들과의 정적인 교류는 점차 줄어들게 되었다. 현대 사회 청소년들이 대부분 핵가족화되고, 부모와의 교류시간이 적으며 바쁜 일상생활을 보내면서 친밀한 인간관계가 줄어들고 있다. 따라서 청소년들이 사용하는 욕의 이면에는 주위 사람들과 친밀한 인간관계를 바라는 마음이 반영되어 있다고 할 수 있다. 나와 가까이 있는 동료 친구들과 더욱 밀접하고 정을 나눌 수 있는 인간관계를 맺기를 바라는 마음에서 욕을 사용하고 있는 것이다. 이는 실제 청소년들이 사용하는 욕의 대부분은 상대방의 감정을 상하게 하는 목적으로 사용하는 것이 아니라 접속어나 자신의 감정 표현 수준에서 악의 없이 사용하는 것에서도 엿볼 수 있다.

2. 부당한 것에 대한 비판과 풍자

한국 욕설에는 부정하고 부당한 것에 대한 비판의식이 강하게 반영된 욕들이 많다. 인간으로서 도리를 다하지 못한 것에 대해 욕감태기를 씌운다. 무능하거나 성미가 고약한 자, 행동거지가 잘못된 자, 뻔뻔스러운 자, 엉큼한 자, 아는 척 하는 자, 한심스런 자, 말 많은 자, 인색한 자, 제 잇속만 챙기는 자, 제 분수를 모르는 자, 게으른 자, 더러운 자, 염치없는 자, 허풍떠는 자들은 모두 욕을 먹었다. 사실 이들은 정을 바탕으로 한 혈연 집단 사회나 촌락 중심의 안정된 사회 구조에서 도움이 되지 않는 자들이다. 이들에 대한 처벌적인 욕을 가함으로써 윤리적이며 도덕적이고 교육적인 의미를 포함하고 있다.

"개 가죽을 쓴 놈", "개도 안 뜯어먹을 놈", "개차반"처럼 사람 축에 들지 않는 망나니 같거나 아무짝에도 쓸모없이 무능하거나 성미가 고약한 자나, "겉물에 씻겨 나온 놈", "오줌발에 씻겨 나온 놈"처럼 행동거지가 덜 떨어진 팔푼이 같은 자, "낯가죽이 땅가죽 같은 놈", "낯짝에 철판을 깐 놈"처럼 염치없고 뻔뻔스러운 자들에게는 어김없이 욕사발을 안겼다. 뿐만 아니라 "내숭떠는 년", "독사같이 모진 년!"처럼 겉으론 얌전해도 속내는 엉큼한 자들이나 "쥐뿔도 모르는 놈", "쥐 좆도 모르는 놈", "똥차 앞에서 방귀 뀐다", "공자 앞에서 문자 쓴다", "개 좆도 모르면서 보신탕 먹는 놈"처럼 아무것도 모르면서 아는 척하는 자, "얼간(제대로 아니하고 대충 맞춘 간)망둥이 같은 놈!", "바람 먹고 구름 똥 싸는 놈"처럼 한심스런 자, "물에 빠져 죽어도 입만 동동 물에 뜰 놈"처럼 몹시 수다스러운 자, "감기 고뿔도 남 안 주는 놈", "문둥이 콧구멍에서 마늘씨를 빼먹을 놈", "노랭이 중에도 상 노랭이", "공 씹하고 비녀 빼 갈 놈"처럼 인색한 자들에게도 욕설질을 하였다. 또한 "뒷구멍으로 호박씨 까는 놈", "똥구멍으로 호박씨 까는 놈", "같이 판 우물 혼자 처먹는 놈", "건구역질 나는 놈"처럼 겉과 속이 생판 다르거나 제 잇속만 챙기는 자, "과부집 머슴 행세 하는 놈"처럼 제 분수를 모르는 자, "돼지같이 처먹기만 하는 놈", "굼벵이 같은 놈"처럼 게으른 자, "염치는커녕 똥치도 없는 놈 같으니라고"처럼 염치없는 자, "꼴값 떨고 지랄한다"처럼 허풍을 떠는 자, "배때지 부른 놈"처럼 물질을 너무 밝히는 자에게도 어김없이 욕가마리를 안겼다. 이외에도 "방정맞은 놈", "능청맞은 놈", "앙큼한 놈", "요망한 년", "방자한 놈", "배우지 못한 놈" 등을 응징하거나 천하게 여김으로써 꾸지람과 처벌성이 욕 속에 포함되어 있다. '까분다, 방정떤다, 촐랑거린다, 덜렁댄다'와 같은 경망한 짓거리의 인간행동에는 어김없이 욕을 듣게 되었다. 덜 된 인간 짓거리에 욕먹지 않는 구석이 하나도 없다.

또 "사람의 도리로서 쥐 도둑 놈들에게 능욕을 당할 수 없다"처럼 전쟁에서 패배하여 왜구에게 대항하며, 죽음으로써 사회적 규범을 지켜내려는 의지를 반영한 욕, "간에 붙었다 쓸개에 붙었다 할 놈", "똥 닦개 노릇하는 놈", "방구 깨나 뀌는 놈"처럼 부정한 권력에 대한 비판으로도 욕이 사용된다.

출세의 과정을 정정당당하게 과정을 밟아서 하지 않고, 권력에 아부한다든지, 줄을 탄다든지 하는 상향의식이 강한 한국인의 행동에 대해 욕감태기를 안긴다. 정치적인 사안이나 정치인의 잘못된 행동, 또는 정치인 개인에 대한 직접적인 비판이 욕으로 나타나기도 하며, 권세가에 대해 조롱과 조소의 욕이 많이 사용되기도 한다.

최근 들면서 인터넷에 권력자나 정치가들에 대한 욕이 난무하고 있다. 긍정적인 측면에서 보면 부정부패에 대한 응징이라고 할 수 있다. 경우가 없고 양심 없는 행동이 결국 득을 보는 것 같을 때 선량한 대다수의 사람들은 무력감과 절망감을 느낀다. 이러한 상황에서 개인은 내부든 외부로든 간에 욕으로 표출하기도 한다. 이처럼 한국인들은 욕해야 할 때 적절한 욕을 해야 하는 당위성을 부여하기도 하며, 역설적이지만 부정하고 부당한 것에 대한 비판으로 욕을 사용함으로 행동을 조심하고 삼가게 된다.

우리가 되도록 삼가야 하는 게 욕임은 사실이다. 그러나 삼가야 한다고 해서 따지고 캐고 살피지 말라는 법은 없다. 욕이 악하다 해도 어떤 사람이 어떤 짓 하다가 된통 욕마구리가 되는지는 알아야 한다. 욕먹지 않기 위해서도 알아야 한다. 욕은 하지 말아야 하는 것이기보다는 먹지 말아야 할 그 무엇이다. "욕은 되도록 하지 말아야 한다" 옳은 말이다. 한데 "욕은 되도록 먹지 말아야 한다"는 말에는 더 당위성이 있다. 욕 안 먹기 위해서 항상 조심해야 할 일이다. 어떤 이가 무슨 짓거리하다가 남에게 욕먹게 되는지 모른다면 남의 욕에서 온전히 벗어나기 어려울 것이다. "욕할 만하면 해야지", "욕먹어 싸지"는 한 쌍이다. 욕먹어 싼 인간이 있고 욕먹어 마땅한 세상이 있기에 욕할 만한 경우가 생기는 것이다.[190] 그래서 한국인들은 "야! 이 인간아!", "이놈의 인간!"처럼 욕먹을 만한 사람을 대상으로 욕감태기를 씌운다.

이런 욕을 얻어먹은 사람들은 아마도 '얼굴을 들 수 없다', '얼굴이 안 선다', '볼 낯이 없다', '얼굴에 먹칠한다', '얼굴에 똥칠한다', '부모님 볼 낯이 없다' 등과도 연결된다. 이는 얼굴로 대변되는 면목이나 체면을 한결 소중히 여기는 의식구조[191)가 반영되어 있기 때문이기도 하다. 이와 비슷한 예로서 "꼴값하네"를 들 수 있다. 남을 비꼬거나 모욕하려는 의도가 있을 때 쓰이는 말로서 '격에 맞지 아니하는 아니꼬운 행동'을 의미하는 '얼굴값'의 속된 표현이다. '얼굴값'은 '생긴 얼굴에 어울리는 말과 행동을 낮잡아 이르는 말'이다. 이처럼 한국인들은 체면 깎이는 일이 바로 욕이 되었다. 부정하고 부당한 것이 욕이 되는 이유도 면목이 서지 않고 체면이 깎기는 일이기 때문 더욱 부정한 것을 수치로 여기고 또 욕으로 사용할 수 있는 이유이다.

옛 말에 욕급부형(辱及父兄)이라 하여 자식이나 아우의 잘못이 부모형제를 욕되게 하며, 욕급선조(辱及先祖)라 하여 자손의 잘못된 욕이 조상에게 미침을 강조하여 유교사회 인간의 도리로서 욕먹지 않기 위해 바른 행동을 해야 함을 강조하고 있다. 이와 연관하여 욕에는 많은 어휘가 발달하게 되었다. 욕가마리(욕을 먹어 마땅한 사람), 욕감태기, 욕꾸러기, 욕꾸레기, 욕바가지, 욕삼태기(남에게서 욕을 많이 얻어먹는 사람), 욕사발(한 번에 하는 욕설), 욕새(욕설을 퍼붓는 꼴), 욕설질(욕설을 퍼붓는 짓), 욕심통(욕심을 많이 차리는 사람), 욕쟁이(남에게 욕을 잘하는 사람), 욕지기(속이 메스껍거나 아니꼬워서 게우고 싶은 느낌), 욕스럽다(보기에 욕된 듯하다), 욕스레(욕스럽게) 등 욕과 관련된 말들이 많다.[192) 이는 욕을 해야 할 때는 해야 하고, 욕을 들어먹지 않기 위해 노력해야 하며, 욕을 삼가야 할 때는 삼가야 함을 보여주고 있다.

정해진 사회규범을 지키지 않았을 때 비난은 곧 욕으로 되돌아왔다. 작은 공동체 사회에서 법보다도 더 한국인들을 내면화시켜온 규범들이 잘 지켜나갈 수 있는 것도 바로 이러한 이유이다. 인간으로서 부정한 것을 참을 수 없을 때 욕해야 할 때는 욕해야 했던 것이다.

한국인들이 비판의식이 반영된 욕을 많이 사용하기도 하였지만 풍자와 해학 욕도 많이 활용하였다. 해학이라는 것은 야유나 모욕으로 대상을 보는 것이 아니고 어디까지나 호의를 가지고 상대방에게 파고들어가는 특징이 있다. 인생의 모순과 비속을 파헤치고 공격하는 것이 아니라 그 속에 묻혀 있는 선의(善義)의 가치라든가 순박한 행복, 그리고 애정 같은 것을 인식하려는 데에서 꾸밈없는 해학이 발견되는 것이다. 풍자가 인간 부정의 암시에 있다면 해학은 어디까지나 인간 긍정의 태도를 견지하고 있다.[193] 굿판에서는 무당의 욕설, 판소리의 『심청전』에서 심청과 그 아버지의 슬픈 이별장면에 뺑덕 어미의 질펀한 욕설, 『흥부전』에서 놀부의 성격을 묘사하는 부분, 놀부와 제비의 대화, 박에서 쏟아져 나오는 형형색색의 인간상들의 언동, 『춘향전』에서 방자의 욕설 익살이 풍자와 해학의 큰 몫을 차지하고 있다.

또한 한국인들은 말로 우스개를 주고받으면서 재미를 느끼는 동시에 연극화하기도 하였다. 광대놀이가 그것인데, 광대놀이는 우스개조의 욕설을 포함한 말과 행동으로 많은 이들 앞에서 공개적으로 표현한다. 무식한 하인 말뚝이의 독설과 수양반의 대담으로 엮어지는 독설과 음흉하고도 신랄한 풍자로써 양반의 이면상을 폭로함으로써 폭소의 후련함과 통쾌함을 선사한다. 막강한 권력을 가진 고을 원님이나 양반의 위세와 횡포, 아니꼬움이 해소되지 않은 상태로 축척되면 괴리현상이 심화될 뿐이다. 괴리 현상의 심화는 어느 쪽에서나 바람직스럽지 못하므로 어떤 방법으로든지 해소시켜야 했다.[194] 이 해소 방법이 욕을 통한 비판과 풍자의 공개적 광대놀이였다. 양반과 관리들이 광대놀이를 모를 리 없었지만 이 저항 수단을 저항으로 보지 않고 해소 수단으로 인정해 주었기에 괴리현상의 심화를 막을 수 있었다. 욕설을 통한 비판과 풍자의 해학을 엿볼 수 있다. 욕에 사용된 해학은 욕이 대체로 짧고 강렬한 의미를 전달하듯 짧은 문장으로 표현되는 욕의 특성상 내용 속에 해학이 표현되기보다 언어적 표현을 통한 수사적 해학이 많이 사용되는 특징이 있다. 이처럼 한국인은 억눌린 감정을 해학과 풍자 통해 풀어내는 지혜를 가지고 있었던 것이다.

　"가죽피리(방귀) 분다", "제 발등에 오줌 갈긴다", "해가 똥구멍 찌르겠다", "거미줄에 방기 동이듯 한다", "찬밥 먹고 된 똥 싸는 소리하고 있다", "요강 뚜껑으로 물 떠먹는 소리 한다", "귀신 젯밥 먹는 소리 한다", "귀신 씨나락 까먹는 소리 한다"처럼 욕 같지 않는 욕으로서 기발한 생각과 해학이 들어 있어 웃음을 자아내는 욕이다. "벼락을 쫓아가서 맞아 뒈져라"처럼 얼핏 듣기엔 지독한 저주와 악담의 쌍욕이다. 하지만 그 악담과 저주의 밑바탕에는 웃음의 분위기가 잠재되어 있다. 벼락을 쫓아가는 거나, 나이대로 벼락을 맞는 거나 어느 쪽이든 불가능한 상황이다. 그것은 기상천외한 발상이며 재치이고 역설이며 모순이다.[195] "혀를 박고 뒈져라", "호랑이에게 물려가 뒈져라", "눈깔을 빼 씹어 먹을 놈" 등의 직설적 욕설과 비교할 때 이 같은 욕설이 지닌 웃음과 해학은 또 다른 차원의 해석이 가능하다.

한국인의 민요가 대부분 슬픔을 노래하고 한을 노래한다 하더라
도 이면에는 해학을 지니고 있다. 해학이 슬픔에만 빠져 있지 않도
록 차단 구실을 하는 것이다. 아리랑의 "나를 버리고 가시는 님은/십
리도 못가서 발병 났네"의 표현에서처럼 이별의 슬픔, 현실의 아픔
을 말하면서도 해학적인 표현을 함으로써 한의 정서에만 머무르지
않고 이를 극복하고자 하는 복잡한 심정의 표현이다.

그렇다면 한국인들은 욕 속에서도 해학을 자주 사용한 이유는 무
엇일까? 아마도 이는 웃음과 해학에는 저주와 야유, 저항과 신랄한
비판의식을 내포하였기 때문일 것이다. 해학은 조신시대에만 두드러
진 역사 현장이지 삼국시대나 고려시대에는 뚜렷하지 않았다. 이는
조선의 사회상만이 해학을 필요로 했던 것이다. 조선은 엄격한 신분
사회였고, 양반 중에서도 일부만이 권력의 대열에 올랐고, 연산·중
종 때부터 기강이 문란하여 관리들이 부정부패를 일삼아 토색질이
증가하였으므로 백성의 불만이 비례하여 커졌지만 신문고, 상소 등
고발 수단이 제도적으로 마련되어 있음에도 용이하지 않았다. 이런
시대 상황에서 해학이 등장하여 비판하고 야유하였던 것이다. 남을
웃기고 자신도 웃으면서 넌지시 인간과 조직을 비판하던 해학이 욕
으로 탈바꿈한 것이다.[196)]

공격성을 기본 전제로 하는 욕이 단순한 욕의 수준을 넘어서 현실
에 대한 풍자와 조롱, 해학은 정체와 실체의 폭로, 욕구의 불만, 억
압된 정서의 표출인 것이다. 이는 순간적 웃음과 해학으로 마음의
정화와 승화를 바라는 욕구가 욕 속에 포함되어 있다고 볼 수 있다.
그만큼 한국인들은 현실에 대한 부당한 심정을 욕을 통해 해소하고
자 하는 욕구가 강했던 것이다. 한국인들은 상대방에게 공격적인 욕

만을 사용하는 것이 아니라 부당한 것에 맺힌 한을 웃음으로 승화할 수 있는 해학과 풍자적인 욕도 자주 사용하였다.

유교 양반사회에서 더욱 강조되었던 효와 충의 사상에 반한 것에 대해서는 어김없이 욕감태기를 씌웠다. 또한 부당한 것에 대한 비판 의식은 유달리 강하였다. 하지만 한국사회도 점차 서양의 개인주의가 확산됨으로써 욕이 되는 것도 바뀌게 되었다. "버르장머리 없는 놈", "지애비애미도 모르는 놈" 같은 욕들은 줄어들고, 개인적인 감정에 휩싸인 욕들을 많이 사용하는 경향이 있다.

하지만 여전히 한국 욕에는 부당한 것에 대한 비판과 풍자의 욕들이 많이 사용되고 있으며, 이는 한국인의 사고방식이 욕에 그대로 반영된 결과이기 때문이다.

3. 차별과 배타적 사고방식

한국 욕에는 이민족에 대한 차별적인 욕이나 여성, 장애, 능력, 직업 등에 관한 차별적인 욕이 많다.

'떼놈', '왜놈', '깜디', '코쟁이', '쪽발이', '로스깨', '양키'처럼 다른 나라, 다른 민족, 다른 인종에 대한 차별이 욕으로 사용된다. 오랜 정착 농경문화의 영향으로 타 민족과 교류가 별로 없으며, 혈연 위주의 촌락공동체를 구성해서 살아 왔기에 자기 공동체 이외의 공동체에 대해서는 아무래도 관심이 부족하거나 자기 집단과 차별성을 찾고, 배척하는 경향이 강한 것이 이런 차별의 욕설로 반영되었다고 할 수 있다.

"여자가 왜 그러니", "여자가 저러면서까지 다녀야 되냐", "여자애가 왜 그렇게 빳빳하니", "여자애가 그렇게 바락바락 대드냐", "무슨 여자가 싸돌아다니느라 이제 오느냐", "여자는 암만 그래도 소용 없어", "여자가 받으면 얼마나 받는다고", "여자는 내돌리면 깨진다", "여자가 이런 일을 하면 중요성이 떨어진다", "여자가 시집도 안가고", "여자가 뭐 하러 밖에 나돌아 다니냐, 집에나 있지", "여자 팔자는 뒤웅박 팔자다", "메주덩어리", "갈보", "걸레" 등은 흔히 사용되고 있는 여성 차별적 표현들이다.[197] 여성들이 일상에서 차별로 체험하고 있는 욕설에 가까운 언어적 표현 유형은 '여성의 사회적 역할과 공간을 규정하는 표현', '여성의 존재자체를 부인하거나 공적으로 인정하지 않는 표현', '여성을 하찮은 존재로 비하하고 무시하는 표현' 등이 있다. 이러한 표현들은 주로 '여성을 사회적으로 통제하기 위한' 기능으로 작동되며 그 근저에는 '여자가……', '여자는……'이라는 표현을 통해 강요된 금기와 제약으로 상징화된다.

결국 성차별적 욕설은 우리 사회는 남성중심의 사회에 적합하도록 여성의 역할을 통제하기 위해 사회화 과정에서 언어적 표현을 강화하였고, 그 통제 기능의 수단으로서 언어가 여성에 대한 차별 관행을 굳혀나가는 데 기여해 왔음을 알 수 있다. 또한 여성의 팔자를 남편과 가정에 속해 있다는 뜻을 지닌 "암탉이 울면 집안이 망한다", "계집 웃음이 담장 넘어가면 안 된다" 등은 여성의 존재를 가정으로 제한하고 있다. 이러한 표현들 역시 여성의 존재 자체를 스스로 부정하고 능력을 한정짓게 하는 강력한 통제 수단으로 작용한다. 특히 한국 직장 여성들의 경우 "뱁새가 황새를 쫓아가려면 가랑이 찢어진다"라는 표현은 여성(뱁새)이 아무리 노력해봤자 남성(황새)을 따를 수 없음을 시사하고 있으며 공공연히 남성 직원들이 여성 직원을 빗대어 표현하여 여성 차별적인 표현으로 이용되고 있다.[198]

"계집 고집 센 것은 몽둥이찜질이 약이다", "그릇과 여자는 돌리면 깨진다", "개꽃에는 나비도 아니 온다", "도둑때는 벗어도 화냥때는 못 벗는다", "서방질도 하는 년이 한다"에서와 같이 여성은 비하, 비난의 대상이며 가까이해서는 안 될 차별적 존재였다. 이는 남성들은 상대적으로 구속 없이 자유자재로 이야기하기에 욕설을 거리낌 없이 사용하는 반면, 여성들에 대한 사회의 요구는 부드럽고 온순하며 어진 품성을 요구하였다.[199] 당연히 욕설은 금기시하고자 하는 행위를 잠재의식 속에 각인시키는 역할을 해 왔다. 따라서 오랫동안 여성들은 욕설 사용을 꺼려하며, 욕설을 사용하는 경우에도 강도가 낮은 욕설들을 사용하여 왔다. 이처럼 한국 욕 속에는 한국 사회가 가부장적 남성위주의 의식구조와 남존여비 사상을 가지고 있음을 알 수 있다.

장애로서 신체 및 정신적 차별에 의한 결함적 욕설은 신체적으로나 정신적으로 정상적인 인간을 비정상적인 인간으로 표현하는 것으로써 신체적, 정신적 결함을 욕설의 대상으로 삼는 것이다. 즉, 현재의 정상적 모습을 '병신, 장애, 미친놈, 얼빠진 놈' 등으로 표현함으로써 상대방에게 스티그마를 안기게 된다. '짝배기(왼손잡이)', '곱사동이', '앉은뱅이, 귀머거리', '배뿔때기', '언챙이', '사팔뜨기', '외파리' 등을 "병신 같은 놈"처럼 상대방을 신체적 장애자를 '병신'에 빗대어 말함으로써 낮잡아 본다. '지랄'처럼 잡스러운 언행이나 변덕스럽고 함부로 행동하는 상대방을 마치 정신병의 일종인 '지랄병'에 걸린 사람으로 비유함으로써 상대방을 낮잡아 보는 것이다. "미친 놈", "돌았다", "얼빵한 놈", "어리버리 한 놈", "뚱뚱이", "돼지 같은 놈" 등도 신체 정신적 차별로 인한 상대방에게 수치심을 안기는 욕설이라 하겠다. 또한 '귀싸대기', '주중아리', '모가지', '좆대가리', '배때기', '손모가지', '발모가지', '눈깔', '똥구녕', '간땡이' 등 인간 신체 대부분을 비하함으로써 욕설로 사용하기도 한다.[200]

이 밖에도 "상놈", "기생년", "백정 같은 놈", "도둑놈", "무당년", "개백정", "깡패자식" 등 천한 직업이거나 사회적 약자들을 대상으로 차별에 의한 욕을 들 수 있다. '상놈', '상것'의 '상(常)'은 아래란 의미를 포함하고 있다. 이는 자신은 높고 별난 신분이라고 과시하는 것이며, 내가 너보다 낫다[201]라는 차별의식이 포함되어 있다. 이들도 역시 나와는 다른 천하고 볼품없는 직업을 가진 사람으로 취급함으로써 상대방에게 불만이나 수치심을 유발하게끔 한다.

이처럼 한국 욕에는 유난히 차별적인 욕들이 많이 사용되고 있다. 이는 한국인들의 유별난 인종차별, 여성차별, 장애우차별, 능력차별, 직업차별 등 차별의식의 반영이라고 할 수 있다. 이러한 차별의식은 우리 사회가 오랜 세월 계급사회를 경험하였으며,[202] 잦은 외침으로 인한 약자에 대한 배려가 부족한 사회적 분위기를 그대로 반영한다고 할 수 있다. 이를 반영한 차별 욕설은 우리의 의식을 직접적으로 혹은 잠재적으로 지배하고 있는 뼈아픈 언어들이다. 이 사회의 소위 약자에 대한 차별성의 욕은 해당 당사자들에게 상처를 주게 될 뿐만 아니라 소속 집단 자체를 낙인찍게 됨으로써 무력하게 만들어 버린다. 이것은 우리가 약자에 대한 배려나 나와 다른 것에 대해 수용하는 태도가 부족하다고 할 수 있다.

우리 사회에서 극단적인 현상들이 많이 볼 수 있다. 몸싸움하는 국회, 극단적인 님비현상들은 나와 다른 것에 대한 이해와 타협보다는 차이와 차별, 구분을 짓는 한국인들의 특징과 관련 있다고 할 수 있다. 이러한 현상들은 한국의 동질사회에서 원인을 찾을 수 있다. 인종적으로, 언어적으로 또 문화적으로 동질적인 요소가 많이 있다. 이러한 동질성은 오랜 세월 한국인들은 촌락 취락 구조에서 강화되었다. 같은 마을 사람끼리는 신앙적으로 경제적으로 문화적으로 공동운명체의 요소를 많이 가지고 있으며, 농경사회 특징으로서 이동이 적고 정착사회였기 때문이다. 씨족 마을 공동체를 많이 엿볼 수 있었던 것도 바로 이러한 요인 중의 하나이다. 때문에 인간관계에서도 한국인들은 유별나게 같은 가문, 같은 고향, 같은 동창끼리의 동질성 때문에 동류의식이 강하다.[203] 서양 유목 민족의 잦은 교류로

인한 이질사회의 특성상 '나'란 객체를 중심으로 하여 집 밖은 '남'
이라는 사고방식과는 다른 사고방식이다. 그리하여 한국인들은 의
리, 인정, 우정을 보다 중시하고 그것에 의지하게 된다. 이러한 동류
집단에서는 언제나 허용적이며 인간적인 반면, 이질집단과는 언제나
차별과 배척이 작용하여 쉽게 욕으로 발전하게 된다.

　삼가고 조심해야 할 욕이며, 하지 말아야 할 욕들이지만 한편으론
차별적인 욕이 사회적·윤리적 기능을 담당하기도 한다. 한국인들은
이런 차별성 욕을 듣지 않기 위해 조심하였다. 동질적인 요소에서
벗어나지 않으려고 노력했으며, 튀는 행동을 삼갔다. "돼지 같은 놈"
이라는 뚱뚱하거나 느린 것에 대한 놀림을 받지 않기 위해 노력하
고, "도둑놈" 같은 욕설을 듣지 않기 위해 조심하였던 것이다.

　하지만 차별적이고 배타적인 욕은 상대방의 인권을 침해할 요소
가 많은 욕이므로 함부로 사용할 욕이 아니다. 차별적이고 결함적인
요소를 부각시켜 욕으로 남발함으로써 더욱 각박한 사회를 만들고
상대방에 대한 배려가 부족해지기 쉬운 욕이므로 언제나 조심해야
할 것이다.

4. 가족 중심의 집단적 사고방식

"후레아들 놈 같으니라고", "제미 붙어 아우 볼 놈", "얼러 키운 후레자식204)이다", "니 애비가 그렇게 가르치더냐", "애비 나이까지 모개로(한꺼번에) 쳐 먹었나", "못된 것은 배워가지고", "하는 짓거리가 형제끼리 똑같네", "지 애비도 모르는 놈"처럼 한국인들은 욕 속에서도 충과 효, 인륜을 중시하였음을 알 수 있다. 이에 반한 것에는 어김없이 욕감태기를 안겼다. 한국 욕에는 당사자를 욕하기도 하지만 그 가족이나 부모를 욕하는 경우가 많다. 이처럼 가족이 욕이 되는 이유는 그만큼 한국 사회가 혈연중심의 가족을 중요시하기 때문이다. 자신에 대한 직접적인 욕도 수치심과 모멸감을 느끼지만 특이하게도 한국인들은 가족욕을 들었을 때 더 모욕감을 받기도 한다. 그래서 가족욕이 더욱 많이 쓰이게 되었다.

이는 한국인들의 전통적인 사고나 삶의 방식 속에는 개인적인 가치보다 집단적인 가치를 중요시하는 경향을 반영하고 있다. 개인의 개별성을 강조하기보다는 집단의 동일성을 강조하는 사고가 지배적이다. 모든 것이 자급자족되는 하나의 완전한 사회였던 전통적 농경공동체 사회에서는 개성이 배척받고 소외받았다. 그래서 집단에서 튀는 인간을 소외하고 평균적인 인간을 요구하게 되었다.205) 특히나 가족중심의 혈연집단에서는 이를 더욱 강조하게 되었다. 그래서 집단의 공동 목표를 위해 노력하고 집단에 동조하는 사람이 바람직하고 예의바른 사람으로 인식되었다. 개성이 너무 강하거나, 집단에 동조하지 못하는 이를 원하지 않았다. 그런 사람들은 한국 사회에서 터부시되는 것과 동일하게 취급되었으며 욕감태기를 씌웠다.

또 한국인들은 '성(姓)'을 매우 중요하게 여긴다. 그래서 한국인에게 족보는 가문의 위세를 드러내는 중요한 자료였다.[206) "성을 갈 놈", "성을 팔아먹을 놈", "호적에서 팔 놈", "지애비·지매미 팔아 먹을 놈", "조상 얼굴에 똥칠 할 놈", "일족을 멸할 놈", "족보에서 뺄 놈", "집안을 망해 먹을 놈"이라고 욕설을 하면 최대의 모욕으로 여겼다. 성은 자기의 뿌리를 나타내는 것이기 때문에 가족이나 가문과 관련지어 욕을 하면 더더욱 참지 못하였다. 이는 한국인들의 가족 중심 집단 사고방식을 잘 드러낸다고 볼 수 있다. 개인을 상대로 공격적이고 파괴적이며, 여러 가지 욕을 사용하기도 하지만 한국인들은 조상이나 부모에 관련된 욕을 더욱 모욕적으로 생각하는 것은 한국인들이 자신의 가족 중심의 혈연 공동체를 중요시 여기기 때문이다. 자신이 출세하는 것도 대부분 가문의 영광으로 돌리고, 어린 아이들이 잘못한 것에 대해 그 부모를 욕하는 풍토는 이를 대변해 준다.

뿐만 아니라 이름도 중요하게 생각하였는데, 이름의 의미는 개인의 개성을 나타내기도 하지만 개인에게만 머물지 않고 주위 사람들에 의해 불리고 집단 속에서 의미가 부여되기도 한다. 그래서 한국인들은 유달리 이름에 집착하는 경향이 많다. 옛날 선비들은 명산 바위에 몇 천 년 동안 남을 이름들을 새기기[207)도 하였으며, 최근 들어 사람들이 많이 모이는 곳이나 관광지 낙서를 보면 대부분 이름 위주로 낙서가 되어 있다. 이는 서양의 낙서들이 그림이나 해학과 풍자의 내용들이 주류를 이루는 반면 한국에서 낙서의 대부분은 자기 이름을 남기는 특징을 발견할 수 있다.[208] 이는 곧 한국인들이 이름을 중요시하고 자신의 존재감과 의식 속에 이름을 소중히 다루고자 하는 심리가 반영되어 있다고 할 수 있다. 상대방이 눈앞에 있는 가운데 공격성 있는 욕에서는 이름이 거론되지 않으나, 간접적인 욕이나 산문 속 욕에서는 이름이 거론되는 욕들이 많이 등장하게 된다. 때론 이름을 가지고 놀리거나 별명을 불러 욕과 같이 사용하는 경우가 많은데 이는 당사자가 더욱 수치심을 느끼기도 하며, 때론 친근감을 표현하기 위한 수단이기도 하다.

중국에서도 이름을 소중하게 여기는 사례를 찾을 수 있다. 거북이(龜)와 학(鶴)을 이름자에 잘 쓰지 않는데 거북이는 교미할 때가 되면 수놈이 암컷을 상대하는 것이 아니라 뱀으로 하여금 암컷 거북이와 사랑을 하게 한다는 속설이 있다. 거북이, 남생이, 자라 따위를 통틀어 '왕팔(王八)'이라고 한다. 이 '왕팔'에는 '오쟁이를 진 남자', 즉 '자기 아내가 다른 남자와 사통(私通)한다'는 뜻이 있어 '거북이 알은 알인데 어느 놈의 씨인지 알 수 없는 잡종(雜種)'이라는 뜻으로 가장 치욕적인 중국 욕설 중의 하나이다. 이처럼 중국인들도 가족욕을 치욕적으로 생각하고, 또 사용하는 것은 한국인들과 비슷하다고 할 수 있다.

한국인들은 이미 수백 년 전부터 자기 성찰과 자기 정체성의 중요성을 깊게 인식하고 삶의 철학으로 실천해왔다. 유교의 신독(愼獨)이나 수신제가(修身齊家) 개념이 바로 자기 성찰을 통해 자기 존재를 파악하는 것이었다. 그런데 언제부터인가 일상생활에서 자기 정체성을 확인하고 드러내려는 시도가 사라져버렸다. 그러는 사이에 개인적 속성보다 내가 속한 집단을 통해 나를 드러내려는 경향이 점점 두드러지게 되었다. 옛날 어르신들께서는 처음 만나 인사를 나눌 때 '당신은 누구인가?' 하고 물으면, 대부분 '어느 집안의 아들 혹은 딸', '누구누구의 몇 대 손'이라던가 '무슨 씨 무슨 파'처럼 어느 가문의 어느 파의 항렬을 답한다. 자신의 가문이 자신을 가장 잘 나타낸다고 믿는 것이다. 여기에 한 개인으로서 개성이나 특성, 행동 방식, 삶에 대한 이야기는 끼어들 여지가 거의 없다. 그래서 개인의 정체는 '나'가 아니라 내가 속한 '가족이나 가문' 등의 집단으로 쉽게 확인하려고 하였다. 이처럼 한국인은 집단과 개인을 동일시하려는 성향이 강하다.[209] 개인의 특성보다는 그의 이력, 특히 소속한 집단을 파악하는 것으로 그 사람을 알았다고 믿는 경향이 있다. 이러한 집단주의 사고 의식은 집단 내의 사람과 집단 밖의 사람을 뚜렷이 구분하고, 집단 내에서 돈독한 인간관계를 자연스럽게 맺게 되지만 집단 밖의 사람들에게는 쉽게 마음의 문을 열지 못하고 부정적이며 형식적인 인간관계를 맺기 쉬운 의식구조를 낳게 되었다.

이러한 의식은 오랜 역사를 가지고 있다. 성현(成俔)의 문집인 『용재총화(慵齋叢話)』에 면신례(免新禮) 이야기가 있다. 조선 초기부터 어느 관청에서나 신입자의 기를 꺾기 위해 면신례의 신고식을 거행하였으며, 신부 학친(謔親)의 골탕 먹이기나 신랑에게는 동상례(東床禮)를 통하여 호된 신고식을 경험하게 한다.[210] 현재에도 어떤 단체나 회사에 처음으로 입사나 가입을 하면 신고식이나 환영식을 면신례처럼 하게 한다. 이는 곧 집단의 융화를 위해 개인의 개성을 최소화하고 집단의 문화를 받아들이게 하려는 집단의식의 표현이다. 이는 곧 '나'의 강조라기보다 '우리'를 강조하고 '우리' 속에서 살기를 좋아한 한국인들이 '인정'이라는 울타리로 집단적 인간관계를 형성하는 공동 운명체와 같은 집단을 조직하기를 좋아했다. 동갑계, 유친계, 친목회, 동창회 등을 조직하여 개성적, 개인적인 사고보다 집단적 사고에 의존하는 경향이 많다. 더불어 한국 욕도 집단적인 사고에 반한 것에 대한 욕들이 많이 생겨나게 되었다.

하지만 최근에는 핵가족화와 마을단위의 공동체가 산업화와 더불어 급격하게 무너지면서 공동체 의식이 점차 희미해져 가고 있다. 이에 따라 욕도 이를 반영하여 가족을 대상으로 하는 욕도 점차 줄고 있다. 뿐만 아니라 자라나는 성장 세대들도 집단을 통한 동질감과 정체성을 경험할 기회를 갖지 못하고 있다. 그래서 나타나는 특이한 현상으로 중·고등학생들은 특정 상표의 옷을 입는다. 또 대학생들은 과점퍼에 학교·과 이름을 드러냄으로써 타 대학과 자신을 구별 짓는 용도로 입거나, 명문대생들 중에서는 자부심·우월감을 과시하기 위해 과점퍼를 입는 경우도 있다.[211] 이처럼 개인의 개성을 강조하는 서양의 문화와는 달리 가족을 바탕으로 한 집단적 사고 방식은 한국적인 특징이라고 할 수 있다.

이러한 의식은 농경문화의 특징이 '우리'라는 집단의식으로 발달한다는 것이다. 농사는 혼자서 짓기가 매우 어렵다. 따라서 농경사회는 씨족별로 한곳에 모여 정주하는 방식을 취했으니 이것이 바로 집단의 응집력을 강화시키는 계기가 되었던 것이다. 농경사회의 철학적 질문이 '우리는 누구인가?'에 있는 이유도 바로 집단의식의 발달에 기인된 것으로 봐야 할 것이다. 유목문화의 전통을 이어받은 서양사회에 있어서 철학의 마지막 질문이 '나는 누구인가?'에 있는 것과 대조적인 현상이라고 할 수 있다.[212] 신라시대부터 내려 온 신앙으로서 선농제에 제물로 바쳐진 희생물인 소 한 마리를 수많은 사람이 나눠 먹기 위한 방법으로 설렁탕(선농탕)을 끓여 먹었다. 곧 종교적 음식으로써 집단의식이 강조된 탕 음식이 발달한 것이다.[213] 이러한 영향을 받아 한국인들은 지금도 된장찌개, 김치찌개, 해물탕 등 국물이 들어 있는 음식을 식탁의 가운데 두고 여러 명이 함께 나눠먹는 음식문화가 남아 있다. 이처럼 국물 음식의 특성은 혼자만 먹는 것이 아니라, 여럿이 나눠 먹는다는 데 있다. 이는 개인으로서 개체의 선택(개성)을 우선시하기보다 집단의 동질성을 똑같이 나눠 누린다는 데 그 특징이 있다. 이와 같이 집단에서 모나지 않는 집단의 논리가 음식에 적용된 것이 곧 탕이요 국물음식이다.

가족에 대한 욕이 더욱 상대방의 스티그마에 흠집을 낼 수 있기에 한국인들은 즐겨 가족욕을 쌍욕과 혼합하여 사용한다. 자신이 중요시하는 가족에 대한 욕을 들었을 때 더욱 수치심을 느끼는 한국인이기에 가족에 대한 욕은 더욱 널리 사용된다고 할 수 있다. 많은 한국인들은 가족에 대한 욕을 할 때 더욱 참을 수 없는 이유는 한국인의 가족이라는 집단을 자신과 동일시하고 또한 자신의 개인적 가치보다 가족과 가문을 우선시하는 사고가 잠재되어 있기 때문에 가족에 대한 욕을 즐겨 사용하게 되는 것이다.

현대 한국 사회에서 대가족 제도가 점차 사라지고 핵가족화 되어가고 있다. 가족과 가문의 의식이 조금씩 약화되고 개인주의적인 사고방식이 확산되면서 한국 욕도 조금씩 변화되어 가고 있다. 하지만 여전히 한국 욕에는 한국인의 가족을 중시하는 사고방식이 반영되어 있다.

5. 위계질서 중심의 사고방식

한국인의 욕설에는 종적이고 계급적이며 상하수직적인 관계를 중요시하는 욕설들이 많다. "니는 애미애비[214]도 없냐", "똥물에도 파도가 있다", "쌍놈이다", "지애비도 모르는 놈" 같이 높은 사람이 아랫사람에게만 할 수 있는 욕설들이다. 신분이 낮거나 나이가 어린 사람은 윗사람에게 절대적인 복종을 강조하였다. 배척하고 금시기되는 것이 욕이 되었으며, 따라서 위계질서에 반하는 것에는 어김없이 욕사발을 안겼다. 이것은 종래 한국 사회가 계급사회였으며, 상하귀천의 구별이 유달리 심하였기 때문이다. 이는 한국 사회가 오랫동안 유교 사회의 효를 바탕으로 한 위계질서를 강조[215]하는 사회적 분위기의 반영이라고 할 수 있다.

또 싸움의 시작에 앞서 항상 "너 나이 몇 살 쳐 먹었어", "대가리에 피도 마르지 않은 놈이", "어린놈의 새끼가"처럼 나이를 앞세워 싸움에서 기선을 제압하려는 것은 한국인들의 특징이다. 이는 나이가 한 살이라도 더 많으면 한 번도 본적이 없지만 위계적으로 우위를 점령할 수 있음을 보여주고 있다.[216] 이처럼 한국의 조직사회는 횡적이기보다는 수직적이고 상하 관계가 매우 경직되어 있다[217]고 할 수 있다. 이는 개개인의 인간으로서 평등성이 강조되기보다 위계질서가 명확하고 상하관계가 뚜렷하게 나타난다. 한국 사회가 계약적이고 평등한 관계를 중시하기보다 인간적이고 제왕적이며 순종적인 인관관계를 낳게 하는 요인이 되었다. 부모에 대한 효는 최대의 미덕으로 여겼기에 순종이 체질화되었다. 부모에게만 순종하는 것이 아니라 남의 부모도 부모라는 생각에서 순종하게 되고, 연장자(상급자)의 의사에 따르는 것을 미덕으로 여기다 보니 위계적인 관계를 중시하게 되었다.

한국인들은 부모 앞에서는 함부로 담배를 피우지 못하였다. 윗사람과 술을 마실 때는 엄격한 주도(酒道)가 요구되었다. 학문을 함에 있어 선배나 선임자에게 함부로 반대 의사나 의견을 표출하지 못하였으며, 절을 할 때도 복잡한 예법이 있다. 이러한 사고는 한국인의 동시동조성(同時同調性)으로 곧잘 나타난다. 곧 남들과 동조함으로써 평균에서 모나지 않으려 한다.218) 이는 윗사람이 식당에서 메뉴를 선택하면 아랫사람은 자신의 구미를 무시하고 윗사람에 선택한 메뉴를 쉽게 따라 하며, 다른 메뉴를 선택할 때 상대방에 대한 결례요 무례가 되며 버릇없다는 인상을 주기 쉽다. 한편 서양의 악수나누기는 평등한 인간관계를 기본으로 하지만 무릎을 끓고 하는 큰절에는 분명 상하의 위계관계가 명확하다. 또 서양의 천직이나 일본의 장인정신에서 평등정신을 읽을 수 있지만 한국의 "상놈", "백정", "천한 것들이"에서는 수직적 상하관계와 권위주의를 볼 수 있다. 따라서 자연스럽게 한국 욕에는 이런 위계질서에 위배되는 것에 대한 욕들이 많이 생겨나고 입에 오르내리게 되었다.

한국인들은 인간으로서 지켜야 할 도리를 강조하였다. 인간으로서 지켜야 할 도리로 유교 규범이 오랫동안 자리 잡았으며, 특히나 충, 효 중심의 위계적 사회질서를 중시하였다. 이러한 사회질서를 어지럽히는 이들에게는 언제나 "지아비 메치고 힘자랑할 놈(어림없는 소리)", "지애미 얼굴에 똥칠 할 놈", "집구석 망할 놈", "애비도 없는 놈이 그렇지", "아사리(앗다 즉 빼앗는다)판이다(아래위도 없이 잘 났다고 날뛰는 무질서한 상황을 빗댐)", "씨알머리(새가 낳은 알이나 곡식의 종자를 뜻하며, 씨알머리는 사람의 종자를 욕으로 이르는 말) 없는 것들 같으니라구(혈통을 빗대어 배운 것 없고 무례한 상것들이라고 꾸짖는 말)", "젖비린내 나는 놈(아직 나이 어린 것이 또는 아무것도 모르는 철부지 놈이 함부로 나댄다고 꾸짖는 말)", "귓때기도 새파란 놈이(나이도 어린놈이 버릇없이 군다고 호통 치는 말)"처럼 욕을 안겼다. 이는 서열의식과 계급의식을 중요시하며, 위계질서를 강조하는 사회적 분위기를 반영한 것이라고 볼 수 있다. 윗사람은 언제나 아랫사람의 잘못을 욕으로 꾸짖을 수 있었으나, 아랫사람은 감히 욕을 입 밖으로 내지 못하였다. 상하의 일방적인 소통뿐인 위계질서가 철저한 사회였다. 조선시대에 이러한 위계질서를 어지럽히거나 반발하였을 때는 엄격한 형벌을 가하기도 하였다. 특히나 부모에게 상처를 입히거나 욕을 하는 자에게는 엄중한 처벌을 가하기도 하였다.

욕은 인간의 언어 역사와 함께한다. 대부분 욕이 입으로 전해지며, 꺼려하고 금기시하였던 탓에 역사적인 기록으로 많이 남아 있지 않다.[219] 하지만 고려시대 정사인 『고려사』와 조선시대 통치의 기본 법전인 『경국대전』에는 우리 조상들은 일상생활에서 욕 사용을 엄격하게 규제하고 있음을 볼 수 있다.

신분제를 철저하게 유지하기 위해 욕설한 자는 법률로서 응징했음을 알 수 있다. 특히 아랫사람, 하위 계급인 자가 윗사람에게 한 욕설에 대한 처벌 규정을 볼 수 있으나 반대의 경우는 찾아볼 수 없었으며, 같은 욕이라도 항렬이 높은 직계 가족이나 상관의 직급에 따라 처벌 가중치가 달라짐을 알 수 있다.

조선왕조 전 시대를 포괄하는 방대한 법제 자료인 『대전회통』에도 욕설에 대한 언급이 있다. 자유인이 된 노비라도 옛 주인을 욕하면 처벌을 받고, 옛 주인의 잘못을 고발하여도 받아 주지 않고 오히려 처벌을 받는 등 철저한 서열과 계급 위주의 신분사회이었음을 알 수 있다.

고려사: "조부모나 부모에게 욕설을 하였을 때는 교형에 처하며 잘못하여 일시의 착오와 과실로 상처를 내었거나 욕설을 한 자는 도형 3년에 처하고 과실로 구타하였을 때는 3천 리 밖으로 귀양을 보내었다. (중략) 백부, 백모, 숙부, 숙모나 외조부에게 욕설을 한 자는 도형 1년에, 구타를 한 자는 3년에 각각 처하고 (중략) 친형이나 친누나에게 욕설을 한 자는 곤장 100대를 치고 (중략) 아내나 첩이 남편의 조부모와 부모에게 욕설을 하였을 때는 도형 2년에 처하고 구타를 하였을 때는 교형에, 상처를 냈으면 참형에 각각 처하고 과실로 상처를 낸 자는 도형 2년 반에, 과실로 죽게 한 자는 3년에 각각 처하였다." (『고려사』, 제84권, 지 제38, 형법 1, 대악에서 발췌)

경국대전: "자손, 처첩, 노비로서 부모, 가장의 비행을 고발하는 자는 모반(謀叛), 역반(逆反)을 제외하고는 교형(絞刑)에 처한다. 노처(奴妻), 비부(婢夫)로서 가장의 비행을 신고하는 자는 장일백(杖一百), 유삼천리(流三千里)에 처한다. 옛 노비, 고공(雇工)으로서 구가장(舊家長)을 구타, 욕설, 고발하는 자는 가장을 구타, 욕설, 고발한 율(律)에서 각 2등(等)을 감하여 논죄한다. 또한 무릇 하급관이 한 등급이 높은 관원을 욕설한 자는 남을 욕설한 본율(本律)에 1등을 올리며, 두 등급의 경우는 또 1등을 더하며, 이렇게 번갈아 더하여 장일백(杖一百)에서 그친다. 공(工)·상(商)·천례(賤隷)는 관직의 유무를 물론하고 각기 또 1등(等)을 더한다." (『경국대전』 형전(刑典)의 고존장(告尊長) 조항에서 발췌)

대전회통: "노비였던 자가 옛날 주인을 고소하면 수리(受理)하지 않고 오히려 고소인을 장(杖) 100도(徒) 3년에 처하도록 하였다." (『대전회통』 형전 고공(雇工) 및 노비 재백정단취(才白丁團聚)에서 발췌) "상민과 천민이 품계가 있는 기술관료 및 품계 없는 양반에게 욕설을 한 경우에는 장 60에 처하되 범죄사실과 도리가 매우 나쁜 경우에는 장 60도와 1년에 처하고, 사실을 날조하여 무고한 경우에는 보통의 범인에 비하여 등급을 더하여 처벌한다." (『대전회통』 5권, 추단(推斷)에서 발췌)

이처럼 과거 한국인들은 철저한 신분 계급사회에서 아랫사람이 윗사람에게 하는 욕설은 엄격하게 금지하고 있음을 알 수 있다. 이는 사회 전반적으로 가부장적 대가족 제도를 통한 이념적 지배체제이며 효는 본질적으로 인간의 질서의 상징이지만 동시에 그것은 소충(小忠)이며, 나아가 대효(大孝)는 곧 충(忠)으로 가족의 이데올로기와 정치의 이데올로기가 밀접한 관련이 있다.220) 위계질서는 사회적 안정을 굳건히 하려는 통치체제와도 연관이 된다. 따라서 신분계층 간뿐만 아니라 사회 전반적으로도 엄격하게 욕설을 제한하여 왔음을 알 수 있다.

위계질서를 강조하는 사회일수록 이를 어기는 것은 큰 죄나 수치심으로 여겨지게 된다. 따라서 이를 어긴 자는 욕을 얻어먹게 되며, 욕바가지를 안기게 된다. 한국 사회가 유독 위계질서를 강조하였기 때문에 이와 관련된 욕들이 많이 회자되고 있다. 현재 한국 사회가 계급사회가 철폐되었지만 새로운 계층 간 위화감이 고조되고 있으며, 다른 사람이나 집단과의 끊임없는 경쟁구도는 이전의 위계질서에 못지않은 새로운 형태의 욕설들을 생산해내는 토대가 되고 있다. 어른들의 의식 속에는 아직도 위계질서에 대한 개념이 성장세대보다 강한 면이 많이 있다. 이와 같은 사고의 차이에 의한 갈등이 유발되어 욕으로 생산되는 경우도 있다. 이에 '지하철 막말녀', '택시 막말녀'는 더욱 사회적 파장을 불러 일으켰다. 공공장소에서 윗사람에게 욕을 사용했다는 자체가 위계질서 중심의 한국사회에서는 더욱 기사거리로 회자되었던 것이다. 위계질서나 신분제도 의식이 많이 완화되거나 사라지고 있지만 여전히 한국인의 의식 속에는 상하 인간관계가 아직도 남아 있다. "어린 놈의 자식이", "여자가 말이야"에

서처럼 나이와 성별, 신분이나 직위에 따른 다양한 욕들이 여전히
사용되고 있다. 이 또한 한국 욕에는 위계질서를 강조하는 한국인의
의식이 반영되어 있기 때문이다.

욕의 긍정적 의미　제5장

아무래도 욕은 긍정적인 측면보다는 부정적인 측면이 많다. 아무도 없는 곳에서 혼자 해대는 욕은 자신의 내면적인 스트레스를 해소하는 긍정적인 효과가 있을지 모르지만 대부분의 욕은 타인에게 심각한 인격 훼손과 여러 가지 손해를 끼치게 된다. 또한 욕을 통해 모든 것을 남의 탓으로 돌림(외부 귀인함)으로써 자기발전이 없게 된다. 욕은 추악하고 반사회적이며 하지 말아야 할 것임은 당연하다. 그러나 한편으로 욕은 인간 본성의 적나라한 표현이며, 삶과 문화 그 자체이다. 그러므로 욕을 너무 부정적으로 볼 필요도 없다. 이런 맥락에서 욕의 긍정적 의미를 찾아보고자 한다.

1. 스트레스 해소와 정신 건강 유지

욕은 스트레스를 해소시켜 정신 건강에 도움을 준다. 욕을 통해 쌓였던 스트레스를 해소함으로써 인간은 감정을 정화시킨다. 현대병의 모든 시초는 복잡해져 가는 사회 속을 헤쳐 나가면서 받는 스트레스라 할 만큼 인간에게 있어서 이 스트레스는 풀어 버리지 않으면 안 될 것이 되어버렸다. 욕은 이런 스트레스에 대해 어느 정도 완충시켜주는 역할을 한다. 단순했던 인간관계가 복잡해지고 상대방과 경쟁이 시작되면서 발생하는 이해득실이 자연스레 상대방을 증오·시기하는 감정을 발생시킨다. 자신의 이익을 추구하기 위해 상대방을 향한 저주, 상대방과의 마찰로 인한 분쟁에서 일어나는 공격적인 감정 표현 등이 모두 욕을 통해 우선 표현된다.[221] 인간은 감정을 내쏟기 위해서도 욕하지만 감정을 스스로 달래기 위해서도 욕을 하기도 한다.

욕은 몹시 화가 났을 때 폭행을 하거나 기물을 파괴하는 커다란 실수 대신에 비교적 피해가 적은 언어 행동으로 바꾸어 감정을 풀어 주는 역할을 해 주기도 하며,[222] 욕하는 이의 마음의 앙금이나 감정의 응어리를 풀고 분을 삭이면서 억제된 공격 충동을 대신 충족시키는 구실을 한다.[223] 이처럼 욕이 욕구 불만의 해소작용을 담당하기도 한다.[224] 욕을 통해 후련함과 쾌감을 느끼는 것은 감정을 쏟아냄으로써 마음의 카타르시스를 경험하기 때문이다. 이처럼 욕은 욕하는 사람의 울화를 가라앉혀 심적인 안정을 회복케 하고, 기를 북돋

워 우울증을 완화시켜주며, 심리적 열등감을 해소하는 좋은 약리작
용이 있다. '왜놈', '쪽바리'와 같은 욕의 예를 들면 우월감과 열등감
은 기본적으로 같은 것이라고 할 수 있다. 우월감은 공격적인 것으
로 보이지만 사실은 그렇게 함으로써 자신의 약함을 가리고 있는 방
어적인 것일 수 있다. 일상생활에서도 사람들은 가끔씩 욕을 통해
과하게 말하거나, 행동함으로서 자신의 약점을 감추려고 한다. 결국
은 자신의 약점을 감추기 위한 수단으로도 욕이 사용될 수 있음을
보여주고 있다. 이는 욕쟁이 할머니의 TV 인터뷰를 통해서도 알 수
있었다.

　오랫동안 남에게 핍박을 받으며 살다보면 마음에는 원과 한이 쌓
이기 마련이다. 원이라는 것은 남에게서 당한 억울함을 일컫는 것이
고, 한이란 것은 스스로 이루지 못한 것에 대한 안타까움에서 생기
는 것이다. 이 원한을 풀고, 심리적 균형을 회복하여 건강을 도모하
는 방법 중에 하나가 욕을 하는 것이다. 우리 조상들이 흥에 겨울수
록 욕을 하고 삶의 고통과 아픔을 흥으로 풀어 해소했음에 주목[225]
할 필요가 있다. 음담이나 욕설에는 성적인 쾌락과 함께 익살스런
즐거움까지 얻을 수 있도록 해주는 기능이 있다. 농담욕은 익살 내
지 기지의 효능을 발휘하게 된다. 불의의 당돌함, 기상천외의 즉흥
성이 듣는 이를 웃기면서 욕 말이 농담이 되는 것이다. 이런 맥락에
서 욕은 긴장감을 해소시켜주며, 웃음을 선사하고, 즐거움을 줌으로
써 스트레스를 해소하고 감정을 순화시킴으로써 정신 건강에 도움
을 줄 수 있다. 흔히 '속 시원하게 (욕)한판' 하고 나면 속이 후련해
지는 것은 욕이 마음에 상처받은 자의 자기 치유 행위로서 기능[226]
하기 때문이라고 할 수 있다.

　이를 근거로 '욕치료'를 제안한다. 놀이치료, 미술치료, 음악치료, 독서치료, 웃음치료 등과 같이 각 영역이 고유한 방법을 통하여 심리적 치료 방법을 제시함으로써 마음의 정화와 심리치료 기능을 발휘하듯 마음속에 응어리진 감정을 해소할 수 있는 새로운 방법으로써 '욕치료'를 제안한다. 이제까지 욕을 금기의 대상으로만 여겨 교육적으로 접근하기 어려웠다. 하지만 욕의 긍정적, 교육적 기능을 감안하여 새로운 시각에서 교육적으로 '욕치료' 기법을 통하여 감정의 정화, 정신 건강을 위한 마음의 치유 효과를 거둘 수 있다고 본다. 앞으로 구체적인 방법과 기법에 대한 고민이 필요하다고 본다.

2. 비판과 풍자를 통한 사회질서 유지

욕은 사회를 비판하고 풍자함으로써 사회질서를 유지한다. 이는 사람들이 행동과 말을 함에 있어 상대방으로 하여금 비난받지 않고 욕을 먹지 않기 위해 자신의 행동과 말을 규범에 맞추어 하는 데서 비롯된 것으로 욕을 하기 위함이 아니라 욕을 먹지 않기 위해 욕을 하지 않는다[227]는 다소 역설적인 의미이다. 우리가 되도록 욕을 삼가야 하는 것은 당연하다.[228] 그런데 삼가야 한다고 해서 욕할 상황에서 입을 다물고 있으란 것은 아니다. 욕이 나쁘다고 해서 전혀 하지 말아야 하는 것이 아니라, 욕먹지 않기 위해서 노력해야 하는 것이다.[229]

욕은 피해자가 가해자에게 가하는 역공의 언어라고 할 수 있다. 그 가해가 부당하고 부정하고 왜곡된 것일 때 욕의 역공성은 더 한층 증폭될 수 있다. 이는 욕이 윤리감이나 정의로움을 소극적으로나 유연하게 표출하는 언어활동임을 알 수 있다. 욕은 인간을 인간답게 만들자는 의미에서 생긴, 사회교정자의 역할을 수행한다. 한 집단이나 공동체가 긍정적으로 받들었던 가치, 예컨대 부모에게 효도하라거나 부부가 서로 사랑하라거나 하는 덕목이 허물어져가는 것을 참지 못해 맞불을 놓는 것이 욕이다. 욕은 역설적인 윤리요, 기강이라고 할 수 있다.[230] 또한 욕은 부당한, 번지수가 틀린 도전에 대한 응징이 될 수도 있다. 때로는 이론적인 글보다는 욕 한마디가 부당한 세력에 대해 통렬한 반박이 될 수도 있다. 욕을 사회적으로 보면 사회적 계층 간의 어떤 위화감을 해소[231]하여 심리적 거리를 가깝게 한다. 마당극이나 탈춤에서 못된 양반을 욕하는 장면이 많이 나온다. 이는 일상생활에서는 불가능한 일이지만 공개적으로 사회계층의 위화감과 갈등을 해소하기 위해 가능했던 것이다. 위선적이거나 권력욕에 눈 먼 사람에게 퍼붓는 것도 욕이다. 요즘만큼 정치인을 향해 내뿜는 욕들이 많은 경우가 드물었다. 이는 현재 정치인들에 대한 반감일 수 있으며, 우리 사회의 사회 질서가 바로 잡히지 못함을 역설적으로 보여주고 있다.

욕은 성이나 똥오줌에 잘 달라붙지만, 불륜이나 패륜에도 곧잘 달라붙는다. 그것은 욕이 성을 똥오줌 다루듯 하는 것과 마찬가지로 불륜이나 패륜 등의 악덕 또한 똥오줌 보듯 한다는 것을 의미한다. 간음, 근친상간, 근친학대에 관한 욕은 이를 꾸짖고 나무라며 경계한다는 의미를 포함하고 있다. 이와 동시에 욕은 악덕, 오만, 위선, 잘난 척함, 업신여김, 인색한 사람, 비정한 사람, 얌치없는 사람, 게으른 사람, 허풍 떠는 사람, 뻔뻔한 사람, 아첨하는 사람 등도 좋지 않고 멀리할 것으로 여긴다. 또한 욕은 가난 극복에서도 큰 구실을 하고 있는데, 게으름을 피워 헐벗고 굶주리는 것을 죄악시함으로써 근면 성실함을 역설적으로 강조하고 있다.[232] '빌어먹을 놈', '거지같은 놈', '게을러터진 놈' 등이 좋은 사례라 할 수 있다. 이는 가난한 것을 죄악시함으로써 근면함을 미덕으로 삼고 있음을 알 수 있다.

꼭 사회가 규칙과 법에 의해서만 유지되는 것은 아니다. 사회구성원들 사이에 무의식적으로 전수되어 오는 정신적, 문화적인 분위기도 사회를 유지하는 중요한 요인이 되는 것이다. 욕도 또한 사회적 문화적 요소이기에 욕 들어 먹지 않기 위해 노력하는 것 자체가 바로 교육적인 면을 포함하고 있다고 할 수 있다. 욕먹는 사람을 배척하는 사회적 분위기는 바로 윤리적인 면을 포함하고 있다. 따라서 욕이 사회질서를 유지하고 사회의 올바른 구성원이 되도록 채찍질하는 교육적 기능도 있다.

욕은 되도록 하지 말아야 하는 말이다. 하지만 욕을 해야 할 때는 해야 할 말이고 욕먹을 행동을 했을 때는 욕을 먹어야 발전한다.[233] 사람들은 살아가면서 피할 수 없는 것이 욕이거늘 욕을 어떻게 전략적으로 잘 쓰고, 욕을 최대한 먹지 않는 삶이 무엇인지 고민하면서 살아야 할 일이다. 부당하고 부정하고 왜곡된 것에 대한 억울하고 분이 치밀어서 하는 욕설은 윤리감이나 정의로움을 소극적으로나마 표출하는 활동임을 알 수 있다.

3. 인간관계 형성과 친밀감 형성

　욕은 인간관계 형성에 기여하며, 친밀감을 높여 주기도 한다. 미움과 살기가 느껴지는 욕만 있는 것이 아니라 애정이 넘쳐나는 욕도 있다. 한 연구에 따르면 서울거주 20~30대 남녀 각각 200명을 상대로 설문조사한 결과, 욕설을 하는 이유에 대하여 스트레스를 풀기 위해(35.9%), 친근감을 나타내기 위해(26.5%), 상대방에게 모욕감을 주기 위해(10.5%), 습관이기 때문(10.4%)이라고 하였다.234) 욕의 부정적 의미인 상대방에게 모욕감을 주기 위해서 사용하기보다는 스트레스를 풀기 위해서나 친근감을 나타내기 위해서 욕을 많이 한다는 사실을 알 수 있다.

　대부분의 저주와 악담의 쌍욕, 비아냥거림과 조소의 방귀욕은 노여움과 화증을 동반하여 인간관계를 악화시킨다. 하지만 욕 가운데는 전혀 욕 같지 않게 쓰이는 것들로 친구에 대한 반가움을 나타내거나, 스스럼없는 사이임을 과시하는 일종의 애칭일 수 있는 욕이 있다. 호남에서 "이 잡것", 경상도에서 "야, 이 문둥아", "야, 이 새끼야" 등 이른바 농담관계의 욕은 인간관계의 친밀성을 높여 주는 작용235)을 하기도 한다. 듣기는 욕처럼 들리지만 실상은 일종의 애정이나 친근함, 반가움을 표현하는 말로 사용하기도 한다.236) 욕을 통해 서로 간의 감정을 조절하거나 친한 친구를 만났을 때 "이 문디 같은 자슥, 잘 사고 있었나? 반갑데이"와 같은 욕을 던진다면 서먹해질 수 있는 만남이 단번에 이전의 막역한 시절의 분위기로 전환시

킬 수도 있다. 이처럼 친한 친구나 가까운 관계의 사람에게 하는 욕
설은 강한 애정과 친근함의 표시,[237] 흉허물이 없음을 나타내거나
사랑스러움의 표시, 분위기를 즐겁게 하기 위한 도구로 사용되기도
한다.

　욕이 때로는 즐겁고 다정다감하게 들리기도 하며, 재미를 추구하
고 분위기를 즐겁게 하기도 한다.[238] "별, 새 뒤집어 날아가는 소리
하네", "귀신 씨나락 까먹는 소리 하네"와 같이 비유가 절묘하고, 과
장이 탁월하며, 말장난으로 웃겨서 욕먹는 사람조차 피식 웃게 될
익살욕 또한 긴장된 인간관계를 풀어준다. 더불어 경쟁적이고 사무
적인 인간관계에 웃음과 여유를 주기도 한다.

　요즘 인터넷이나 스마트폰을 이용한 가상공간에서의 만남이 늘어
나는 상황에서 친밀한 인간관계를 맺기를 원하는 사람들이 증가하
고 있으며, 이에 따라 사용되는 언어의 변형과 축약도 점차 증가하
고 있다. '～하세요'를 '～하세용'처럼 딱딱하고 사무적인 관계에서
벗어나 친밀감을 느끼고 대화의 부담감을 줄이기 위해 변형된 언어
를 사용하고 있으며, 다양한 이모티콘을 사용하여 상대방과 친밀감
과 다정다감함을 나누고 싶은 욕구를 드러내기도 한다.

　쌍욕, 악담욕 등 상대방의 마음을 헤치는 욕들은 인간관계 악화를
불러올 가능성이 많은 욕임에 분명하다. 하지만 강한 애정과 친근감
의 표시, 기분 전환, 재미 추구, 긴장감 해소 등의 다양한 감정 표현
은 생동적인 역할을 하며, 인간관계의 촉매제 역할을 한다. 요즘 아
이들이 욕을 많이 사용하는 이유 중의 하나도 핵가족화와 맞벌이 부
부의 증가로 인한 가정에서의 친밀한 인간관계의 소원함을 친구들
과 친하게 지내고 싶은 마음에 욕을 쉽게 사용하고 있다.

4. 자기 집단 결속

욕은 자기가 속한 집단을 결속한다. 사회정체(특정 사회집단에 소속되었다는 인식을 통해 개인이 감정과 가치를 느끼는 것)이론은 다른 집단과의 비교를 통하여 자신이 속한 집단의 독특한 특수성을 발견하고 확인함으로써 자부심을 느끼고자 하는 동기에 기반을 두고 있다.[239] 인간은 다른 집단에 대한 불만이나 차이점을 욕을 통해 과장함으로써 자기가 속한 집단의 결속력을 높이려고 한다. 자신이 속한 집단에서 다른 집단을 반대하고 욕하는 상황이 발생되었을 때 쉽게 자기 집단의 다수의 생각에 맞추는 동조현상과 자기집단 편애 현상이 발생하게 된다. 다른 집단과의 거리를 둠으로써 자기 집단의 결속을 강화하는 것이다. 이와 같은 욕의 기능은 한편으로 집단 간 갈등을 유발하고 집단 간 협력을 방해하는 요인으로 작용하지만, 자기 집단에 대한 결속력을 높이기도 한다. 영화 <황산벌>(2003)에서 전쟁 중에 사기가 떨어진 신라군이 사기를 높이기 위해 백제군을 욕함으로써 신라군의 사기를 높이는 전술이 사용되기도 하였다. 또 우리 고유의 전승 놀이인 횃불싸움에서도 정월 대보름 마을끼리 단체로 욕을 주고받음[240]으로써 마을의 단결을 도모하고자 하였다. 이처럼 욕은 자기 집단을 결속하는 기능이 있음을 보여주고 있다. 즉, 같은 집단 내에서 비슷한 욕을 사용하는 경우 또는 특정 집단에 대해 똑같이 욕을 하는 경우 등은 자기 집단을 통해 동질감을 확인함으로 해서 자기를 확인하려는 의도가 내포되어 있다.

한편 이규태는『한국인의 의식구조』에서 한국인의 특징으로 유별나게 내지향적 가족의식을 강조하고 있다.[241] 이는 다른 나라에 비해 가족욕이나 집단욕이 잘 발달되어 있으며, 자기 소속 집단에 대한 집착과 애착이 관련성이 높다는 사실을 잘 보여주고 있다. 한국에서 가족에 대한 욕은 다른 나라에서 보다 한층 발달되어 있으며, 또한 가족에 대한 욕이 곧 나에 대한 욕이라는 의식이 깊이 뿌리내리고 있다는 것도 자기 집단에 대한 애착과 결속력이 강함을 욕을 통해 설명할 수 있다.

혈연 중심의 가족을 유난히 중요시하기에 가족을 욕하는 것은 더욱 수치심을 유발하고, 또 모욕적으로 들리기에 가족이나 집안이 욕을 듣지 않도록 개인적인 행동을 조심하게 되었다. 또 이러한 집단에 동조되지 못하는 사람들은 욕을 듣게 되고, 개성이 강하거나 집단에 동조되지 못한 사람들에게는 욕감태기를 안겼다. 결국 혈연집단을 강조하는 한국 사회에서는 가족이라는 구성원이 일체감을 느끼기 쉬웠으며, 또한 동질감이 아주 높았다. 혈연 집단의 강조는 가족욕이 유난히 발달되었으며, 결국 욕이 집단을 결속하는 역할을 담당하기도 하였다.

사회구성원으로서 공동체 목표에 동조하지 못하는 사람에게는 욕을 안김으로써 개성적이거나 튀는 사람보다는 평균적인 사람을 요구하게 되었다. 집단의 결속이 어느 사회보다 중요시되었다. 그래서 한국 사회에서는 수많은 모임이나 집단구성이 많다. 유친계, 친목계, 동창회, 동향회를 비롯한 각종 모임들이 많으며, 모임에서의 평균적 인간을 이상으로 하는 경우가 많다. 모나지 않으며, 집단에 잘 동조하며, 집단을 잘 결속하는 사람을 요구하게 되었으며, 이에 반하면 각종 욕을 안겼다. 욕이 비록 집단 간이나 개인 간에 다툼을 유발시키고, 분열을 조장하기도 하지만 한편으로는 집단을 강력하게 결속하기도 하고 집단구성원의 동조를 조장하기도 한다. 욕이 집단을 결속하고 집단의 가치에 동조하도록 조장하는 긍정적 역할을 담당하고 있다.

5. 감정의 효과적 표현

욕은 인간의 감정을 효과적으로 표현하는 수단이 된다. 속된 감정과 정서를 직접적으로 나타내는 욕은 인간의 섬세한 감정을 표현하는 데 이바지한다. 욕은 사람들 사이에 다양한 감정과 정서를 표현하기 쉽다. 특히 사람들 사이에 얕잡아 보거나, 자기나 자기와 관련된 인물을 스스로 낮추어 표현하기도 하며, 부정적 인물에 대한 증오, 경멸, 풍자 등의 감정을 풍부하게 표현한다. 뿐만 아니라 친근하여 흉허물이 없음을 나타내거나 사랑스러운 감정 정서를 표현한다. 이러한 경우 친근한 사이에 우스개로 쓰일 수 있고 화락한 분위기를 조성하거나 친밀성, 귀염성 등을 표현한다.[242]

일상생활 속에서 하는 우리의 말은 자신의 감정을 숨기고 사무적이며 이성적인 표현을 하는 경우가 많다. 그로 인해 긴장과 따분함을 유발하고 생활을 무미건조하게 만들며, 사람들 관계를 삭막하게 만들기 쉽다. 다시 말해 사람들은 보통 일상생활에서는 언어 사용을 제한이 따르게 마련이다. 성별·나이·학식·직업·사회적 지위·인생관·가치관 그리고 그가 속해 있는 집단의 분위기와 규제 및 사회적 풍습 등의 이유 때문에 항상 자유롭고 솔직하며, 하고 싶은 이야기를 마음껏 표현할 수 없다. 아무 거리낌 없이 자유롭게 말하며, 자유롭게 행동할 수 없다. 상대방의 마음을 상하지 않게 신경을 써야 하고, 상대방의 공감과 동의를 마음속으로 바라며, 상대방과의 의견충돌을 되도록 피해야 하며, 사회 집단의 모레스(Mores: 집단생활에서 구성원의 태도나 행동을 규제하는 집단행동 준칙)에 저촉되지 않기 위한 경우와 같은 여러 제한 때문에 말을 신중히 골라 써야 한다. 이러한 제한적 언어 사용 및 표현은 자기 자신의 마음속에 있는 본연의 심정과 감정을 그대로 표출하는 것이 되지 못하고 가식적이거나 조작적인 것이 되기 쉬우며, 때에 따라서는 자신의 생각과 의도와는 정반대의 표출이 되기도 한다. 이러한 언어 표현으로 이루어지고 있는 정상적 일상 언어생활은 인간 본연의 감정 그대로가 아니고 은폐되기 쉽다. 따라서 이러한 가식적이고 조작된 언어생활로는 상대방을 정확하게 이해하기 어렵다. 따라서 우리가 인간을 제대로 구명하려면 정상적 일상생활에서는 나타나지 않은, 심층부에 도사리고 있는 잠재적이고 무의식적인 언어 표현243)을 잘 살펴보아야 할 것이다. 욕은 인간 내면에 본성을 비교적 그대로 표출하기 때문에 인간을 이해하는 데 도움이 될 수 있다.

욕은 마음속에 담고 있는 감정을 짧고, 솔직하고, 강렬하게 쏟아냄으로써 인간적인 면을 한층 부각시킬 수 있다.244) 일상적 언어로는 미묘한 심리상태를 표출할 적당한 어휘가 없다든지, 눈에 띈 우연의 유사성이라든지, 마음속에 떠오른 유머러스한 연상을 적절하게 표현할 말이 마땅하지 않다든지 하는 경우에 일반적인 용법에서 벗어난 변이적 용법으로서 욕을 사용한다.245) 이처럼 욕이 일상적 언어로 표현하기 어려운 것을 때로는 짧고 간결하며 강렬하게 감정을 전달하기도 한다. 주로 욕은 사람들 사이에 낮잡거나 홀하게 이르는 감정 정서를 의식적으로 나타낼 경우나, 부정적 인물에 대한 증오, 경멸, 풍자 등의 감정을 풍부하게 표현할 수 있다. 이외에도 자기나 자기와 관련된 인물을 스스로 낮추어 표현하는 등의 속된 감정과 정

서를 직접적으로 나타내는 등 욕은 인간의 섬세한 감정을 훌륭하게
표현하는 데 이바지한다.

최근 성장세대 사이에 급격하게 나타나는 욕은 생활이 거칠어지
고, 급격한 사회 변동으로 인하여 안정감이 부족하며, 부실한 가정
환경의 증가로 인하여 가정의 영향력이 점점 줄어들고, 사회의 무관
심이 팽배하는 사회적 분위기를 반영하고 있다. 또 청소년 개인적으
로는 독특하고 신선하며, 자신만의 표현력을 나타내 보이고자 하는
욕구와 언어로서 또래 집단이라는 것을 확인하고자 하는 욕구, 일시
적 쾌감과 불만 표출 욕구, 무한 경쟁에 따른 스트레스를 받고 있음
을 나타내고자 하는 욕구, 인간성 상실에 의한 욕구의 표출로 인하
여 욕을 자연스럽고 쉽게 누구나 사용하고 있다. 사회적 분위기와
개인의 욕구와 감정을 표현하는 수단으로 욕을 쉽게 사용하는 경향
이 있다.

성장 세대들이 자신의 감정을 솔직하고 진지하게 표현할 기회가
줄어들기에 자신의 감정을 정확하게 표현하는 방법을 잃어가고 있
다. 짧고 강렬한 감정표현으로 욕을 사용하고 있는 것이다. 욕설 사
용은 청소년 개인의 문제임과 동시에 사회적 분위기 또한 중요한 요
소임을 알 수 있다. 성장 세대들이 욕을 적게 할 수 있는 사회적 분
위기, 교육적 분위기는 결국 사회구성원 전체에게 책임이 있다고 할
수 있다.

종합해보면 욕은 인간 삶의 원형으로서 인간 본성과 감정의 꾸밈
없는 표현이라고 할 수 있다. 따라서 욕에는 인간 삶의 모습이 그대
로 투영되어 있다고 할 수 있으며, 이런 점에서 욕이 긍정적 의미를
가진다고 할 수 있다.

에필로그

욕은 어느 시대나 어느 곳에서 존재하는 인간사회의 문화 현상이다. 욕에는 인간의 삶이 관련되어 있다. 한국적인 욕에는 한국인의 삶이 그대로 반영되어 있으며, 한국인의 욕에 대한 이해는 곧 인간의 이해, 세계관의 이해와 연관되어 있다. 욕은 한국인의 삶과 보편적인 인간으로서 인간본성을 파악할 수 있는 좋은 수단인 셈이다. 욕으로부터 인간 본성과 삶의 방식을 구명함으로써 인간중심 교육과 인간 전체성을 도모하고 교육의 기본 사상이 되는 인간이해의 틀을 마련할 수 있다.

첫째, 욕에는 인간 본성이 내재되어 있다. 즉, 인간은 그 특성에 따라 다양하게 정의되지만 이 글에서는 인간을 욕과 관련하여 사회적 존재, 성적인 존재, 배설적 존재, 공격적 존재, 방어적 존재, 언어적 존재로 정의하였다. 이것은 욕에는 인간의 본성이 내재되어 있다는 것을 의미하는 것이다. 그러므로 욕을 무조건 부정적으로 인식하고 금지하기보다는 욕이 인간의 본성임을 이해하고 이에 근거하여, 욕의 부정적 요소를 최소화하려는 노력이 필요하다.

둘째, 한국 욕의 본질 및 양상과 특징 속에는 한국인의 사고방식과 삶의 방식이 내재되어 있다. 한국인의 욕 사용 양상과 특징을 통해 한국인의 삶의 방식을 알 수 있다. 한국 욕에는 한국 사회의 정착성과 집단성을 반영한 정에 의한 온정적 인간관계를 중시하는 사고방식이 반영되어 있으며, 부정하고 부당한 것, 공동체의 정해진 사

회 규범을 지키지 않는 것에 대한 비판과 풍자 의식이 반영되어 있
다. 또 여성과 장애, 직업과 능력에 따른 차별과 자기와 다른 것에
대한 배타적 사고방식, 개인보다 혈연 공동체를 중심으로 한 가족
중심의 집단적 사고방식, 나이와 성별, 신분과 직위에 따른 위계질
서 중심의 사고방식들이 한국 욕에 내재되어 있다. 이런 점에서 욕
은 특정 민족이나 사회의 삶의 방식과 사고방식을 이해하는 방편이
될 수 있다.

셋째, 욕은 파괴적이고 부정적인 기능이 강하지만, 긍정적, 교육적
인 기능도 지니고 있다. 욕은 스트레스를 해소하고, 마음의 앙금이
나 감정의 응어리를 풀며, 분을 삭이면서 억제된 공격 충동을 완화
시킴으로써 정서를 정화시켜 정신 건강에 도움을 주며, 부당하고 왜
곡된 것에 대한 비판과 풍자로써 사회질서를 유지한다. 또 욕은 때
로는 즐겁고 다정다감하며, 재미와 흥미를 추구함으로써 인간관계
형성에 기여하며 친밀감을 높여주기도 한다. 뿐만 아니라 욕은 집단
구성원의 동조를 조장하여 자기가 속한 집단을 결속하기도 하며, 인
간의 섬세한 감정을 풍부하고 다양하게 표현하는 수단이 되기도 한
다. 이런 점에서 욕은 가급적 사용하지 않아야 하지만, 모든 욕을 부
정적으로 볼 필요는 없다.

넷째, 욕에 대한 이해와 인식 제고가 필요하다. 지금까지 한국 사
회에서는 욕을 지나치게 부정적으로 인식하고 지도의 대상으로만
여겨왔다. '고운 말 쓰기 운동', '대중매체 및 인터넷 매체 이용 시
욕 방지', '욕설 사용 생활기록부 기록' 등의 사회적·교육적 대책들
이나, 학계에서의 욕 관련 연구들도 대부분 실태파악이나 국문학적
접근들이 대부분이었다. 이는 한결같이 욕을 부정시하고, 방지하려

고 하는 데 초점을 두어 왔다고 할 수 있는데, 이것은 욕의 부정적 기능에만 주목한 것에서 기인한 것으로 보인다. 물론 욕이 바람직한 것은 아니기에 공적인 자리에서 욕을 사용하는 것은 가급적 줄일 필요가 있지만, 그렇다고 욕을 지나치게 부정적으로 인식하거나 금기시할 필요도 없다. 왜냐하면 욕이 무조건 나쁜 것도 아니며, 해서는 안 되는 것도 아니기 때문이다. 이것은 '욕을 많이 하자'는 것이 아니라 욕할 만한 상황에서는 욕하는 것이 필요하며, 때로는 욕을 안 하는 것보다 욕을 하는 것이 모두를 위해서, 자기 자신을 위해서 유익할 때도 있기 때문이다. 다만 욕을 할 상황에서는 하되, 해서는 안 될 욕, 예를 들면 신체적인 결함을 담은 욕, 상스런 욕, 악질적인 욕, 파괴적이고 공격적인 욕, 지역감정을 유발하는 욕, 특정인을 비방하는 욕 등은 가급적 하지 않도록 하는 것이 필요하다.

다섯째, 욕하는 성장세대에 대한 이해와 이에 근거한 교육적 관점에서의 근본적인 대책이 필요하다. 요즘 어린이나 청소년들은 욕을 일상어처럼 사용하고 있고, 욕을 사용하지 않으면 대화가 안 될 정도이다. 물론 성장세대가 욕을 많이 하는 현상이 바람직한 현상이라고는 할 수 없지만, 그렇다고 어린이나 청소년들이 욕하는 행위를 지나치게 부정적으로 보고 무조건 꾸중하고 질책하는 것도 곤란하다. 왜냐하면 성장세대의 행위 대부분은 기성세대의 행동에 기인한 바가 크기 때문이다. 특히 최근 들어 성장세대의 욕이 급증한 것은 기성세대가 제공한 디지털미디어, TV, 영화, 게임, 대중가요의 영향이 크다고 할 수 있다. 기성세대가 성장세대의 언어습관을 오염시켜 놓고 이제 와서는 욕하는 청소년들만을 나무라는 것은 어른들의 횡포요 무책임한 태도라고 할 수 있다. 욕하는 청소년을 꾸중하고 질책하기 이전에 교육적 관점에서 성장성대가 욕하는 원인을 체계적으로 분석하고 이를 해결하기 위한 근본적인 대책이 강구되어야 한다.

흔히 '말'에는 그 사람이 드러나고, 대중의 언어습관에는 사회가 반영된다고 한다. 청소년들의 욕은 우리 사회가 '욕을 권하는 사회'임을 보여준다. 성장 세대들이 욕을 달고 사는 것은 그들의 삶이, 현실이 욕 나오게 하기 때문일 것이다. 그러므로 무엇보다도 중요한 것은 그들에게서 욕 나오지 않는 교육적 환경을 만들어 주는 것이다. 성장 세대들이 욕을 많이 사용하는 것은 그들만의 한정된 문제가 아니다. 사회문제이며 동시에 사회공동체 모두의 문제이기도 하다. 따라서 사회 전반적으로 합리적이고 건전한 사회를 만드는 것이 자라는 성장세대가 더불어 욕을 줄이는 지름길인 것이다.

욕은 처벌의 문제이기보다 예방과 치유의 문제로 접근해야 한다. 처벌로만 접근하면 더욱 욕을 조장하게 된다. 그들 삶의 환경을 변화시켜주어야 하며, 마음속에 응어리를 풀어주어야만 한다. 마음속에 쌓인 것이 많은데 풀어놓지 못하게 한다면 어떻게 될 것인가? 청소년이 자라는 환경 속에서 마음속 응어리가 쌓이지 않게 해야 하는 것이 기성세대들의 책임인 것이다.

욕의 근절 방안이나 언어 순화도 필요하지만 결국 근원적인 해결 방안을 위한 노력이 필요하다. 따라서 정부의 정책들은 욕에 대한 인식 전환, 욕을 할 수밖에 없는 청소년들의 교육적 환경, 청소년들의 심리, 사회 문화적 영향 등을 종합하여 장기적으로 문화를 바꾸어 나가는 대책을 수립하여야 한다. 또한 학교 현장에서는 자기 주도성 살리기를 통한 욕설 습관 지도의 통합적 접근, 욕설의 부작용 탐색하기, 대중 매체 언어에 대한 비판적 사고력 기르기, 편견 언어

극복하기, 유머로 소통하기 등의 다양하고 다각적인 지도 방법을 통하여 꾸준한 지도가 필요하다.

　지금까지 주로 부정적으로 인식되어 온 욕을 긍정적인 측면에서 살펴보았다. 전술한 바와 같이 욕은 특정 사회와 시대의 산물인 동시에 인간 본성의 표현으로서 긍정적인 의미보다는 부정적이고, 공격적이며, 파괴적이며, 비인권적 의미가 훨씬 강하다. 이 책에서는 이러한 욕에 대한 기존 관점과는 다른 관점에서 욕의 긍정적 측면과 인간학적인 측면을 중심으로 살펴보았다.

　결국 욕은 파괴적이고 공격적이며 바람직하지 않은 것은 사실이지만, 한편으로는 긍정적 기능을 지니고 있는 것 또한 사실이다. 따라서 욕을 무조건 부정적으로 보기보다는 욕에 대한 본질과 특징, 욕을 사용하는 인간에 본성, 삶의 방식을 종합적으로 이해하려는 노력이 필요하다. 최근 우리 사회, 특히 성장세대의 욕 사용 문제를 해결하기 위해서는 욕에 대하여 무조건 비난하고 금지하기보다는 욕에 대한 지속적인 연구와 이해가 필요하다.

참고문헌

<국내 문헌>

강기수·이점식(2011), 욕의 교육인간학적 기능, 석당논집.

강대기(2004), 현대사회에서 공동체는 가능한가, 서울: 아카넷.

강등학(1984), 한국인의 뿌리를 찾아서, 서울: 학일출판사.

강등학(1990), 한국인의 뿌리, 서울: 금강서원.

강등학(1999), 아라리의 여성관련 사설의 주제양상과 소비지향 분석, 구비문학연구.

강신항(1957), 군대비속어에 대하여, 일석 이희승선생 기념논집.

강윤정·박동진(2008), 창본 「변강쇠가」 연구, 판소리연구.

고려대민족문화연구소(1982), 한국민속대관, 서울: 문정사인쇄소.

고려대민족문화연구소(2010), 한국문화사대계, 디지털본, 서울: 고대학교민족문화연구원.

고선아(1996), 광주에서 열린 제1회 전국 욕쟁이대회: 욕 잘하면 인품도 높다, 사회평론 길.

고예원·손은미·이현주(2007), 커뮤니케이션 도구로써의 글꼴 및 휴대폰 문자 메시지에 대한 사용자 인식, 디자인학연구.

공규택(2011), 말이 예쁜 아이 말이 거친 아이, 서울: 추수밭.

교육인적자원부(2004), 인터넷 언어순화, 생활 속의 언어 예절, 서울: (주)서울멀티넷.

국립특수교육원(2009), 특수교육학용어사전, 서울: 하우.

권연진(1998), 컴퓨터 통신어의 언어학적 특징, 언어과학.

권태영·이한주(2010), 스트릿 스마트, 서울: 월드플러스.

기계저널편집부(2006), 오라질, 기계저널.

기계저널편집부(2006), 화냥년, 기계저널.

김경년·김재영(2005), 오마이 뉴스 독자 의견 분석, 한국방송학보.

김기종(1998), 조선어 상말(상소리)의 특성과 그 사용(1), 중국조선어문.

김기종(1998), 조선어 상말(상소리)의 특성과 그 사용(2), 중국조선어문.

김동언(1998), 국어 비속어의 개념과 특징, 강남대인문과학논집.

김동언(1999), 국어 비속어 사전, 서울: 프리미엄북스.

김미형·임소영·임혜원·전영옥·전정미(2005), 인간과 언어-본능과 능력 사이, 서울: 박이정.

김상윤(2002), 욕설의 특질에 관한 연구, 화법연구.

김선풍(1997), 육담의 세계, 서울: 국학자료원.

김선희(2013), 어린이 낙서의 교육인간학적 연구, 동아대박사논문.

김승용(2002), 폭력에 대한 태도와 경험에 따른 노인부부폭력 연구, 한국노년학.

김열규(1996), 우리 욕 좀 하고 살자고, 욕을 살립시다, 광주민학회창립 10주년 기념집.

김열규(1997), 욕 그 카타르시스의 미학, 경기도: 사계절.

김열규(2003), 도깨비와 귀신-한국의 남과 여, 한국학논집.

김열규(2004), 한국인의 화, 서울: 사계절.

김열규(2010), 도깨비 본색 뿔난 한국인, 서울: 사계절.

김열규(2010), 심리학, 한국인을 만나다: 우리는 왜 이런 행동을 할까?, 경기도: 시담.

김열규(2011), 한국인의 에로스, 서울: 궁리.

김열규 외(1977), 한국 한국인을 분석한다, 서울: 중앙일보·동양방송.

김열규 외 17인(1989), 한국문화의 뿌리-가문과 인간·문화와 의식-, 서울: 일조각.

김영승(1994), 몸 하나의 사랑, 서울: 미학사.

김영희(2002), 접미사 −돌이 −순이 계열의 비속어에 대하여, 정신문화연구.

김용신(2000), 문명비판Ⅱ: 한국인의 잠재의식과 정치병리, 서울: 명상.

김우중(2010), 얼굴이 빨개지는 영어: 속어로 배우는 영어, 서울: 청어.

김윤종(2011), 어린이 놀이의 교육인간학적 의의, 동아대박사논문.

김은미·선유화(2006), 댓글에 대한 노출이 뉴스 수용에 미치는 효과, 한국언론학보.

김정일(1996), 아하, 프로이트, 서울: 푸른 숲.

김종주(1996), 욕의 정신의학적 고찰, 욕을 살립시다, 광주민학회창립10주년 기념집.

김종훈·박영섭·김태곤·김상윤(1985), 은어 비속어 직업어, 경기도: 집문당.

김태경·장경희·김정선·이삼형·이필영·전은진(2011), 청소년 언어 사용 실태 조사, 사회언어학.

김태균(2007), 한국인의 본성을 파헤친 빨리빨리와 전통사상, 서울: 양림.

김현룡(2001), 한국인 이야기 3: 욕 잘하는 사람 말도 잘하더라, 서울: 자유문학사.

김현태(2007), 중국어 욕설 표현의 유형 및 특징 고찰, 중국학.

김혜숙·서유민(2010), 청소년 욕하기를 줄이기 위한 방법적 연구-감정표현 글쓰기를 통한 접근, 한국기독교상담학회지.

김혜원(2010), 욕하는 습관 가정화목을 극복한다, 엄마는 생각쟁이.

문정훈·김준하·조수란·김용진·조항정(2010), 온라인 게임에서의 길드(Guild)의 역할, 정보와사회.

박갑수(1995), 비속어 판치는 방송언어, 한국논단.

박갑수(2002), 청소년의 언어 행태와 그 개선 방안, 선청어문.

박성수·박재황·김진희·임은미·안희정(1997), 청소년의 언어세계-은어 속어 욕설 탐구, 청소년상담문제 연구보고서, 서울: 태림문화인쇄.

박승억(2007), 현상학, 철학의 위기를 돌파하라, 서울: 김영사.

박연배(2001), 중국 욕설 연구, 동국대석사논문.

박용성·박진규(2009), 청소년의 언어사용 실태 연구, 청소년학 연구.

박용수(1996), 우리말겨레사전-온라인판, 서울: 동방미디어.

박용찬(2007), 새로운 방식의 외래어 순화, 어문연구.

박은숙(2011), 중학생의 욕설 사용 실태 및 욕설 빈도에 따른 일상적 스트레스와 학교생활 적응에 관한 연구, 아주대석사논문.

박이문(1995), 문학과 철학, 서울: 민음사.

박인기(2011), 학생언어순화 문제(현상)의 통합적 인식과 교육적 실천, 학생 언어문화 개선 협력학교·협력교실 담당자 워크숍 자료, 서울: 한국교원단체총연합회.

방송위원회(2001), 급변하는 사회의 방송언어문화 향상 방안 연구, 서울: 방송위원회.

서인석(1960), 욕설고, 국어국문학.

서정범(2000), 국어어원사전-온라인판, 서울: 동방미디어.

성철용(1984), 해학적 욕설고: 현 중·고등학생을 중심으로, 고려대석사논문.

손범규(2010), 방송언어의 저품격 언어사용 실태연구, 방송언어와 국어 교육.

손봉희(2009), 중학생의 욕설 사용 실태와 욕설 사용 빈도에 따른 자아존중감, 스트레스, 우울의 차이, 계명대석사논문.

송재록(2011), 욕해도 모르면 약이다, 한글한자문화.

송재선(1993), 상말속담사전, 서울: 동문선.

송재선(1997), 동물속담사전, 서울: 동문선.

신기상(1992), 우리말 욕설 연구, 한국어교육학회.

신기철·신용철(1981), 새 우리말 큰사전, 서울: 삼성출판사.

신석찬(2000), 경미 소설을 통해 본 북경사람들의 욕 문화, 중국어문학.

심우장·김경희·정숙영·이홍우·조선영(2008), 설화 속 동물 인간을 말하다, 서울: 책과함께.

양명희(2005), 청소년 언어 사용 실태 연구: 고등학교 2학년 서울, 대구 지역 학생을 대상으로, 서울: 국립국어원.

양명희·강희숙(2011), 초중고 학생들의 욕설 사용 실태와 태도에 대한 연구, 한국어문학회.

양명희·강희숙·조승은(2010), 학교생활에서의 욕설 사용 실태 및 순화대책 연구 보고서, 서울: 한국교육개발원 연구용역보고서.

여성가족부(2010), 청소년 언어순화·인성교육 강화 실천계획, 서울: 여성가족부.

여성가족부(2011), 청소년 언어사용 실태 및 건전화 방안, 서울: 여성가족부.

오승호(2009), 폭력의식의 형성과 유형에 대한 연구-청소년을 중심으로-, 법교육연구.

운평어문연구소(1997), 금성판국어대사전, 서울: 금성출판사.

윤영춘(1998), 비속어 실태 연구-대전지역초등학생을 중심으로, 충남대석사논문.

윤재천·이주행(1982), 욕설에 관한 연구(2)-욕설을 사용하는 언중의 의식구조-, 중대논문집.

윤학원(1983), 중학생의 욕설에 대한 연구, 전북대석사논문.

이규태(1983), 한국인 시리즈 3: 한국인의 의식구조, 서울: 신원문화사.

이규태(1983), 한국인 시리즈 4: 한국인의 의식구조, 서울: 신원문화사.

이규태(1983), 한국인의 의식구조 (상), 서울: 신원문화사.

이규태(1983), 한국인의 의식구조 1, 서울: 신원문화사.

이규태(1992), 무엇이 우리를 한국인이게 하는가, 서울: 이목.

이규호(1967), 현대철학의 전망, 서울: 법문사.

이규호(1994), 사람됨의 뜻: 철학적 인간학, 서울: 제일출판사.

이규호(1998), 말의 힘, 서울: 좋은날.

이나가와유우키(2005), 한국어 욕설표현의 사회언어학적 연구, 서울대석사논문.

이나미(2010), 융, 호랑이 탄 한국인과 놀다: 우리 이야기로 보는 분석 심리학, 서울: 민음인.

이도민(2007), 욕설 표현의 국어교육적 지도 방안 연구, 부산대석사논문.

이병혁(2006), 한국인의 욕에 대한 정신분석학적 해석, 라깡과 현대정신분석.

이은주·장윤재(2009), 인터넷 뉴스 댓글이 여론 및 기사의 사회적 영향력에 대한 지각과 수용자의 의견에 미치는 영향, 한국언론학보.

이점식(2012), 한국인의 욕에 대한 교육인간학적 연구, 동아대박사논문.

이재신·김지은·류재미·강재혁(2010), 기사 프레임과 장르가 댓글 유형에 미치는 영향, 한국어문학보.

이재신·성민정(2007), 온라인 댓글이 기사 평가에 미치는 영향: PR적 관점을 중심으로, 한국광고홍보학보.

이춘아·김이선(1996), 성차별적 언어 사용에 관한 연구, 서울: 한국여성개발원.

이희승(2001), 국어대사전, 서울: 민중서관.

임기영(2005), 의료현장에서의 폭력문제, 대한의사협회지.

임승국(1996), 한단고기, 서울: 정신세계사.

임은미(1997), 청소년의 언어생활, 청소년상담문제연구보고서.

장경희(2010), 청소년 언어 사용 실태 조사, 서울: 문화체육관광부.

장덕순(1982), 한국 고대소설과 해학, 한국문학의 해학, 서울: 시사영어사.

전병철(1997), 댓글에 나타난 욕설의 형태 연구, 언어학연구.

전완길(1987), 한국인의 행동철학, 서울: 오늘.

정영(2008), 국어 유행어에 대한 연구, 전남대석사논문.

정종진(2005), 한국의 성 속담 사전, 파주: 범우사.

정태륭(1994), 우리말 상소리 사전, 서울: 프리미엄북스.

정태륭(1997), 한국의 욕설백과, 서울: 한국문원.

정태륭(2000), 토속어 성속어 사전, 서울: 우석출판사.

정태륭(2009), 투가리맛 살꽃맛 조선 상말전, 서울: 동서문화사.

조용환(1993), 청소년의 문화인류학적 접근, 한국청소년연구.

조향(2003), 청소년 언어사용의 문제점과 개선 방안, 경원대석사논문.

조현용(2009), 한국인의 신체언어, 서울: 소통.

최상수(1982), 한국민속대관, 디지털본 4권, 서울: 한국콘텐츠진흥원.

최태진(2005), 한국인의 성격 특성 요인, 파주: 한국학술정보.

탁명환(1975), 여성들은 욕설이 좋아, 새가정.

한국교육개발원(2012), 비교육적 언어 사용 근절을 통한 바람직한 언어문화 생활 제고 방안, 서울: 대한인쇄사.

한국예술정보(2000), 『한국민속대관』 디지털본, 제4권 서울: 한국콘텐츠진흥원.

한국예술정보(2000), 『한국민속대관』 디지털본, 제6권 서울: 한국콘텐츠진흥원.

한국일어일문학회(2003), 높임말이 욕이 되었다, 서울: 글로세움.

한글학회(1991), 우리말 큰사전, 서울: 어문각.

한상진(2000), 한국인 심리학, 서울: 중앙대학교출판부.
허윤(2010), 욕설에 담긴 아이들의 마음을 알고 있나요?, 엄마는 생각쟁이.
현병호(2009), 욕 잘하면 아니함만 낫지 않을까, 민들레.
황상민(2011), 한국인의 심리코드, 서울: 추수밭.
황성빈(1996), 씨불알, 서울: 풀잎문학
황페강(1976), 비속어·은어 유행과 그 사회 심층적 의의, 어문연구.
황희숙·이봉재·신광철·임영식(1998), 인간 본성의 이해, 서울: 웅진.

<국외 문헌>

あやべ ずねお(2006), 文化人類學 20の理論, 弘文堂, 유명기 옮김(2009), 문화
    인류학의 20가지 이론, 서울: 일조각.
えもとまさる(2003), 水は答えを知っている, サンマーク出版, 홍성민 옮김
    (2008), 물은 답을 알고 있다 2, 서울: 더난출판사.
が゙せひで゙あき(1988), 恨の 韓國人 畏まる日本人, 講談社, 한국브리태니커 편
    집실 옮김(1989), 한의 한국인 황공해하는 일본인, 서울: 한국브리태
    니커.
閔丞希(2010), 罵り表現, 日本文化研究, 33.
Berko, R. M.·Wolvin, A. D.·Wolvin, D. R.(1998), communicating: A Social
    and Career Focus, 이찬규 역(2003), 언어 커뮤니케이션, 서울: 한국문
    화사.
Bollnow(1966), 이규호 역(1967), 현대철학의 전망-철학과 교육학 및 시문학,
    서울: 법문사.
Bollnow(1971), Pädagogik in anthropologischer Sicht, 오인탁·정혜영 옮김
    (2005), 교육의 인간학, 서울: 문음사.
Bollnow(1974), Philosophische Antropologie heute, München: Verlag C. H.
    Beck, 이을상 옮김(1994), 현대의 철학적 인간학, 서울: 문원.
Bollnow(1984), Existenzphilosophie und Pädagogik, 윤재흥 역(2008), 실존철학
    과 교육학: 비연속적 교육형식의 모색, 서울: 학지사.
Carnegie, D.(1944), How to Stop Worrying and Start Living, New York: Pocket
    Books, 최염순 역(2004), 카네기 행복론, 서울: 씨앗을뿌리는사람.
Diamond, J.(1997), Why is Sex Fun? The Evolution of Human Sexuality,
    Brockman, 임지원 옮김(2005), 섹스의 진화 제러드 다이아몬드가 들

려주는 성의 비밀, 서울: 사이언스북.

Didier, G.(2005), The voices of wrath: brain responses to angry prosody in meaningless speech, Nature neuroscience, 8(2).

Freud, S.(1905), Jokes and their Relation to the Unconscious, The standard Edition of the Complete Psychological Works of Sigmund Freud, transl. by J. strachey(1960), vol Ⅷ. london, Horgath Press.

Fromm, E.(1992), The Anatomy of Human Destructiveness, Holt McDougal.

Goldberg, L. R.(1981), Language and individual difference: The search for universals in personality lexicons. In L. Wheeler(Ed.), Review of Personality and personality and Social Psychology, 2, 141~165, Beverly Hills, CA: sage.

Leman, K.(2008), Have a New Kid by Friday, Michigan: Baker Publishing, 이진희 옮김(2008), 5일 만에 우리 아이가 달라졌어요, 경기도: 느낌이 있는 책.

Lorenz, K.(1966), On Aggression, 이화여대출판부(1989), 공격성 관하여, 서울: 이화여대출판부.

Maccoby, E. E.·Jacklin, C. N.(1974), The Psychology of Sex Diffrence, Stanford University Press.

McEnergy, T.(2006), Swearing in english: Bad language, purity and power from 1586 to the present, Abindon: Routledge.

Neill, A. S.(1959), Summer Hill, 정영하 옮김(2010), 서머힐, 서울: 연암사.

Scheler, M.(1923), Wesen und Formen der Sympathie, 이을상 옮김(2009), 공감의 본질과 형식, 서울: 지만지.

Shore, K.(2003), Elementary Teacher's Discipline Problem Solver, 박은숙 옮김(2011), 화내지 않고 말썽꾸러기 대하기, 서울: 우리교육.

Stevenson, L. & Haberman, D. L.(2004), Ten Theories of Human Nature, 박중서 옮김(2006), 인간의 본성에 관한 10가지 이론, 갈라파고스.

Strachey, J.(1973), The standard edition of the complete psychological works of Sigmund Freud, Hogarth Press, 김정일 옮김(1996), 프로이트 9 성욕에 관한 세편의 에세이, 서울: 열린책들.

Trigg, R.(1982), The Shaping of Man, Blackwell publishing Ltd, 김성한 옮김(2007), 인간 본성과 사회생물학: 사회생물학의 철학적 측면을 논하다, 서울: 궁리.

Trigg, R.(1988), Ideas of Human Nature: Historical Introduction, Blackwell, 최

용철 옮김(1996), 인간 본성에 관한 10가지 철학적 성찰, 서울: 자작나무.

Wilson, E. O.(1978), On Human Nature, Cambridge: Harvard University press, 이한음 역(2000), 인간 본성에 대하여, 서울: 사이언스북스.

Wilson, E. O.(1996), In Search of Nature. Laura Simonds southworth, 최재천·김길원 옮김(2005), 우리는 지금도 야생을 산다: 인간 본성의 근원을 찾아서, 서울: 바다출판사.

<기타 참고 자료>

경향신문, 2012.1.11일자.

동아일보, 2000.5.17, 2003.11.6, 2005.2.26, 2010.8.14, 2010.9.7, 2011.9.7일자.

마이데일리, 2011.10.11일자.

서울신문, 2011.6.6일자.

연합뉴스, 2009.10.8일자.

네이버 카페 「욕설 없는 세상」: http://cafe.naver.com/antiabuse/

네이버 카페 「욕욕욕」: http://cafe.naver.com/450000.cafe

네이버 스포츠 한줄응원: http://sports.news.naver.com/sports/index.nhn?category=a_match&ctg=live&game_id=20110810KORJAP260

조선일보, 2009.7.7, 2009.12.17, 2010.5.18, 2011.1.5, 2011.5.26, 2011.10.3일자.

중앙일보, 2008.11.20일자.

다음 카페 「큰글」: http://cafe.daum.net/Qbarunjase/

한국교육신문, 2011.3.7, 2011.5.23일자.

한국민족문화대백과사전: http://www.encykorea.com

한국의 지식콘텐츠: http://www.krpia.co.kr

한국정신문화연구원(2000), 한국민족문화대백과사전 디지털본, 동아미디어.

한글문화연구회(1996), 겨레말 용례 사전 디지털본, 동방미디어주식회사.

EBS(2011), 욕, 해도 될까, 1부 뇌를 병들게 하는 언어 욕, EBS 다큐프라임, 2011.10.3.

EBS(2011), 욕, 해도 될까, 2부 욕에 대한 불편한 진실, EBS 다큐프라임, 2011.10.4.

KBS(2009), 10대 욕에 중독되다, 일요스페셜 방송, 2009.3.8.

미주

1) 김현태(2007), 중국어 욕설 표현의 유형 및 특징 고찰, 125쪽.

2) 김상윤(2002), 욕설의 특질에 관한 연구, 275쪽; 김종훈 외(1985), 은어 비속어 직업어, 109쪽.

3) 이병택(1997), 109쪽.

4) 김동언(1999), 국어 비속어 사전, 12~14쪽.

5) 김열규(1997), 욕, 그 카타르시스의 미학.

6) 성철용(1984), 해학적 욕설고: 현 중·고등학생을 중심으로, 1쪽.

7) 윤학원(1983), 중학생의 욕설에 대한 연구, 5~6쪽.

8) 성철용(1984), 10쪽; 조만고(2003), 137쪽.

9) 송재선(1993), 상말속담사전, 3쪽.

10) 김상윤(2002), 욕설의 특질에 관한 연구, 274~275쪽.

11) 김기종(1998), 조선어 상말(상소리)의 특성과 그 사용(1).

12) 장경희(2010), 청소년 언어 사용 실태 조사, 11쪽.

13) 정태륭(1997), 한국의 욕설백과, 4쪽.

14) 권태영·이한주(2010), 스트릿 스마트, 29~33쪽.

15) 김열규(1997), 욕 카타르시스의 미학.

16) 강신항(1957), 군대비속어에 대하여, 53쪽.

17) 인터넷에서 발췌함.

18) 김종훈 외(1985), 은어 비속어 직업어, 108쪽.

19) 동아사전, YBM시사사전, 네이버 어학사전에서 발췌함.

20) Freud(1905), Jokes and their Relation to the Unconscious, 97~98쪽.

21) 서정범(2000), 국어어원사전-온라인판.

22) 임승국(1996), 한단고기, 단군신화에 대한 자료 참조함.

23) 성행위에 대한 한국인의 100여 가지 은유적 표현은 그만큼 유교의 엄격한 사회적 분위기 속에 성에 대한 억눌림으로 인하여 드러내 놓고 표현하지 못하지만 인간의 본능이기에 드러낼 수밖에 없는 것임을 잘 보여주고 있다.

24) 인터넷의 여러 자료에서 발췌함.

25) 서정범(2000), 국어어원사전-온라인판.

26) 전완길(1987), 한국인의 행동철학, 144~145쪽.

27) 고선아(1996), 광주에서 열린 제1회 전국 욕쟁이대회: 욕 잘하면 인품도 높다, 176~177쪽.

28) 기계저널편집부(2006), 오라질, 104쪽.

29) 전완길(1987), 한국인의 행동철학, 133~134쪽.

30) 박용수(1996), 우리말겨레사전-온라인판.

31) 김종훈 외(1985), 은어 비속어 직업어, 118~119쪽.

32) 김영희(2002), 접미사 -돌이 -순이 계열의 비속어에 대하여, 85~86쪽.

33) 김기종(1998), 조선어 상말(상소리)의 특성과 그 사용(2), 4~6쪽.

34) 김상윤(2002), 욕설의 특질에 관한 연구, 278~287쪽.

35) 정태륭(1997), 우리말 상소리 사전.

36) 성철용(1994), 해학적 욕설고: 현 중·고등학생을 중심으로.

37) 김열규(1997), 욕 그 카타르시스의 미학.

38) 김열규(1997), 욕 그 카타르시스의 미학, 88쪽.

39) 한국인들은 불행을 해소하는 방법 가운데 하나로 나 이외의 어떤 다른 사람의 불행을 상정(想定) 비교하는 비교자위(比較自慰)의 방법으로써 그 불행을 승화시킨다. 불행해져 있는 것은 나 혼자뿐 아니라 딴 사람도 같은 불행한 처지에 놓여 있다거나, 나보다 더 불행에 처해 있음을 상정하여 불행을 해소하려고 한다. 뿐만 아니라 자기 자신의 처지를 그늘의 인간, 소외된 인간으로 비하하고, 자책과 자벌(自罰)로도 한국인들은 곧잘 불행을 해소한다(이규태(1983), 한국인 시리즈 4: 한국인의 의식구조, 96쪽; 이규태(1983), 한국인의 의식구조(상), 86~88쪽).

40) 이규태(1983), 한국인의 의식구조(상), 82~83쪽.

41) 한국정신문화연구원(2000), 한국민족문화대백과사전 디지털본.

42) 김열규(1997), 욕 그 카타르시스의 미학, 12쪽.

43) 김열규(1996), 우리 욕 좀 하고 살자고, 욕을 살립시다, 16쪽.

44) 대표적인 예가 형벌에 관한 욕의 예이다. '젠장 맞을 놈', '경을 칠 놈', '육실할 놈', '주리를 틀 놈', '치도곤 맞을 놈' 등은 요즘 젊은이들이 거의 사용하지 않는 형벌에 관한 욕들이지만, 이 형벌에 관한 욕은 그 당시 터부시하는 것을 배척하고 구분함으로써 그러한 욕을 들어먹지 않기 위해 행동을 조심하였다.

45) 이규태(1983), 한국인 시리즈 4: 한국인의 의식구조, 15쪽.

46) 김종훈 외(1985), 은어 비속어 직업어, 109쪽.

47) 윤재천·이주행(1982), 욕설에 관한 연구(2), 215쪽.

48) 閔承希(2010), 罵り表現, 182쪽.

49) 김우중(2010), 얼굴이 빨개지는 영어: 속어로 배우는 영어, 4~5쪽.

50) 김우중(2010), 얼굴이 빨개지는 영어: 속어로 배우는 영어, 299~344쪽.

51) 한국인이 공식적인 자리에서 앉는 위치에 따른 공간 서열의식과 식사 때 숟가락을 든다든지 맛있는 음식을 높은 사람이 먼저 먹어야만 하는 시간 서열의식이 한국인에게는 유별나게 강하다(이규태(1983), 한국인 시리즈 3: 한국인의 의식구조, 278~279쪽).

52) 고려대학교 민속 연구소(1982), 한국민속대관.

53) 김영희(2002), 접미사 —돌이 —순이 계열의 비속어에 대하여, 95쪽.

54) 이규호(1994), 사람됨의 뜻: 철학적 인간학, 148쪽.

55) 이규호(1994), 사람됨의 뜻: 철학적 인간학, 147쪽.

56) 신기상(1992), 우리말 욕설 연구, 17쪽.

57) 한국정신문화원(2000), 한국민족문화대백과사전 디지털본.

58) 김현태(2007), 중국어 욕설 표현의 유형 및 특징 고찰, 143쪽.

59) 김열규(1997), 욕 그 카타르시스의 미학, 12~13쪽.

60) '욕이란 꼭 없어서도 안 될 일'이라고 하였다(김열규(1996), 우리 욕 좀 하고 살자고, 욕을 살립시다, 8쪽).

61) 신기상(1992), 우리말 욕설 연구, 21쪽.

62) 대표적인 예가 형벌에 관한 욕의 예이다. '젠장 맞을 놈', '경을 칠 놈', '육실할 놈', '주리를 틀 놈', '오살할 놈', '치도곤 맞을 놈', '육시랄', '끓는 물에 삶아 죽일 놈(육장 낼 놈)' 등은 현재 젊은이들이 거의 사용하지 않는 형벌에 관한 욕들이다. 이들 형벌에 관한 욕은 전 시대 사람들의 생활상과 그들의 사상을 이해하는 좋은 자료가 될 수 있다.

63) 이규태((1983), 한국인 시리즈 4: 한국인의 의식구조, 31쪽)는 한국 사회에서는 정상적인 신체에 가치를 두고 지극히 남다름의 동조 사회로서 남과 같지 않은 그 무엇을 가진 사람은 매우 살기 어려운 일생을 살아야 한다고 하였다. 한쪽 발이 없거나 한쪽 손이 없다는 것은 정상적인 사회관계에서 탈락되어 소외당하거나 동정을 받거나 하여 마음을 써주어야 하기에 일상생활에서 가급적 신체장애를 기피하려는 성향이 자연스럽게 발생한다고 하였다. 이러한 사고는 한국 사회에서 장애가 다양한 욕으로 전용되었다.

64) 김열규(1996), 우리 욕 좀 하고 살자고, 욕을 살립시다, 37쪽.

65) Roger Trigg(1988), Ideas of Human Nature: Historical Introduction, 최용철 옮김(1996), 인간 본성에 관한 10가지 철학적 성찰, 158쪽.

66) Wilson(1978), On Human Nature, 이한음 역(2000), 인간 본성에 대하여, 179쪽.

67) Diamond, J. (1997), Why is Sex Fun? The Evolution of Human Sexuality, 임지원 옮김(2005), 섹스의 진화 제러드 다이아몬드가 들려주는 성의 비밀, 25~26쪽.

68) Wilson(1978), On Human Nature, 이한음 역(2000), 인간 본성에 대하여, 194~195쪽.

69) 서인석((1960), 욕설고, 2쪽)은 1,500개의 욕설을 채집 분석한 결과 10개의 범주 중 성과 관련된 욕설이 437개로 가장 많았으며, 이도민((2007), 욕설 표현의 국어교육적 지도 방안 연구, 36~37쪽)도 고등학생들이 사용하는 욕 중에 가장 심한 욕을 종합하여 본 결과 '염병할 놈'을 제외하고는 모두가 여성의 성기와 관련된 욕이고 '씹할 놈'의 의미를 포함한 성과 관련된 욕이었다.

70) 송재록((2011), 욕해도 모르면 약이다, 51쪽)도 중국의 욕설도 우리 욕과 마찬가지로 모두 성(性)과 관련시킨 심한 욕이 많다고 하였다.

71) 김열규(1997), 욕 그 카타르시스의 미학, 52쪽.

72) 한국정신문화연구원(2000), 한국민족문화대백과사전 디지털본.

73) Neill(1959), Summer Hill, 정영하 옮김(2010), 서머 힐, 356쪽.

74) 고선아(1996), 광주에서 열린 제1회 욕쟁이 대회: 욕 잘하면 인품도 높다, 178쪽; 김종주(1996), 욕의 정신의학적 고찰, 54쪽.

75) Neill((1959), Summer Hill, 정영하 옮김(2010), 서머 힐, 355~356쪽)도『Summer hill』에서 욕설을 '성적인 것', '종교적인 것', '배설물에 관한 것'으로 구분하고 특히 성에 관한 욕설이 많다고 하였다. 다만 예외적으로 일본어에는 성을 주제로 삼은 욕설이 거의 없는 것이 특징이다(いながわゆうき, 2005: 33쪽). 일본의 욕은 기껏해야 빠가(바보), 지쿠쇼(짐승), 쿠소(빌어먹을), 기치가이(미친놈), 야로오(자식) 정도뿐으로 욕 자체가 적지만(がせひであき(1989), 42쪽) 성적인 욕이 거의 없는 것이 특징이다. 이는 일본인들이 평소에 남을 상당히 의식하는 언어생활(한국일어일문학회(2003, 높임말이 욕이 되었다, 240쪽)을 하고 있기 때문이다.

76) 이나가와 유우키(2005), 한국어 욕설표현의 사회언어학적 연구, 34쪽.

77) 김열규 외(1989), 한국문화의 뿌리-가문과 인간·문화와 의식, 70쪽.

78) がせひであき((1989), 恨の 韓國人 畏まる日本人, 한국브리태니커 편집실 옮김(1989), 한의 한국인 황공해하는 일본인 85쪽)는 한국에서는 조선시대 유교사회의 영향으로 성이 가정에서 가계를 유지하기 위해 극도로 윤리화되어 있다고 하였다. 이는 일본이 유교를 학문으로 취급한 데 비해 한국에서는 유교가 생활의 구석구석까지 침투하여 일체의 행동 양식을 결정하게 됨으로써 더욱 엄격한 생활지침이 되었기 때문이다.

79) 김상윤(2002), 욕설의 특질에 관한 연구, 276쪽.

80) 김열규(1997), 욕 그 카타르시스의 미학, 54쪽.

81) 김열규(1997), 욕 그 카타르시스의 미학, 113쪽.

82) 강등학(1999), 아라리의 여성관련 사설의 주제양상과 소비지향 분석, 76~84쪽.

83) 강윤정·박동진(2008), 창본 「변강쇠가」 연구, 90쪽.

84) 심우장 외(2008), 설화 속 동물 인간을 말하다, 101쪽.

85) 황폐강(1976), 비속어·은어 유행과 그 사회 심층적 의의.

86) 박연배(2001), 중국 욕설 연구, 14쪽.

87) 김현태(2007), 중국어 욕설 표현의 유형 및 특징 고찰, 128쪽.

88) 김열규(1997), 욕 그 카타르시스의 미학, 43쪽.

89) 전완길(1987), 한국인의 행동철학, 139쪽.

90) 김상윤(2002), 욕설의 특질에 관한 연구, 278쪽.

91) 김열규(1997), 욕 그 카타르시스의 미학, 43쪽; 김상윤(2002), 욕설의 특질에 관한 연구, 288쪽.

92) 신기상(1992), 우리말 욕설 연구, 17쪽.

93) 전병철(1997), 댓글에 나타난 욕설의 형태 연구, 193쪽.

94) 윤학원(1983), 중학생의 욕설에 대한 연구, 5~6쪽.

95) 한국예술정보(2000), 한국민속대관 디지털본.

96) 김현룡((2001), 한국인 이야기 3: 욕 잘하는 사람 말도 잘하더라, 4~5쪽)도 재치 있고 인정 넘
    치게 꾸며 놓은 음담에 대해서 결코 저속하다거나 입에 담기 어렵다는 욕설로 폄하해버릴 수
    없는 새로운 가치가 있다고 하였으며, 정치적 '언로(言路)'와 직결되어 인간이 도덕적으로 외부
    노출을 가장 꺼리는 부분이 음담의 소재인데, 음담은 듣고 있는 모두를 웃음 짓게 하며, 이 두
    사실 사이에 어떤 함수관계가 존재하는데 이 함수관계의 핵심요소가 바로 감정의 발산이라고
    하였다.

97) 성철용(1984), 해학적 욕설고: 현 중·고등학생을 중심으로, 5~6쪽.

98) 고선아(1996), 광주에서 열린 제1회 욕쟁이 대회: 욕 잘하면 인품도 높다, 176쪽.

99) 한국정신문화연구원(2000), 한국민족문화대백과사전 디지털본.

100) 김정일(1996), 아하, 프로이트, 66~67쪽.

101) Wilson(1978), On Human Nature, 이한음 역(2000), 인간 본성에 대하여, 159~160쪽.

102) Wilson(1978), On Human Nature, 이한음 역(2000), 인간 본성에 대하여, 185쪽.

103) Wilson(1978), On Human Nature, 이한음 역(2000), 인간 본성에 대하여, 150쪽.

104) 임기영(2005), 의료현장에서의 폭력문제, 410쪽.

105) Wilson(1978), On Human Nature, 이한음 역(2000), 인간 본성에 대하여, 92~93쪽.

106) 전병철(1997), 댓글에 나타난 욕설의 형태 연구, 193쪽.

107) 장경희(2010), 청소년 언어 사용 실태 조사, 414쪽.

108) 오승호(2009), 폭력의식의 형성과 유형에 대한 연구-청소년을 중심으로, 100쪽.

109) 장경희(2010), 청소년 언어 사용 실태 조사, 22쪽.

110) 김열규(1997), 욕 그 카타르시스의 미학, 99쪽.

111) 박연배(2001), 중국 욕설 연구, 9쪽.

112) 국립특수교육원(2009), 특수교육학 용어사전.

113) 국립특수교육원(2009), 특수교육학 용어사전.

114) 강대기(2004), 현대사회에서 공동체는 가능한가, 41쪽.

115) 강대기(2004), 현대사회에서 공동체는 가능한가, 41쪽.

116) 김현태(2007), 중국어 욕설 표현의 유형 및 특징 고찰, 127쪽.

117) 이규태(1992), 무엇이 우리를 한국인이게 하는가, 95쪽.

118) 송강호(1988), 깨우침에 관한 교육인간학, 83쪽.

119) 황희숙 외(1998), 인간 본성의 이해, 73쪽.

120) Bollnow(1971), Pädagogik in anthropologischer Sicht, 오인탁·정혜영 옮김(2005), 교육의 인간학, 216쪽.

121) 박이문(1995), 문학과 철학, 230쪽.

122) Trigg, R.(1988), Ideas of Human Nature: Historical Introduction, 최용철 옮김(1996), 인간 본성에 관한 10가지 철학적 성찰, 252쪽.

123) Trigg, R.(1988), Ideas of Human Nature: Historical Introduction, 최용철 옮김(1996), 인간 본성에 관한 10가지 철학적 성찰, 247쪽.

124) Trigg, R.(1988), Ideas of Human Nature: Historical Introduction, 최용철 옮김(1996), 인간 본성에 관한 10가지 철학적 성찰, 258쪽.

125) 황희숙 외(1998), 인간 본성의 이해, 73쪽.

126) 최태진(2005), 한국인의 성격 특성 요인, 314쪽.

127) 김혜숙·서유민(2010), 청소년 욕하기를 줄이기 위한 방법적 연구, 41쪽.

128) 동아일보, 2003.11.06일자.

129) 김종훈 외(1985), 은어 비속어 직업어, 25쪽; 윤영춘(1998), 비속어 실태 연구-대전지역 초등학생을 중심으로-, 17쪽.

130) 인터넷에서 채집.

131) 한국정신문화연구원(2000), 한국민족문화대백과사전 디지털본.

132) 교육인적자원부((2004), 인터넷 언어순화, 생활 속의 언어 예절, 6쪽)에 의하면 학생들의 인터넷 언어 사용 결과 나타나고 있는 언어 규범에 대한 문제점으로 반규범적 사고를 조장하고 언어 혼란을 야기, 언어 질서의 혼란은 개인 사고와 사회 질서의 혼란 초래, 교육의 기본 도구인 언어가 혼란스러우면 다른 교과 학습에 장애 발생, 성장기 아동의 인터넷 언어 사용은 정상적 언어 발달에 해로우며, 격식 언어와 비격식 언어의 혼란, 문어와 구어의 혼란으로 문제가 바로 서지 않는다고 지적하였다.

133) 교육인적자원부(2004), 인터넷 언어순화, 생활 속의 언어 예절, 6쪽.

134) 김종훈 외(1985), 은어 비속어 직업어, 107쪽.

135) 교육인적자원부((2004), 인터넷 언어순화, 생활 속의 언어 예절, 31쪽)는 현실적인 삶에서는 자신을 공개한 채 다른 사람과 만난다. 따라서 개인은 사회 속에서 차지하는 자신의 명예나 자존심 때문에 '사회 속의 나'라는 존재를 늘 의식하는 가운데 살게 되며, 이 때문에 자신의 행동과 언어에 책임을 져야 한다고 생각한다. 그러나 사이버 공간에서는 자신의 행동에 대해서 책임감이 부족해지기 쉬운데 '사회 속의 나'로 인식하기보다 '나' 자신을 가장 중요하게 생각하기 때문이라는 것이다. 이런 생각들은 때로 이성적인 생각보다 감성적이거나 본능적인 생각의 유혹에 빠지기 쉬워지며 결국 기분 나쁘면 자신의 감정을 절제하지 못하고 욕을 한다거나 남에게 상처를 주는 언행을 한다는 것이다.

136) 박인기(2011), 학생언어순화 문제의 통합적 인식과 교육적 실천, 35쪽.

137) 권연진(1998), 컴퓨터 통신어의 언어학적 특징, 268쪽.

138) 성기지(2003)도 인터넷 및 PC통신에서 상대방의 얼굴을 볼 수 없기 때문에 비속어를 쓴다거나 남을 욕하는 경우가 흔하게 발생하는 등 감정이 억제되지 않는다고 하였다. 서로 얼굴을 맞대고 있으면 차마 화를 내지 못할 것도 인터넷 및 PC통신을 매개로 하게 되면 감정을 있는 그대로 드러내 보이는 등 감정의 제어 장치를 상실하기 쉽다.

139) 고예원 외(2007), 커뮤니케이션 도구로써의 글꼴 및 휴대폰 문자 메시지에 대한 사용자 인식, 135쪽.

140) 2012년 네이트온에서 중학교 3학년 여학생이 반 급우들 간에 주고받은 실시간 채팅 내용을 본인의 동의를 얻어 내용과 뜻을 연구자가 발췌하였음.

141) 이규태((1983), 한국인 시리즈 4: 한국인의 의식구조, 19~23쪽)는 인간관계가 복잡하여 나타나는 스트레스를 푸는 방법이 사회마다 다른데, 한국인에게 나타나는 보편적 특징으로 흠담을 지적하였다. 미국에서는 남 없는 데서 남 이야기를 하는 것을 철저하게 악덕시하는 데 비해 한국에서는 험담하는 것에 대해서 친한 사이라는 것과 험담 비밀을 지켜주어야 하는 사회적 분위기라고 하였다. 이는 한국 사회에서 남이 없는 곳에서 험담이 많은 이유라고 하였다.

142) 이병혁(2006), 한국인의 욕에 대한 정신분석학적 해석, 144쪽.

143) 김은미·선유화(2006), 댓글에 대한 노출이 뉴스 수용에 미치는 효과.

144) 이은주·장윤재(2009), 인터넷 뉴스 댓글이 여론 및 기사의 사회적 영향력에 대한 지각과 수용자의 의견에 미치는 영향; 이재신·이민영(2007), 온라인 댓글이 기사 평가에 미치는 영향.

145) 전병철(1997), 댓글에 나타난 욕설의 형태 연구; 이재신·이민영(2007), 온라인 댓글이 기사 평가에 미치는 영향.

146) 김경년·김재영(2005), 오마이 뉴스 독자 의견 분석.

147) 연합뉴스, 2008.10.10일자.

148) 이재신 외(2010), 기사프레임과 장르가 댓글 유형에 미치는 영향, 118쪽.

149) 고예원 외(2007), 커뮤니케이션 도구로써의 글꼴 및 휴대폰 문제 메시지에 대한 사용자 인식, 135쪽.

150) 영국의 심리학자 리처드 스티븐은 욕설을 할 때 고통을 완화하는 엔도르핀 호르몬이 나온다(서울신문, 2011.6.6일자)고 하였다. 욕설의 카타르시스를 과학적으로 증명한 실험이었다.

151) 동아일보, 2010.8.14일자.

152) 공규택(2011), 말이 예쁜 아이 말이 거친 아이, 21쪽.

153) 손범규(2010), 방송언어의 저품격 언어 사용 실태 연구, 13쪽.

154) 여성가족부(2010), 청소년 언어순화·인성교육 강화 실천계획, 11쪽.

155) 정태륭(1997), 우리말 상소리 사전, 4쪽.

156) 조선일보, 2009.7.7일자.

157) 김종훈 외(1985), 은어 비속어 직업어, 121쪽.

158) 여성가족부(2011), 청소년 언어사용 실태 및 건전화 방안.

159) 허윤((2010), 욕설에 담긴 아이들의 마음을 알고 있나요?, 34쪽)도 욕이 몇몇의 문제 아이들에게 나타나는 특수한 상황이 아니라 대부분의 아이들이 경험하는 보편적인 일상이라고 하였다.

160) 양명희 외(2010), 학교생활에서의 욕설 사용 실태 및 순화대책 연구 보고서, 43쪽.

161) 연합뉴스, 2009.10.8일자.

162) Leman, K.(2008), Have a New Kid by Friday, 이진희 옮김(2008), 5일 만에 우리 아이가 달라졌어요, 160~161쪽.

163) 장경희(2010), 청소년 언어 사용 실태 조사.

164) 장경희(2010), 청소년 언어 사용 실태 조사, 124쪽.

165) 공규택(2011), 말이 예쁜 아이 말이 거친 아이, 34쪽.

166) 장경희((2010), 청소년 언어 사용 실태 조사, 130~140쪽)는 욕설을 상대의 품격을 낮추는 언어로 거친 강도에 따라 5단계로 나누고 사용빈도와 분포, 학교 급별 특징, 성별 특징을 구분하여 연구하였다.

167) 조선일보, 2011.10.3일자.

168) Shore, K.(2003), Elementary Teacher's Discipline Problem Solver, 박은숙 옮김(2011), 화내지 않고 말썽꾸러기 대하기, 227쪽.

169) 허윤((2010), 욕설에 담긴 아이들의 마음을 알고 있나요?, 43쪽)도 스트레스를 줄여 주었더니 욕설 사용이 줄어들었다고 하였다.

170) 조용환(1993), 청소년의 문화인류학적 접근, 10쪽.

171) 박인기(2011), 학생언어순화 문제의 통합적 인식과 교육적 실천, 37쪽.

172) KBS(2009), 10대 욕에 중독되다, 일요스페셜 방송, 2009.3.8일자.

173) えもとまさる((2003), 水は答えを知っている, 홍성민 옮김(2008), 물은 답을 알고 있다)는 각종 소리나 문자 혹은 그림에 물이 어떤 반응을 보이는지를 '물의 동결 결정 사진'을 통해 보여주면서 고운 말에서는 아름답고 균형 잡힌 모습을 보여주는 데 비해 '짜증나네, 죽여 버릴 거야', '망할 놈'의 언어에서는 일그러진 모습이거나 추하게 왜곡되어 보이는 장면들을 사진으로 직접 보여주었다. 인간 몸의 대부분을 차지하는 것이 물이다. 욕설 사용의 부정적 모습을 과학적으로 제시하고 있다.

174) 김승용(2002), 폭력에 대한 태도와 경험에 따른 노인부부폭력 연구.

175) 조선일보, 2011.1.5일자.

176) 정영(2008), 국어 유행어에 대한 연구, 41쪽.

177) 공규택(2011), 말이 예쁜 아이 말이 거친 아이, 16쪽.

178) 분노는 짜증이 지속되어 생긴 결과이다. 분노를 격하게 표출하는 학생들은 짜증나는 감정을 억누를 수 있는 인내심과 그것을 언어로 표출할 수 있는 사용 어휘 수가 부족하다(Kenneth Shore(2011), Elementary Teacher's Discipline Problem Solver, 박은숙 옮김(2011), 화내지 않고 말썽꾸러기 대하기, 114쪽). 그렇기 때문에 분노에 찼을 때 곧 욕설을 많이 사용하게 된다.

179) 박인기(2011), 학생언어 순화 문제의 통합적 인식과 교육적 실천, 36쪽.

180) 정태륭(1994), 『우리말 상소리 사전』에서 발췌.

181) 이규태((1983), 한국인 시리즈 3: 한국인의 의식구조, 127쪽)는 신뢰를 바탕으로 한 인간관계에 가치를 두었던 한국인들은 신뢰를 무시하고 회의, 불신을 전제로 한 문서 계약을 두고 비도덕적인 행위로 계약 행위를 천대시하는 경향이 있었다고 하였다. 이는 옛날 양반들이 계약서를 작성하기보다 신의에 바탕을 둔 구두 계약관계에서 알 수 있으며, 심지어 종을 시켜 돈 거래를 하는 것에서도 쉽게 알 수 있다.

182) 전완길(1987), 한국인의 행동철학, 48쪽.

183) 이규태(1983), 한국인의 의식구조(상), 110쪽.

184) 이규태(1983), 한국인 시리즈 4: 한국인의 의식구조, 132쪽.

185) 이규태(1983), 한국인 시리즈 4: 한국인의 의식구조, 137쪽.

186) がせひであき((1989), 恨の 韓國人 畏まる日本人, 한국브리태니커 편집실 옮김(1989), 한의 한국인 황공해하는 일본인, 20쪽)는 일본인과 한국인은 겉치레를 좋아하여 옷차림이나 몸에 붙

이는 물건에 돈을 쓰고, 필요 이상으로 겉치레하는 것이 공통점이라고 하였다. 이처럼 한국인 들은 남에게 보이는 것에 유달리 관심이 많다.

187) 한국인의 빨리빨리 사상은 김태균(2007)의 『한국인의 본성을 파헤친 빨리빨리와 전통사상』 1 장에 잘 나타나 있다.

188) 이규태((1992), 무엇이 우리를 한국인이게 하는가, 40쪽)는 한국인의 빨리빨리 사상은 모내기, 잡초 뽑기, 홍수예방, 태풍, 서리라는 급변하는 연중 기후에 맞추어 적기에 수확을 해야 하는 농사구조에서 서둘러야만 하는 풍토가 생겼다고 하였다.

189) 이규태((1983), 한국인 시리즈 3: 한국인의 의식구조, 14~51쪽)는 한국인의 결과의식은 편리 할수록 좋아하는 버릇, 만사에 서두르는 버릇, 내 것으로 만들고 보려는 버릇, 형식 갖추기를 좋아하는 버릇, 기다리지 못하는 버릇, 표변하는 버릇, 눈앞만 보는 버릇이 생겨났다고 하였다.

190) 김열규(1997), 욕 그 카타르시스의 미학, 12~13쪽.

191) 공규택((2011), 말이 예쁜 아이 말이 거친 아이, 206쪽)은 이와 비슷한 예로서 "꼴값하네"를 들고 있다. 남을 비꼬거나 모욕하려는 의도가 있을 때 쓰이는 말로서 '격에 맞지 아니하는 아 니꼬운 행동'을 의미하는 '얼굴값'의 속된 표현이다. '얼굴값'은 '생긴 얼굴에 어울리는 말과 행동을 낮잡아 이르는 말'이다. 이처럼 한국인들은 체면 깎이는 일이 바로 욕이 되었다.

192) 한글문화연구회(1996), 겨레말 용례 사전 디지털본.

193) 장덕순(1982), 한국 고대소설과 해학, 한국문학의 해학.

194) 전완길(1987), 한국인의 행동철학, 121~122쪽.

195) 김열규((1996), 우리 욕 좀 하고 살자고, 욕을 살립시다, 12쪽)는 '잘 먹고 잘 살아라'는 한국 인이 가장 흔하게 쓰는 퍽 재미있는 표현이라고 하였다. 듣기에 축복이지만 실속은 악으로 차 있으며, 시치미를 포함한 역설의 재미가 있다고 하였다. 듣기 싫지 않게 쏟아 부을 수 있 으며, 욕심꾸러기, 몰인정한 인간, 냉혹한 인간들에게 안겨 줄 수 있는 효과 만점의 재치와 역설의 표현이라고 하였다.

196) 전완길(1987), 한국인의 행동철학, 189~190쪽.

197) 김종훈 외((1985), 은어 비속어 직업어, 114~115쪽)는 12,000여의 욕설 중 2,000여 만을 표본 조사한 결과 여성욕이 30%, 남성욕이 21%로 여성 관련 욕이 많으며, 이는 여성 차별이 욕설 에도 그대로 반영되었기 때문이라고 하였다. 즉, 여성을 비하하여 성의 노리개, 성의 도구로 만 보는 욕설, 여성에게만 제약하는 사회규범, 여성의 외모를 제약하는 욕설 등 남성에게는 찾아볼 수 없는 욕설들이 많다는 것이다.

198) 이춘아·김이선(1996), 성차별적 언어 사용에 관한 연구.

199) 김기종(1998), 조선어 상말(상소리)의 특성과 그 사용(2).

200) 김열규(1996), 우리 욕 좀 하고 살자고, 욕을 살립시다, 26쪽.

201) 전완길(1987), 한국인의 행동철학, 143쪽.

202) 김종훈 외(1985), 은어 비속어 직업어, 105쪽.

203) 이규태(1983), 한국인 시리즈 4: 한국인의 의식구조, 48쪽; 이규태(1983), 한국이의 의식구조 (상), 106~107쪽.

204) '후레자식'은 '후레아들', '호로자식'이라고도 하며, 배운 것 없이 막되게 자라 버릇이 없는 사 람을 가리킨다. 그만큼 부모의 역할이 중요하며, 부모의 부재를 욕으로 삼았다. "애비 없는 호로자식"이란 욕으로 많이 사용된다. 후레자식이라고 할 때에는 아비 없이 어미 혼자 기른 자식을 뜻하는 게 일반적이다. 이는 '호로'는 홀어미, 홀아비의 '홀'이라 하겠다. 『韓佛字典』 (1880)에는 '홀에자식(無親之子)'이며, 『朝鮮語辭典』(1920)에는 '호래아들' 표제어에 無禮者(胡 奴子息, 후레아들)로 설명되어 있다. 한글학회에서 펴낸 『큰사전』(1957)에는 '홀의 아들'이 보 인다. 홀어미의 자식이 줄어서 호레자식으로 변했다고 하겠다(서정범(2000), 국어어원사전-온

라인판에서 재인용).

205) がせひであき((1989), 恨の 韓國人 畏まる日本人, 한국브리태니커 편집실 옮김(1989), 한의 한
국인 황공해하는 일본인, 21~22쪽)는 일본에 비해 한국이 유달리 부모나 형제자매를 소중히
여긴다고 하였다. 한국인의 가족은 강한 유대관계를 가지고 있으며, 마치 가족이 한 몸을 이
루고 있어, 한 사람 한 사람이 그 몸의 지체와도 같다고 하였다. 뿐만 아니라 자기 가족만이
아니라 혈연 집단으로 혈족이 굳게 맺어져 있으며, 부모나 형제를 위해서는 어떠한 희생도
아끼지 않으며, 한국인의 최종 목표는 자신이 출세하여 일가친척의 부귀영화를 이룩하는 것
이라고 하였다. 그만큼 한국인이 가족 혈연 중심이라는 것을 엿볼 수 있다.

206) 강등학(1990), 한국인의 뿌리, 165쪽.

207) 이규태((1992), 무엇이 우리를 한국인이게 하는가, 62쪽)도 바위에 이름을 새겨 둠으로써 영원
히 남기고 싶은 '이름(名)'에 집착하였다고 하였으며, 이러한 현상은 한국인들이 유독 관광지
에서 사진 찍기에만 몰두하는 것과 같이 '사유화'의 심리가 작용했다고 하였다.

208) 이규태(1983), 한국인의 의식구조(상), 28쪽.

209) 황상민(2011), 한국이의 심리코드, 28쪽.

210) 전완길(1987), 한국이의 행동철학, 148~156쪽.

211) 경향신문, 2012.01.11일자.

212) 김용신(2000), 문명의 비판Ⅱ: 한국인의 잠재의식과 정치병리, 87쪽.

213) 이규태(1992), 무엇이 우리를 한국인이게 하는가, 32쪽.

214) 김종훈 외((1985), 은어 비속어 직업어)는 "애미애비", "미친년 놈"처럼 천하고 욕하는 것에는
여성이 앞에 나오고 "신랑각시", "남녀"처럼 평어거나 격식 있는 말에는 남자가 먼저 나오는
것으로 보아 이것 또한 남존여비의 위계적 질서를 강조하는 것으로 보았다.

215) 김열규 외((1989), 한국문화의 뿌리-가문과 인간·문화와 의식-, 3쪽)는 조선조 사회의 유교,
즉 주자학으로 인해 한국인의 가족관계에서 가장 대표적인 부자(父子)관계를 나타내는 효의
사상이 강조되었으며, 이것이 대가족 내에서 위계적인 질서가 가장 중요시되었다는 것을 보
여준다고 하였다.

216) がせひであき(1989), 恨の 韓國人 畏まる日本人, 한국브리태니커 편집실 옮김(1989), 한의 한
국인 황공해하는 일본인, 44쪽.

217) 전완길(1987), 한국인의 행동철학, 12쪽.

218) 이규태(1983), 한국인 시리즈 4: 한국인의 의식구조, 24~25쪽.

219) 한국예술정보(2000), 한국민속대관 디지털본.

220) 김열규 외(1989), 한국인의 뿌리-가문과 인간·문화와 의식-, 3쪽.

221) 김열규(1997), 욕 그 카타르시스의 미학, 10쪽.

222) 성철용(1984), 해학적 욕설고: 현 중·고등학생을 중심으로, 1쪽.

223) 한국정신문화연구원(2000), 한국민족문화대백과사전 디지털본.

224) 탁명환(1975), 여성들은 욕설이 좋아, 91~92쪽.

225) 고선아(1996), 광주에서 열린 제1회 전국 욕쟁이대회: 욕 잘하면 인품도 높다, 177~178쪽.

226) 한국정신문화연구원(2000), 한국민족문화대백과사전 디지털본.

227) 김현태(2007), 중국어 욕설 표현의 유형과 특징 고찰, 127쪽.

228) 김미형 외((2005), 인간과 언어-본능과 능력 사이, 5쪽)는 언어가 본능적인 면이 있으므로 하
면 할수록 강도가 짙어지는 욕설, 막말에 대해 특별히 경계하고 다스리며 살아야 한다고 하
였다.

229) 김열규(1997), 욕 그 카타르시스의 미학, 37쪽.

230) 고선아(1996), 광주에서 열린 제1회 전국 욕쟁이대회: 욕 잘하면 인품도 높다, 177쪽.

231) 마당극이나 탈춤에서는 못된 양반을 욕하는 장면이 많이 나온다. 이는 일상생활에서는 불가 능한 일이지만 공개적으로 사회계층의 위화감과 갈등을 해소하기 위해 가능했던 것이다.

232) 한국정신문화연구원(2000), 한국민족문화대백과사전 디지털본.

233) 김현태(2007), 중국어 욕설 표현의 유형 및 특징 고찰, 143쪽.

234) 이나가와유우키(2005), 한국어 욕설표현의 사회언어학적 연구, 69쪽.

235) 김영희(2002), 접미사 -돌이 -순이 계열의 비속어에 대하여, 100쪽.

236) 신석찬(2000), 경미 소설을 통해 본 북경사람들의 욕 문화, 230쪽; 김열규(1996), 우리 욕 좀 하고 살자고, 욕을 살립시다, 23쪽.

237) 박갑수(2002), 청소년의 언어 형태와 그 개선 방안, 8쪽.

238) 김현태(2007), 중국어 욕설 표현의 유형 및 특징 고찰.

239) 문정훈 외(2010), 온라인 게임에서의 길드의 역할, 63~64쪽.

240) 최상수(1982), 한국민속대관 디지털본.

241) 이규태(1983), 한국인의 의식구조 1, 231~256쪽.

242) 고선아(1996), 광주에서 열린 제1회 전국 욕쟁이대회: 욕 잘하면 인품도 높다.

243) 한국예술정보(2000), 한국민속대관 디지털본 제6권.

244) 김동언(1998), 국어 비속어의 개념과 특징, 232쪽.

245) 윤영춘(1998), 비속어 실태 연구-대전지역 초등학생을 중심으로, 17쪽.

이점식 ──

부산교육대학교 학사
한국교원대학교 교육공학 석사
동아대학교 교육철학 박사
교과 교육과정 개정시안 연구개발 참여
부산·경남 초1정 자격연수 강사
교사 직무연수 강사 다수
환경부 눈높이 환경교실, 통일부 인터넷평화학교 운영교사
동아대학교 출강
현) 부산대청초등학교 교사

『다문화 교육을 위한 교사 매뉴얼』(부산시교육청)
『즐거운 컴퓨터』(부산시교육청, 인정도서)
『장학자료』(부산시교육청)
『비교육적 언어사용 근절을 통한 바람직한 언어문화생활 제고 방안』(한국교육개발원)
『학생 의사소통능력 신장 방안 연구』(한국교육개발원)

「욕의 교육인간학적 기능」
「한국인의 욕에 대한 교육인간학적 연구」
「학교 내의 권력 분석-푸코의 규율권력을 중심으로」

옥, 인간
그리고
한국인

초 판 인 쇄 | 2013년 12월 20일
초 판 발 행 | 2013년 12월 20일

지 은 이 | 이점식
펴 낸 이 | 채종준
펴 낸 곳 | 한국학술정보㈜
주   소 | 경기도 파주시 문발동 파주출판문화정보산업단지 513-5
전   화 | 031) 908-3181(대표)
팩   스 | 031) 908-3189
홈 페 이 지 | http://ebook.kstudy.com
E - m a i l | 출판사업부 publish@kstudy.com
등   록 | 제일산-115호(2000. 6. 19)

ISBN   978-89-268-5378-8 03330

이담 Books 는 한국학술정보(주)의 지식실용서 브랜드입니다.